从零开始学 道氏理论

趋势运行规律与市场交易策略

杨 金 著

人民邮电出版社

北 京

图书在版编目（CIP）数据

从零开始学道氏理论：趋势运行规律与市场交易策略 / 杨金著. -- 北京：人民邮电出版社，2020.1（2022.8重印）
ISBN 978-7-115-52191-0

Ⅰ. ①从… Ⅱ. ①杨… Ⅲ. ①股票投资-研究 Ⅳ. ①F830.91

中国版本图书馆CIP数据核字(2019)第226650号

内 容 提 要

本书以道氏理论的实战应用为核心，既兼顾对基础理论内容的系统性讲解，也融合多种技术分析方法的扩展性实战应用，力图帮助读者架构一个以道氏理论为基础、符合自己风格的交易体系，从而掌握顺势而为的交易之道。

全书共分为11章，涵盖的主要内容包括：道氏理论的诞生过程与指数的设计思想；道氏理论的基本内容；趋势画线技术；牛市与熊市的运行规律；道氏理论实盘工具——移动均线的用法；道氏理论实盘工具——MACD的用法；交易量的验证信号；次级运动转向信号；价格形态经典反转信号；以道氏为基础的经典理论体系；市场交易策略。

全书循序渐进、层层深入地阐述了道氏理论的基础内容、体系架构、技术工具、实战方法、交易策略等。全书内容通俗易懂，案例丰富，实战性强，既适合刚入市的新股民，也适合有一定股市交易经验的老股民，还可作为技术分析者学习、查询的参考资料。

◆ 著　　杨　金
　　责任编辑　郭　媛
　　责任印制　周昇亮

◆ 人民邮电出版社出版发行　北京市丰台区成寿寺路 11 号
邮编 100164　电子邮件 315@ptpress.com.cn
网址 http://www.ptpress.com.cn
北京虎彩文化传播有限公司印刷

◆ 开本：700×1000　1/16
印张：16　　　　　　　　2020 年 1 月第 1 版
字数：269 千字　　　　　　2022 年 8 月北京第 7 次印刷

定价：49.80 元

读者服务热线：(010)81055296　印装质量热线：(010)81055316
反盗版热线：(010)81055315
广告经营许可证：京东市监广登字 20170147 号

在股票市场中，投资者最关注的是什么？是行业的前景、企业的基本面，还是股价上下不定的短线波动？其实都不是，投资者最关注的是自己账户的资金增减情况。如果我们有一定的炒股经验，很可能会出现这样的情况：我们的账户就只有那几只股票，我们都不操作，账面资金却一直在缩水。或者是这样的情况：一年多没看账户，没想到股票的价格居然涨了这么多！为什么会出现这种情形，股票不应该是价格涨了就卖、跌了就买吗？如果我们长期不看账户、不关注个股价格的走势，怎么实现盈利呢？其实，这就涉及了股市交易中最为核心的理念——趋势。

小张是一个频繁操作、喜欢短线交易的活跃型投资者，小李则是一个很少操作、买入后就不关心账户的不活跃型投资者。多年不见的小张和小李再次碰面并聊起了股票，小张说最近市场行情不好，赔多赚少、白忙活，还建议小李控制好仓位、注意风险；小李则一头雾水，虽然他很少关注股市行情，但前些天看了下股票账户，发现自己这几年一直持有的绩优股已经创造了近一半的收益，还感叹自己买得少了。其实，造成这种差别的原因就在于两个人的交易方法、交易理念完全不同。小张关注短线机会、喜欢博取波段利润，账户资金也是大起大落，但长期累积下来却并没有什么收益，要不是因为他短线技术好、控制风险能力较强，很可能早就误踩"地雷"股而亏损惨重了。有好几次，小张都暗自庆幸自己卖得早，否则，真要把本金都亏没了。小李则不同，他只是在前期股市处于明显低点、市场人气低迷的时候买入了两三只业绩优秀、行业前景向好、财报稳健的股票。由于低迷的股市人气，此类个股的估值状态较低，此后小李一直没再关注。两种截然不同的交易风格，一个"勤快"、频繁买卖，一个"懒惰"、几乎不操作。如果仅从这个交易特性来说，"勤快"的投资者似乎应该取得更理想的交易成绩，但实际情况却并非如此：看似"懒惰"的交易者因为掌握了趋势交易的精髓从而轻松获利；看似"勤快"的交易者因为忽略了趋势而只能被市场惩罚。

什么是趋势？有一定经验的股民都知道，它是市场运行的大方向。趋势说来简单，但真正能够透过趋势获利的投资者却少之又少。这一方面是源于大众投资者对"趋势"这个概念只有一个模糊且朦胧的认识，并不了解其具体的运行规律，也没能建立起顺应趋势的交易理念；另一方面是因为他们对趋势交易的核心理论、实战用法没能形成完备的知识体系。无论是从知识架构，还是实战结果来看，看懂趋势、顺应趋势、掌握趋势是每一个股票投资者应知、必知的内容。那么，对于趋势，我们该如何着手呢？

道氏理论无疑是最好的切入点。道氏理论（Dow Theory）首开技术分析的先河，并且最先提出股市的趋势运行规律。"趋势"是我们在技术分析领域中所研究的对象。在道氏理论中，我们可以看到其对趋势所进行的完整的、系统的论述。虽然价格的短期波动可能会受到各种偶然因素的影响，但其总体趋势却是有章可循的，这就是股市中的趋势运行规律。投资者要想更好地了解股票市场的运行、参与个股的买卖，就一定要理解趋势的运行规律。以道氏理论为切入点，以道氏理论中关于趋势等方面的内容为基础，再结合一些经典的技术分析方法，投资者不仅能够加深对技术分析的理解，还能够较为系统地掌握并运用股票交易的方法，学会在不同的时间点进行相应的操作。

第1章 道氏理论形成与市场思维

1.1 道氏理论的诞生 /2
1.1.1 查尔斯·道简介 /2
1.1.2 后继者的完善与发展 /3

1.2 "市场"思想的形成 /5
1.2.1 个股的独立性与市场 /5
1.2.2 对市场的进一步理解 /6
1.2.3 资金的流入与流出 /6

1.3 反映市场的指标——指数 /7
1.3.1 道琼斯指数的历史 /7
1.3.2 道琼斯指数的特点 /8
1.3.3 什么是指数 /10
1.3.4 指数的设计方法 /10
1.3.5 国内股市的结构 /11
1.3.6 市场的重要指数 /12

1.4 系统性风险与非系统性风险 /15
1.4.1 系统性风险 /16
1.4.2 非系统性风险 /17
1.4.3 了解经济运行周期 /17
1.4.4 系统性风险案例解读 /19
1.4.5 非系统性风险案例解读 /19

第 2 章 道氏理论基本内容解读

2.1 基本面与技术面分析法 / 22
- 2.1.1 什么是基本面分析法 / 22
- 2.1.2 基本面分析的核心要素 / 23
- 2.1.3 什么是技术面分析法 / 24
- 2.1.4 技术面分析的三大假设 / 25
- 2.1.5 技术面分析法案例解读 / 26

2.2 道氏理论的基本假设 / 27
- 2.2.1 主要趋势不受人为操作左右 / 28
- 2.2.2 市场指数会反映每一条信息 / 28
- 2.2.3 道氏理论是客观化的分析理论 / 29

2.3 市场价格走势的 3 种级别 / 29
- 2.3.1 趋势是一种客观规律 / 29
- 2.3.2 3 种基本趋势 / 30
- 2.3.3 折返走势 / 31
- 2.3.4 短期波动 / 31

2.4 多头市场的 3 个阶段 / 32
- 2.4.1 多头市场的第 1 阶段：筑底 / 33
- 2.4.2 多头市场的第 2 阶段：持续上扬 / 33
- 2.4.3 多头市场的第 3 阶段：探顶 / 34

2.5 空头市场的 3 个阶段 / 35
- 2.5.1 空头市场的第 1 阶段：筑顶 / 35
- 2.5.2 空头市场的第 2 阶段：持续下行 / 36
- 2.5.3 空头市场的第 3 阶段：探底 / 36
- 2.5.4 多空市场的 6 个阶段 / 37

2.6 趋势验证原则 / 38
- 2.6.1 两种指数相互验证 / 38

2.6.2 交易量对于趋势的验证 / 40

2.7 趋势反转信号原则 / 41
2.7.1 理解反转信号的出现 / 41
2.7.2 多头市场反转信号 / 42
2.7.3 空头市场反转信号 / 43

第3章 基本趋势画线技术

3.1 支撑性趋势线 / 45
3.1.1 什么是趋势线 / 45
3.1.2 趋势线对道氏理论的描述 / 46
3.1.3 上升趋势线的画法 / 46
3.1.4 上升趋势线的用法 / 47
3.1.5 注意趋势线的失效 / 49
3.1.6 注意股价波动的偶然性 / 50

3.2 阻力性趋势线 / 51
3.2.1 下降趋势线的画法 / 51
3.2.2 下降趋势线的用法 / 52
3.2.3 下降趋势线的失效 / 53
3.2.4 趋势线使用注意点 / 54

3.3 行情加速与趋势角度变化 / 55
3.3.1 上升趋势线的角度变化 / 56
3.3.2 下降趋势线的角度变化 / 57

3.4 支撑位与阻力位的互换 / 58
3.4.1 支撑转阻力示意图 / 59
3.4.2 支撑转阻力应用 / 59
3.4.3 阻力转支撑示意图 / 60
3.4.4 阻力转支撑应用 / 61
3.4.5 注意突破（跌破）的有效性 / 61

3.5 不创新高（低）法则 / 62
- 3.5.1 震荡上扬不创新高 / 62
- 3.5.2 反转突破不创新高 / 63
- 3.5.3 低位企稳不创新低 / 64

3.6 平台区支撑阻力画线技术 / 65
- 3.6.1 新高平台无支撑 / 65
- 3.6.2 整理平台无阻力 / 66
- 3.6.3 整理平台无支撑 / 66
- 3.6.4 低位平台无阻力 / 67

第 4 章 理解牛市与熊市

4.1 两种趋势的划分 / 70
- 4.1.1 为什么要划分牛市、熊市？ / 70
- 4.1.2 市场运行的非此即彼 / 72
- 4.1.3 经济周期与市场情绪 / 72

4.2 理解熊市 / 73
- 4.2.1 什么是熊市 / 74
- 4.2.2 典型牛熊市示意图 / 74
- 4.2.3 熊市的成因 / 75
- 4.2.4 熊市的交易策略 / 76
- 4.2.5 典型熊市股操作案例 / 77

4.3 理解牛市 / 79
- 4.3.1 什么是牛市 / 79
- 4.3.2 牛市的成因 / 80
- 4.3.3 牛市的交易策略 / 81
- 4.3.4 典型牛市股操作案例 / 82

4.4 波浪理论与牛熊交替 / 84
- 4.4.1 律动的波浪理论 / 84

4.4.2　波浪理论的前提假设 / 85
4.4.3　波浪理论的核心内容 / 86
4.4.4　八浪循环结构 / 86
4.4.5　4 条数浪规则 / 87
4.4.6　波浪理论实盘运用 / 88
4.4.7　波浪理论的缺陷 / 89

第 5 章　移动均线的道氏用法

5.1　均线的原理与计算 / 91
5.1.1　移动均线的原理 / 92
5.1.2　均线的计算方法 / 92

5.2　用均线辨识牛市格局 / 93
5.2.1　多空头排列与牛市熊市 / 93
5.2.2　低位区 MA60 出现回升 / 94
5.2.3　低位空头转多头排列 / 95
5.2.4　震荡整理后多头初现 / 96
5.2.5　整理位多根均线黏合 / 97
5.2.6　回落位的中长期支撑 / 98

5.3　用均线辨识熊市格局 / 98
5.3.1　高位区 MA60 出现下滑 / 99
5.3.2　高位震荡后的空头排列 / 99
5.3.3　跳空缺口向下远离均线系统 / 100
5.3.4　企稳反弹位的黏合压制 / 101
5.3.5　突破型多头深度回踩 MA60 / 102
5.3.6　低位再现空头排列的风险 / 103

5.4　生命均线 MA20 的用法 / 104
5.4.1　低位二度站稳 MA20 之上 / 104
5.4.2　强势整理于 MA20 之上 / 105
5.4.3　升势之初跌破 MA20 用法 / 106

5.4.4　弱势震荡缠绕 MA20　/ 107
5.4.5　持续回落跌破 MA20　/ 108

5.5　用均线排列把握急速转势　/ 109
5.5.1　假空头排列的强势突破　/ 109
5.5.2　快速多头形态下的跌停板　/ 110
5.5.3　高位空头后的转势向上　/ 111
5.5.4　单日大阳线上穿均线系统　/ 111
5.5.5　单日大阴线下穿均线系统　/ 112

第 6 章　道氏趋势指标 MACD

6.1　MACD 的原理与计算方法　/ 115
6.1.1　MACD 指标的原理　/ 116
6.1.2　MACD 的计算方法　/ 116

6.2　MACD 的 0 轴分界点　/ 117
6.2.1　指标线位于 0 轴之下与熊市　/ 117
6.2.2　指标线位于 0 轴之上与牛市　/ 118
6.2.3　指标线向上靠拢 0 轴　/ 119
6.2.4　指标线向下靠拢 0 轴　/ 120

6.3　MACD 的背离反转形态　/ 121
6.3.1　中长期底背离反转　/ 121
6.3.2　中长期顶背离反转　/ 122
6.3.3　冲高钝化中期转跌　/ 122
6.3.4　探低扭转中期转升　/ 123

6.4　柱线的收缩与指标线交叉　/ 124
6.4.1　急速下跌后绿柱线收缩　/ 124
6.4.2　急速上涨后红柱线收缩　/ 125
6.4.3　指标低位区二度金叉　/ 126
6.4.4　指标高位区二度死叉　/ 127

第 7 章　交易量的验证信号

7.1　量能蕴含的信息　/ 129
7.1.1　量能蕴含的多空交锋强度　/ 129
7.1.2　量能蕴含的主力动向信息　/ 130
7.1.3　量价配合是价格走势的先兆　/ 130
7.1.4　量价是动力与方向的分析　/ 130
7.1.5　量能蕴含的趋势运行信息　/ 131

7.2　新趋势出现的量价信号　/ 131
7.2.1　升势起步时的活跃型量能　/ 132
7.2.2　主升浪前积蓄式"山堆式"量能　/ 133
7.2.3　低位反转中持续放量小阳线　/ 134
7.2.4　突破点支撑型三巨量　/ 135
7.2.5　低位长期整理后不放量破位　/ 136
7.2.6　缩量式窄幅整理下滑　/ 136
7.2.7　震荡整理区断层式缩量　/ 137
7.2.8　盘口一字型水平巨量　/ 138

7.3　牛市行进中量能转向信号　/ 139
7.3.1　堆量式上涨后的缩量　/ 140
7.3.2　放量窜升后急速缩量止涨　/ 141
7.3.3　二度突破上冲大幅缩量　/ 141
7.3.4　缩量窄幅盘升后的放量剧震　/ 142
7.3.5　堆量上涨波段探头式放量　/ 143
7.3.6　递增式放量上扬形态　/ 144

7.4　格兰维尔交易法则与量价准则　/ 145
7.4.1　格兰维尔 3 种交易法则　/ 146
7.4.2　量价准则之量价齐升　/ 146
7.4.3　量价准则之量价背离　/ 147
7.4.4　量价准则之价升量减　/ 148

7.4.5　量价准则之量价井喷　/ 149
　　7.4.6　量价准则之巨量滞涨　/ 150
　　7.4.7　量价准则之回探缩量　/ 151
　　7.4.8　量价准则之放量探底　/ 152
　　7.4.9　量价准则之破位放量　/ 153

第8章　道氏次级运动转向信号

8.1　次级运动的重要性　/ 156
　　8.1.1　次级运动的取代性　/ 157
　　8.1.2　实例解读次级运动演变　/ 158

8.2　单根K线次级转向信号　/ 159
　　8.2.1　影线转向信号　/ 159
　　8.2.2　折反信号分析关键　/ 161
　　8.2.3　十字星转向信号　/ 162
　　8.2.4　宽振线转向信号　/ 163

8.3　组合K线次级转向信号　/ 165
　　8.3.1　抱线转向信号　/ 165
　　8.3.2　孕线转向信号　/ 166
　　8.3.3　错位线转向信号　/ 167
　　8.3.4　补缺线转向信号　/ 169
　　8.3.5　并线转向信号　/ 170

8.4　单日异动量次级转向信号　/ 171
　　8.4.1　巨量阴线——下影阴线　/ 172
　　8.4.2　巨量阴线——上影阴线　/ 173
　　8.4.3　巨量阴线——破位阴线　/ 173
　　8.4.4　脉冲放量——短促反弹型　/ 174
　　8.4.5　脉冲放量——盘整突破型　/ 175
　　8.4.6　脉冲放量——短期冲高型　/ 176

第9章 价格形态经典反转信号

9.1 一次探顶型反转形态 / 179
- 9.1.1 尖型筑顶 / 179
- 9.1.2 圆弧型筑顶 / 181
- 9.1.3 半弧型筑顶 / 181
- 9.1.4 头肩型筑顶 / 182
- 9.1.5 收敛三角形筑顶 / 184

9.2 二三次探顶型反转形态 / 185
- 9.2.1 M型筑顶 / 185
- 9.2.2 3次上探筑顶 / 186
- 9.2.3 前浪压后浪型筑顶 / 186
- 9.2.4 后浪新高滞涨型筑顶 / 187

9.3 一次探底型反转形态 / 188
- 9.3.1 V型筑底 / 188
- 9.3.2 圆弧型筑底 / 190
- 9.3.3 头肩型筑底 / 190

9.4 二三次探底型反转形态 / 192
- 9.4.1 W型筑底 / 192
- 9.4.2 3次下探筑底 / 193
- 9.4.3 低点上移型圆弧筑底 / 193
- 9.4.4 小浪随大浪企稳 / 194

第10章 以道氏为基础的经典理论体系

10.1 实战趋势的箱体理论 / 197
- 10.1.1 箱体理论的顺势思想 / 197
- 10.1.2 箱体运动的两种交易方法 / 198
- 10.1.3 低位箱体平台的突破 / 199
- 10.1.4 跌势整理区箱体特征 / 200

10.1.5　升势整理区箱体特征　/ 201
10.1.6　结合折返信号的箱体操作　/ 202
10.1.7　注意箱体平台的反复性　/ 203

10.2　神秘的黄金分割率　/ 204
10.2.1　什么是黄金分割率？　/ 204
10.2.2　运用黄金分割率预判走势　/ 205

10.3　顺势的亚当理论　/ 206
10.3.1　什么是亚当理论？　/ 206
10.3.2　亚当理论主要内容　/ 206

10.4　买卖之道的江恩理论　/ 207
10.4.1　什么是江恩理论？　/ 207
10.4.2　江恩循环理论　/ 208
10.4.3　百分比回调法则　/ 208
10.4.4　江恩波动法则　/ 209
10.4.5　江恩理论的交易策略　/ 210

第11章　市场交易策略

11.1　仓位管理方法　/ 214
11.1.1　现金为王的方法　/ 214
11.1.2　布局多个品种的方法　/ 215
11.1.3　底部区的金字塔加码法　/ 215
11.1.4　顶部区倒金字塔减码法　/ 216

11.2　止损的策略　/ 216
11.2.1　止损的重要性　/ 217
11.2.2　止损幅度与个股特性　/ 217
11.2.3　止损幅度与持仓比例　/ 218
11.2.4　形态破位止损法　/ 218
11.2.5　涨停预判错误止损法　/ 219

11.2.6 跳空低开止损法 / 220

11.2.7 小 K 线阴跌止损法 / 222

11.2.8 跌停板止损法 / 222

11.2.9 极窄幅整理提前止损法 / 223

11.3 "低"买的策略 / 224

11.3.1 关注市场"底" / 225

11.3.2 飙升股急速回落启动位 / 225

11.3.3 低位区再破位抄底法 / 226

11.3.4 震荡区短线快调低买法 / 227

11.3.5 突破点极速回踩低买法 / 228

11.3.6 涨停式箱体区低买法 / 229

11.4 "高"买的策略 / 230

11.4.1 强者恒强运行格局 / 230

11.4.2 哪些股不宜高买？ / 230

11.4.3 市场热点与题材股 / 232

11.4.4 大盘下跌时不宜追涨 / 233

11.4.5 局部弱势股不宜追涨 / 234

11.4.6 题材龙头股高买法 / 234

11.4.7 温和放量长阳线高买法 / 235

11.4.8 涨停板高买法 / 236

11.4.9 涨停缺口不回补高买法 / 239

第 1 章
道氏理论形成与市场思维

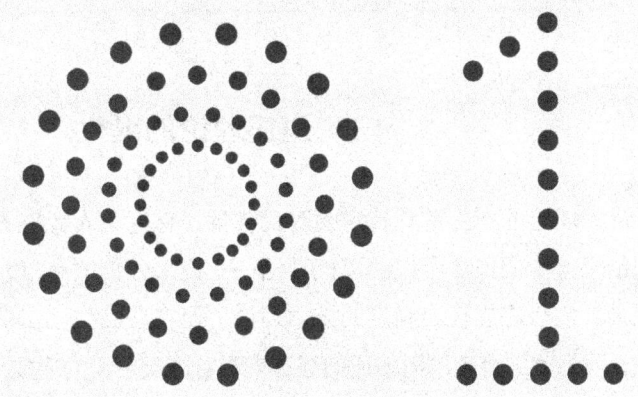

道氏理论出现已有百余年，金融市场风云变幻，投资者的思维方式也在层层革新，现在我们所接触的一些关于道氏理论的内容也经历了不断的完善和发展。道氏理论改变了人们对金融市场的认知，将其上升到了一个新的高度。"知史明智"，追本溯源的学习方法让我们更接近理论本身。我们要想对道氏理论有深刻的理解，从理论的诞生过程与时代背景着手无疑是一个最好的切入点，这也是本章的主要内容。

1.1 道氏理论的诞生

道氏理论的产生有其特定的时代背景，它是个人智慧的结晶，也是集体努力的结果。我们现在所说的道氏理论——技术分析的鼻祖，虽然是一门结构较为完善、核心思想较为确定的技术理论，但它在诞生之初却并不是这样的。本节中，我们就结合查尔斯·道的经历来看看道氏理论的形成与发展。

1.1.1 查尔斯·道简介

查尔斯·亨利·道 (Charles Henry Dow，1851～1902) 出生于康涅狄格州斯特林，是道氏理论、道琼斯指数的创始人和奠基人，也是《华尔街日报》的创始人和首位编辑。

关于查尔斯·道的生平介绍较为少见，据记载，他年轻时曾经在股票交易所大厅工作过一段时间，后来进入记者行业，主要从事金融方面的新闻报道与研究。他在证券、金融领域的工作经历为其日后的理论发展积累了很好的实践经验。

1882年，两位年轻的记者查尔斯·道与爱德华·琼斯（Edward Jones）创立了道琼斯公司。查尔斯·博格斯特莱斯（Charles Bergstresser）在公司成立3个月后加入，所以公司名字里没有他的名字。最初，他们在位于纽约证券交易所附近的地下室里手工编写了名为"客户晚函"的简讯，通过市内快递送到华尔街的每一位订阅者手中。

1883年，道琼斯公司开始发行《客户晚函》；1884年，查尔斯·道创立的股票市场平均指数——"道琼斯工业指数"在《客户晚函》中首度出现，该指数诞生时只包含11种股票，其中有9家是铁路公司。直到1897年，原始的股票指数才衍生为二：一个是工业股票价格指数，由12种股票组成；另一个是铁路股票价格指数。道琼斯指数的创建对于道氏理论的形成有着重要意义，因为道氏理论就是一种关于市场运行的理论，而道琼斯指数正是反映市场运行的重要指标。

1889年，随着业务的发展，道琼斯公司的职员增加到了50位，于是决定由原来的小规模经营改为报纸出版，并给该报取名为"华尔街日报"。就这样，《华尔街日报》于1889年7月8日问世。

在查尔斯·道所生活的年代，虽然美国华尔街已经有了股票市场，但是专业从事股票交易的人并不多，查尔斯·道则全身心投入对股市的分析、研究之中，观察股价的涨跌、市场的变化，分析股价涨跌的内因、探索不同的交易模式。随着报纸的创办及对金融市场了解的深入，查尔斯·道对证券市场运行形成了较为独特的见解，并发表了一系列有关投资方法与原理的文章和社论。

这些文章主要发表于1900~1902年，这构成了道氏理论的雏形，这段时间也是查尔斯·道生前为广大投资者做最后一份贡献的时期。在此期间，曾经有人劝他将其见解写成书，但是不知是精力不足还是理论尚未完善的缘故，写书一事没有结果。在这种情况下，1902年查尔斯·道与世长辞，留下了许多社论与文章，却未能来得及整理与归纳。

1.1.2 后继者的完善与发展

查尔斯·道的全部作品都发表在《华尔街日报》上。查尔斯·道去世后，《华尔街日报》的记者依据其发表的文章、论述等，将其见解编著成书，其内容主要包括"科学的投资活动""读懂市场的方法""交易的方法"以及"市场的总体趋势"，从而使道氏理论正式定名。

威廉姆·皮特·汉密尔顿（William Peter Hamilton）在1903年接替道氏担任《华尔街日报》的编辑，他继续阐明与改进道氏的观念，并于1922年出版了《股票市场晴雨表》一书，书中集中论述了道氏理论的精华，并使道氏理论具备较详细的内容与正式的结构。

汉密尔顿对于道氏理论的推广有着不可替代的作用，在1900至1902年，道氏虽然在《华尔街日报》发表了一系列以股市投资为题的观察性文章，但却从未试图对理论进行条理化定义。此后，汉密尔顿以道氏的这些文章为基础，从实际应用的角度来使用道氏的这些观察方法，对股票价格运动进行预测，从而使这些方法成为人们判断股市未来走向的一个指南。投资者之所以关注这些所谓的理论与文章，归根结底还是希望能得到关于股市走向的指导性建议。正是汉密尔顿采取了实际应用的态度，才使更多的人了解、熟识了道氏的思想。就文章数量来说，汉密尔顿的文章数量远多于道氏；就文章的实用性来说，道氏只是发表了一些观察性的文章，并没有将其运用于预测股票价格中，汉密尔顿则在这方面做了努力和尝试。

罗伯特·雷亚（Robert Rhea）是汉密尔顿与道氏的崇拜者，他利用两个人的理论预测股票市场的价格，获得了不错的收益。雷亚将成交量的观念纳入道氏理论，使价格预测又增加一项根据，并于1932年出版了《道氏理论》一书。雷亚在著述中强调："道氏理论"在设计上是一种提升投资者知识的配备或工具，并不是可以脱离经济基本条件与市场现状的一种全方位的严格技术理论。

现在，我们所接触的道氏理论是对3人研究成果的归纳总结。道氏理论在20世纪30年代达到巅峰。那时，《华尔街日报》以道氏理论为依据来撰写每日的股市评论。1929年10月23日，《华尔街日报》刊登《浪潮转向》一文。该文章正确地指出"多头市场"已经结束，"空头市场"的时代来临。这篇文章以道氏理论为基础提出预测，而紧接这一预测之后，果然发生了可怕的股市崩盘，于是道氏理论名噪一时。

1.2 "市场"思想的形成

在道氏生活的年代，股票市场中交易的股票数量相对较少，人们对股票的认识只停留于个股层面，并没有形成真正的市场概念，他们认为股价的涨跌只与企业、消息等因素有关。道氏理论的诞生改变了这种传统的认识，由此，它也提出了近代金融市场的一条基本共识：个股的价格走势在一定程度上会受到市场整体影响。

1.2.1 个股的独立性与市场

当股票数量较少时，对于这些股票所构成的一个整体，投资者很难意识到它们之间的关联。在查尔斯·道所处的年代，人们普遍认为一只股票的价格涨跌与其他股票是没有关联的，即个股的价格走势具有独立性。

之所以有这种观点，一方面是源于当时的股票数量相对有限，企业所处的行业不同，它们的价格走势确实具有一定的独立性；另一方面是源于股票市场不够成熟，一些个股价格的大涨大跌有着极大的不确定性。

这种观点在大多数时候能够很好地解释股价的波动，比如某企业获得大额定单、业绩预增、管理层改革，一般我们会看到其股价的上涨，这种上涨对其他股票一般也没有影响；反之，当企业的经营较差、利润下滑，或是有其他利空消息时，一般我们会看到其股价的下跌，这种下跌同样不影响其他股票。

在经济运行平稳、股价涨跌错落有致的时候，这种观点很容易解释，对于我们预测股价走向也很有帮助。但是，它也有失灵的时候，例如在失业率上升、经济低迷的时候，一些企业虽然能够逆周期提升业绩，但它们的股价似乎并没有上涨，反而下跌。当然，在现在由几千只股票构成的市场中，这种情况很好归纳，也容易引起专业人士的进一步分析，继而提出一种新的理论。

但是，基于多年证券从业经验及对市场的深刻把握，查尔斯·道敏锐地意识到事情并没有这么简单。股票价格走势并不单单取决于企业自身情况。从大的方面来讲，它要受到经济周期、行业景气度的影响；从小的方面来讲，它会受同行业其他股票价格走势的影响。正是这样一种全局性思想的萌发，使得查尔斯·道撰写了大量关于市场运行的文章，从而形成了"市场"的思想。

市场这个概念对于当今的投资者来说是一个再正常、再普通不过的概念，我们在理解个股价格走势时，都不会脱离市场这个整体，但在查尔斯·道的时代却并非如此。可以说，市场这个概念虽然不是查尔斯·道提出的，但他却是使这个概念真正用于解释股价运行的开创性人物。

1.2.2　对市场的进一步理解

当我们把眼光放到市场这个系统而不是个股身上时，我们提出的问题和研究的方法也将有所不同。包括股票市场在内的任何一种市场，比如房地产市场、债券市场、期货市场、大宗商品市场，等等，它们都会受到资金驱动的影响，即当更多的资金涌入某个市场时，这个市场中的可交易品种的数量会呈现出整体性上涨的态势；反之，当大量的场内资金离开这个市场时，可交易品种的数量会呈现出整体性下跌的态势。

理解了市场的这个特性，我们就会对市场的整体性、大幅度波动有一个更深入的理解。如果我们把宏观经济看作股票市场的基本面因素，当基本面因素与市场波动方向明显偏离时，从资金驱动的角度来理解、把握市场运行将更为有效。

1.2.3　资金的流入与流出

资金驱动是一种笼统的说法。在股票市场中，我们一般用资金流向（Money Flow）这个指标来衡量资金的驱动方向。资金流向具体可以分为资金流入与流出，它体现了市场资金的进出情况。它既可以用于衡量整体市场，也可以用于分析个股或板块。

资金流入是指：如果个股或板块在某一分钟处于上涨状态（这一分钟的股价或指数点位高于前一分钟），我们则认为这一分钟的个股或板块是处于主动性买入状态下的，并将这一分钟的成交额计入资金流入中。

资金流出是指：如果个股或板块在某一分钟处于下跌状态（这一分钟的股价或指数点位低于前一分钟），我们则认为这一分钟的个股或板块是处于主动性卖出状态下的，并将这一分钟的成交额计入资金流出中。

每分钟计算一次，全天交易结束后，我们再对全天的资金流入与流出分别加总统计，并计算它们的差额，这一差额就是资金流入量（数值为正时）或资金流出量（数值为负时）。

大盘指数实时反映着股票市场的涨跌情况。从资金驱动的角度来看，当指数持续上行时，这是资金流入引起的；反之，当指数节节下行时，这是资金流出导致的。如果在相对较短的时间内资金流入力度较大，就会使市场涨幅较大、涨速较快。

1.3 反映市场的指标——指数

现在，当我们谈论股市时，如果不提及道琼斯指数，可能就像我们谈论天气时不提及温度一样不可思议。这一方面体现了道琼斯指数在反映美国股市运行时的核心地位。另一方面，基于全球经济一体化的快速发展，这也体现了作为全球经济龙头的美国的经济影响力。随着我国经济的高速发展，国内的 A 股市场不仅在规模上不断增大，其影响力也在逐渐增强。我们在股票市场中虽然交易的是单独的股票，但却不能忽略市场对个股的影响。而且，在道氏理论中，市场指数分析有着极为重要的地位。本节中，我们以道琼斯指数的发展为源头，来看看什么是指数、重要的指数有哪些、指数如何分类、指数应如何解读等问题。

1.3.1 道琼斯指数的历史

道琼斯工业平均指数（Dow Jones Industrial Average，DJIA，简称"道指"）被用于测量美国股票市场上工业构成的发展，是最悠久的美国股票市场指数之一。

道琼斯指数目前已经存续了 3 个世纪，是最古老的股票指数之一，它在 1896 年 5 月 26 日被首次公布，通过计算美国工业中最重要的 12 种股票的平均数而得出。这是一种平均指数，它的得出首先需要加总所有成分股的价格，再除以股票的数目，当它被首次公布时，指数是 40.94 点。1916 年，道琼斯工业指数中的股票数目增加到 20 种，最后在 1928 年增加到 30 种，并一直保持着这个数量。

现在的道琼斯股票价格平均指数以 1928 年 10 月 1 日为基期，因为这一天收盘时的道琼斯股票价格平均指数恰好约为 100 美元，所以人们就将其定为基准日。到了 1972 年 11 月 14 日，平均指数首次超过 1 000 点。

道指之所以一直能够很好地反映美国股市，与其成分股的不断调整有关。企业的诞生、成长有一个时间周期，当企业在经济中的地位越来越弱、盈利能力越来越差，且不符合经济发展方向时，个股就会被调出成分股，并被更具有代表性的企业所替代。迄今为止，首次公布的12种成分股均已不在指数成分股之内了。

1999年11月1日，雪佛龙、美国固特异轮胎橡胶公司、西尔斯公司和美国联合碳化物在道琼斯工业指数中被剔除，新加入的是英特尔、微软、家得宝和西南贝尔公司。英特尔和微软成为首次从纳斯达克调换到道琼斯工业指数的两家公司。2004年4月8日，国际纸业、美国电话电报公司（AT&T）和伊士曼柯达公司被辉瑞制药、威瑞森电信和美国国际集团代替。

时至今日，平均指数包括美国30家最大、最知名的上市公司，如波音公司、英特尔、苹果公司、可口可乐公司、联合健康集团、宝洁公司、国际商业机器公司（IBM）、麦当劳、耐克、沃尔玛、微软、辉瑞制药有限公司，等等。这些超大型企业既是美国蓝筹股的代表，也是美国经济的代表。成分股的变化也反映了经济的发展和变化。美国经济一直在变，如今，消费、金融、保健与科技类股份的重要性日益明显，而工业类股份相应转弱。

通用电气是最后一只被剔除道指的成分股。1892年，爱迪生电灯公司和汤姆森·休斯顿电气公司合并，成立通用电气公司。在通用电气公司的全盛期，其业务涵盖电子工业、能源、运输工业、航空航天、医疗与金融服务，服务据点遍布世界100多个国家，曾是美国的标杆企业。然而通用电气股价至2018年已跌至10美元附近，比2000年8月每股60美元的高点下跌约78%，曾经的辉煌不复存在。

1.3.2 道琼斯指数的特点

作为一只有着悠久历史的股票市场指数，道琼斯指数的设计方法及计算方法也是值得我们关注的。

1.对于指数的设计方法，我们知道，道指包含了30只成分股，每一只股票的选择都不是随意的，它们都是各行业的代表，企业规模较为庞大。成分股要尽可能地代表本国当前经济情况以及经济发展趋向，这就要求证券交易所或相关的金融服务机构在选择时要兼顾多种行业。一般来说，既要包括一些较为传统的消费、制造型企业,也要包括代表科技发展方向的新兴企业,如互联网、芯片、生物制药等类型的企业。正是基于这一要求,成分股会随着经济的发展、技术的进步而出现新老替换。

2. 对于成分股的调整来说,调进调出的时间点也较为关键。苹果公司股票在2015年3月19日取代美国电话电报公司(AT&T)股票,成为道琼斯30种工业股票平均价格指数成分股。作为一只市值巨大、价格较高的股票,如果苹果公司提前两年被调整进30只成分股里面,则道指能多出1 000点,相比最高点基本不会下跌。而一些曾经辉煌的成分股,在大跌之后会被调整出去,使其对指数的影响没有那么大。例如花旗银行,股价最高时55美元,占指数权重3%,金融危机时最低跌到1美元,98%的市值都没有了。但是,道琼斯公司中间把它调整出指数,换上一家过得去的公司,即使后来花旗银行继续跌,对道指也没有影响了。

正是成分股调整时的这种特点,容易让道指出现超常规的增长,或者维持较高的水平。与同样是反映股票市场的日经225种平均股价指数(简称日经225指数)相比,1989年的道琼斯指数在2 000点左右,同期的日经225指数在30 000点附近;至2018年,道指最高突破了26 000点,累计涨幅近13倍,而此时的日经225指数只有23 000多点,非但没有上涨,反而出现了下跌。两种指数走势上的巨大差距并不能在宏观经济层面加以解释,成分股的选择可以说是两者极端分化的一个关键因素。美国选出30个全球顶尖的公司很容易,而日本则选不出225个顶尖公司了。道指差不多总是从最强阵营中选30只股票出来,这些股票增长好就行了,其他股票就算跌到底了也无所谓。而日经225指数虽然也调整成分股,但很多企业往往是在企业生命周期的最后阶段、累计跌幅极大的情况下才被调出了成分股,这类股票肯定会拖指数的后腿。如果日经指数也只选30个最强的公司,成分股也及时调整,指数虽然不会像道指表现那么好,也不至于表现这么差。

如果以GDP来衡量经济发展,1989年的美国GDP为5.66万亿美元,日本为2.97万亿美元;至2018年,美国GDP为20.51万亿美元,增长了3.5倍,日本为5.07万亿美元,增长了1.7倍。如果说道琼斯指数的巨大累计涨幅反映了美国经济的持续增长,那么,日经225指数并没有很好地反映日本经济的变化。

3. 对于指数的计算方法来说，道指采用 30 只成分股价格的算术平均，而非市值的加权平均。这样股本小、股价高的股票，对指数的影响可能会比市值大的股票还大。如 IBM 股价 189 美元，占指数权重高达 11%。而市值是它近两倍的埃克森美孚，由于股本多，股价只有 80 美元，占指数权重不到 5%。

1.3.3　什么是指数

前面，我们讲解了道琼斯指数的发展及特点，对指数这个概念也有了一个大体的了解，但并没有形成一个完整的、清晰的认识。在国内的股票市场中，我们常常听到"上证指数""大盘指数""深证成指""钢铁指数""军工指数"等词语，这里面提到的"指数"似乎与道琼斯指数里的"指数"存在相似之处，但又不完全相同。那么，什么是指数呢？

指数，通俗地讲，我们可以把它理解为反映某些股票价格整体平均走势的一个指示性数字。当指数上涨时，我们可以认为这些股票价格大多处于上涨状态；反之，当指数下跌时，我们则可以认为这些股票价格大多处于下跌状态。在证券市场中，对于指数这个概念，我们可以这样定义：指数也被称为平均指数，是用来反映同一类股票价格或市场整体价格平均走势情况的指标。

1.3.4　指数的设计方法

人们设计、创造指数的目的，就是希望借助它很好地反映市场整体价格或某一局部（如某一行业、某一地域）价格的平均走势情况。对于呈现股市全体个股价格平均走势情况的指数，我们一般称之为大盘指数；对于呈现某一行业、某一地域内全体个股价格平均走势情况的指数，我们称之为板块指数。

对于指数来说，我们可以从两个方面来理解它：一是指数的样本空间，即在实际计算指数时所涉及的个股；二是指数的计算方式。

指数的样本空间既可以是指数所涵盖的全体个股，也可以是指数涵盖范围内具有代表性的部分个股（这些个股可称之为成分股）。这两种方式所得出的指数都可以很好地反映出相应市场范围价格的平均运行情况。

证券交易所或相关金融服务机构在以成分股的方式设计指数时，由于在计算时并不涉及指数对应的全体个股,因此,应保证所选样本具有充分的代表性。一般来说,证券交易所或相关金融服务机构要综合考虑个股的市值、行业代表性等因素,以决定是否将其列入成分股。这种计算方法所得到的指数往往被称为"成分指数"。虽然成分指数的样本空间较小,但由于所选个股具有明显的代表性,因此可以说,成分指数仍不失为一种反映市场总体价格走势的好方法。

指数的计算方式主要可以分为两种:加权平均法和算术平均法。加权平均法既考虑个股的价格,也考虑个股的数量。加权平均法中的"权"指代个股的数量大小,数量越大,则"权"越重,在股价相同的情况下,这类权重股对指数的影响力更大。在使用这种计算方法时,股市中的那些大盘股对指数的影响力更大。算术平均法就只考虑个股的价格,而不考虑个股的数量。证券交易所或相关金融服务机构将所有股票的价格进行简单的相加后再求平均数即可得出指数。

综合来看,加权平均法更加合理,也较为科学,因而,世界各地的股票市场多是以这种计算方法来求得大盘指数的。

1.3.5 国内股市的结构

股票市场是以交易所为组织单位的,同样,在计算反映股票市场运行情况的指数时,也是以交易所为单位的。我国内地有两家证券交易所:上海证券交易所和深圳证券交易所。

为了更好地理解上证指数,我们有必要先了解一下 A 股、B 股、H 股这 3 个概念。A 股、B 股、H 股分别面向不同的投资者群体。

A 股,面向我国境内投资者,上市公司为境内企业。一个企业可以在深圳证券交易所挂牌上市(称为深证 A 股),也可以在上海证券交易所挂牌上市(称为上证 A 股),二者只能选其一。

B 股,主要面向境外投资者,上市公司同样为境内企业,B 股同样可以分为上证 B 股与深证 B 股。相对来说,B 股的数量是极少的。

H 股,是境内企业在香港证券交易所发行的股票,主要面向在港投资者。

1.3.6 市场的重要指数

有一些重要的指数是值得我们关注的，这些指数或反映了市场的整体运行，或反映了市场的局部风格。借助于这些指数，我们才能更好地了解市场的具体运行情况。因为在很多时候，仅凭一个大盘指数是无法全面反映市场全况的。一般来说，上证指数（000001）、深圳成指（399001）、中小板指数（399005）、创业板指数（399006）这4个指数较为重要，大家可以重点关注一下；对于局部来说，相应的板块指数（特别是以"行业"为依据所划分得到的板块）是我们关注的对象。

1. 上证指数

上证指数，全称为上证综合指数，用于呈现上海证券交易所全体股票价格的平均走势。上证指数由上海证券交易所编制，样本空间为在上海证券交易所挂牌上市的全体个股，采用加权平均法进行计算。

其计算方法为：报告期指数=（上证全体个股的流通股市价总值÷基准日全体个股的流通股市价总值）×100。在股票行情软件中，我们可以通过全称代码"000001"或简称代码"03"调出其走势图。

另外，值得注意的是，上证指数俗称大盘指数，是呈现A股市场（包括上海证券交易所及深圳证券交易所）整体价格走势的指数。之所以如此，是因为在上海证券交易交所挂牌上市的股票数量更多、大盘蓝筹股也更多，能够很好地反映A股市场全貌。

2. 深圳成指

深圳成指，全称为深圳证券交易所成分股指数，它由深圳证券交易所编制，被用于呈现深圳证券交易所全体股票价格的平均走势情况。

深圳成指样本空间为从深圳证券交易所上市的所有股票中抽取的具有市场代表性的40家上市公司的股票，计算方法是以流通股本为权数综合计算得出。由于所选的样本个股均在全部上市股票中所占比重较大，且为行业代表性的上市公司，因而，深圳成指可以很好地反映出深圳证券交易所中全体股票价格的平均走势情况。在股票行情软件中，我们可以通过全称代码"399001"或简称代码"04"调出其走势。

此外，为了方便反映相关行业股票价格的整体走势，人们又引入了工业类指数、商业类指数、地产业类指数、公用事业类指数、综合业类指数等，还引入了各个板块的指数，如食品指数、纺织指数等。

3. 中小板指数

中小板指数主要用于反映中小盘类个股价格的整体走势，这些个股的数量相对较少、市值不够庞大，企业的规模相对较小，是特点比较具体的同类个股。中小板指数由深圳证券交易所发布，由100家具有代表性的中小板公司组成，它是国内多层次证券市场结构下的一种重要指数，在股票行情软件中，其代码为"399005"。

4. 上证50指数

上证50指数，代码为"000016"，是根据科学客观的方法，从在上海证券交易所中上市的全体股票中挑选出来50只规模较大、流动性较好的具有代表性的个股，来进行指数计算。上证50指数以这50个在上海证券市场最具市场影响力的龙头企业个股的价格走势情况为依据，反映了上海证券市场的整体运行情况，它是一种典型的成分指数。

这个指数的设计理念与道琼斯工业指数有相似之处，都是选取本国经济体中的一些行业龙头来反映股票市场的整体价格走势，其指数成分股更受机构投资者青睐。

5. 沪深300指数

沪深300指数（代码为"000300"）是沪深证券交易所第一次联合发布的反映A股市场整体价格走势的指数。它由中证指数有限公司编制并发布，指数基期为2004年12月31日，指数基点为1 000，计算方法采用派许加权法，其样本空间为从上海和深圳证券市场中选取的300只A股。沪深300指数样本覆盖了沪深市场六成左右的市值，具有良好的市场代表性。这300只A股是沪深两市A股中规模大、流动性好、最具代表性的股票。因而，它们可以综合反映沪深A股市场的整体表现，有利于投资者全面把握市场运行状况。

（1）成分股的选择

中证指数有限公司对样本空间股票最近一年（新股为上市以来）的日均成交金额由高到低排名，剔除排名在后50%的股票，然后对剩余股票按照日均总市值由高到低进行排名，选取排名前300的股票作为样本股。

（2）指数计算

沪深300指数以调整股本为权数，采用派许加权综合价格指数公式进行计算，计算公式为：

报告期指数=（报告期成分股的总调整市值÷基期市值）×1 000，

其中，总调整市值=Σ(市价×样本股调整股本数)。

6. 创业板指数

创业板指数（代码为"399006"）是用于反映创业板运行情况的指数，由最具代表性的100家创业板上市企业股票组成。

A股市场有主板与创业板的划分。主板市场，也称为一板市场，是指传统意义上的证券市场，是一个国家或地区证券发行、上市及交易的主要场所。中小板市场是创业板的一种过渡，主要面向发展成熟的中小企业，其股票代码以"002"开头。创业板，也称为二板市场，是专为暂时无法在主板上市的中小企业和新兴公司提供融资途径和成长空间的证券交易市场，是对主板市场的有效补充，在资本市场中占据着重要的位置。

就上市审核条件来说，主板与中小板是相同的，上市条件较为严格；而创业板上市条件则相对宽松一些。

7. 香港恒生指数

香港作为亚洲的金融中心，对股票市场有着举足轻重的影响，而且有很多大型企业既在香港交易所上市，也在内地A股上市。基于同股同权的原因，这些个股有着相同的价值。但由于两地市场面向的投资者群体不同，因投资理念及市场环境的差别，这些在两地上市的个股往往存在着一个差价空间。这个差价空间可能预示着一个价值低估空间，也可能是一个泡沫高估空间。这既取决于企业的成长性，也取决于估值状态的变化。

香港恒生指数由香港恒生银行全资附属的恒生指数服务有限公司于1969年11月24日开始发布，这一指数包括了香港股票市场中50家最具代表性的上市公司，它是以其发行量为权数的加权平均股价指数，也是反映香港股市走势最具影响力的一种股价指数。

8. 纳斯达克指数

纳斯达克（NASDAQ，National Association of Securities Dealers Automated Quotations）是一个单独的股票市场，是美国全国证券交易商协会于1968年着手创建的自动报价系统的英文简称。它最初专门让投资者交易一些资本额很小的新创企业股票。

可以说，纳斯达克市场为有发展潜力的、处于新兴行业、新科技产业的中小公司开辟了一条融资之路。像苹果、谷歌、微软、Facebook、思科、英特尔、亚马逊、甲骨文等这些家喻户晓的高科技公司都是在纳斯达克股票市场中孕育出来的。

9. 日经 225 指数

20 世纪末，日本是仅次于美国的全球第二大经济实体。虽然日本当前的经济地位有所滑落，但是，在 2018 年全球各国的 GDP 总量排行榜中，日本仍位列第三名，其股票价格指数走势也具有一定的影响力。

日经 225 种平均股价指数，代表着日本股市的走向。它是从 1950 年 9 月开始编制的，其所选样本均为在东京证券交易所第一市场上市的股票，样本选定后原则上不再更改，1981 年定位制造业 150 家、建筑业 10 家、水产业 3 家、矿业 3 家、商业 12 家、路运及海运 14 家、金融保险业 15 家、不动产业 3 家、仓库业、电力和煤气 4 家、服务业 5 家。

10. 德国 DAX 指数

在 2018 年的全球 GDP 排行榜中，德国名列第 4 位。德国的制造业享誉全球，经济实力较为突出，其股票市场在欧洲的影响最大。

德国 DAX 指数是德国重要的股票指数。它是由德意志交易所集团推出的一个蓝筹股指数。该指数中包含 30 家主要的德国公司。但与其他指数不同的是，DAX30 指数试图反映德国股市的总收益情况，而其他指数则只反映市场价格的变化。DAX30 指数考虑到股息收入，名义上将所有股息收入（按成分股的比重）再投资到股票上。如此，即便德国股票价格没有变动，DAX30 指数仍可能因股息收入而上涨。

11. 伦敦金融时报指数

伦敦金融时报指数是"伦敦《金融时报》工商业普通股票平均价格指数"的简称，由英国最著名的报纸——《金融时报》于 1935 年 7 月 1 日开始编制，用以反映英国伦敦证券交易所的行情变动。它由 30 种有代表性的工商业股票组成，采用加权算术平均法计算得来。

1.4　系统性风险与非系统性风险

如果把股票交易比做游戏，那它恐怕是这个世界上最具魔力的游戏之一了。

它可以让资金快速增长，同样也可以让资金快速缩水。当我们仔细分析、挖掘了一只绩优股，买入并打算长期持有时，个股价格却因市场的持续调整而走势疲软，但企业的业绩似乎仍在向好；当我们在一片火热的市场氛围中买入一只看似蛰伏低位、仍未启动的个股后，却发现此股价格又因利空消息而破位下行，我们又应如何操作呢？股市的风险多种多样，我们如果不更好地了解它，就很可能亏损惨重。

道氏理论打破了人们的思维框架，使投资者不再孤立地看待个股走势，这是一种开创性的思想。基于这一思想，也引申出了现代金融市场中一个重要命题，即任何一只股票所伴随的总风险都包括系统性风险与非系统性风险。了解金融市场中的这两种风险至关重要：非系统性风险让我们认识到即使市场风平浪静，也不能疏于对个股的选择；而系统性风险则提示我们，即使个股再好，也不宜在市场明显高估，或存在整体性风险时买入，买入的时机也是至关重要的。

1.4.1　系统性风险

系统性风险也可以称为市场风险、大盘风险。系统性风险的诱因多发生在企业等经济实体外部。企业等经济实体作为市场参与者，能够发挥一定作用，但由于受诸多因素的影响，其本身又无法被完全控制，其带来的波动一般都比较大，有时也表现出一定的周期性。

系统性风险，在股票市场上体现为大盘指数持续长久或快速深幅的下跌，是一种个股普跌的市场格局。由于个股普跌，投资者即使分散地买入很多个股以规避单只个股利空的消极影响，也无法抵挡系统性下跌带来的风险。

系统性风险出现的原因多种多样，如经济低迷、货币政策的改变、能源危机等，这些因素单个或综合发生，导致所有证券商品价格都发生动荡。系统性风险断裂层大，涉及面广，人们根本无法事先采取针对性措施来规避或利用它，即使分散投资也丝毫不能降低其风险。具体到股票市场上，系统性风险直接体现为大量资金的持续离场。由于股票市场是一个资金驱动市场，这就会导致卖盘压力持续大于买盘力度，从而导致市场价格整体性下跌、平均估值中枢下移。

简单来说，股票市场的系统性风险有3个特征：

1. 它是由共同因素引起的；

2. 它对市场上所有的股票持有者都有影响，只不过有些股票比另一些股票的敏感程度高一些而已；

3. 它无法通过分散投资来加以消除。

1.4.2 非系统性风险

非系统性风险，也可以称为个股风险，是指个股在相对平稳的市场环境下所出现的较大幅度的独立下跌走势。这种独立下跌走势可能是行业利空引发的，也可能是个股消息面诱发的，如重组失败、业绩预减、债务危机、主力资金链断裂、解禁股抛售、估值过高、停牌后的补跌，等等。

个股风险，往往是由"黑天鹅事件"引发的，如 2018 年很多个股因巨额商誉减值而出现大幅度的亏损，或是上市公司的债务危机被披露出来，从而导致了股价走势的雪崩，而同期的市场整体价格走势相对平稳，这就是典型的个股风险。

如果投资者的交易经验较为丰厚，分析能力较强，一般来说，是可以较好地规避这种非系统性风险的。例如：投资者经常关注上市公司的财务报表，关注行业的周期变化，关注企业的技术水平及市场竞争力等因素。

但是，呈现在投资者面前的个股信息往往较为浅显，而且，市场也处于快速变化中。当前的好企业未必就是未来的好企业，如果投资者过于自信，全仓押注在一只股票身上，就有很大的运气成分。

由于非系统性风险属于个别风险，是由个别人、个别企业或个别行业等可控因素带来的，因此，股民可通过投资的多样化来化解非系统性风险。通过分散投资，非系统性风险可以被降低，而且如果分散是充分有效的，这种风险还可以被消除。所谓的分散投资，即将资金分布在多只股票上，这些股票最好身处不同行业、不同地区、具有不同属性。我们观察基金、机构投资者就会发现，他们一般都不会过于重仓持有某只股票，其目的就是为规避个股风险。个股风险的案例比比皆是，在此我们就不举例了。

1.4.3 了解经济运行周期

股票市场是经济变化的晴雨表，我们在分析市场的系统性风险时，有必要了解宏观经济运行情况。虽然股市的走向往往与宏观经济情况并不同步，但长期来看，股票市场的周期变化及运行趋势仍是由经济的发展情况及经济周期的循环所决定的。如果宏观经济呈长期低迷的状态，一般来说，股市的表现往往也不好。反之，当宏观经济持续向好时，则股票市场也多持续稳健地走高。关于宏观经济的运行情况，我们有必要首先了解一下它的周期运行规律。

经济周期（Business Cycle）也称经济波动，是指经济运行中周期性出现的经济扩张与经济紧缩交替更迭、循环往复的一种现象。每一个经济周期都可以分为上升和下降两个阶段，我们也可以将其细分为复苏、繁荣、衰退、萧条4个阶段，如图1-1所示。

"选股不如选时"，当宏观经济周期处于上升阶段时，这时的市场供应充足、需求旺盛、企业可以获取稳定的利润并可以进一步开拓市场空间，企业供给与市场需求处于一种良性互动的关系中。可以说，这一阶段的外部环境较为理想，股市的上涨动力较足，此时，投资者优选个股、积极布局会有更高的成功率。

反之，当宏观经济即将步入下降阶段（或者开始步入下降阶段时），就有牵引股市下行的动力，这时的股市如果正处于高位，或是估值状态较高，则易出现大幅下跌，对于股市整体来说，即出现系统性风险的概率较大。

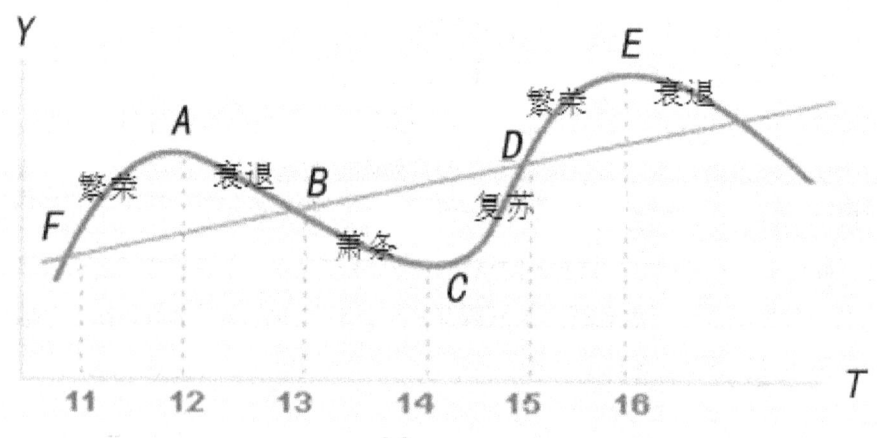

图1-1　经济周期运行图示

1.4.4 系统性风险案例解读

图 1-2 为广深铁路 2017 年 11 月至 2019 年 1 月走势图，图中叠加了同期的大盘指数。在图中标注的时间段内，大盘指数与此股价格几乎同步下行，跌幅跌速的节奏较为一致。股价的这种下跌就是系统性风险引发的。此时，很难通过分散布局的方法来规避这种风险。如果我们查看同期其他个股价格走势，就会发现：大多数个股的价格均处于同步下跌状态，如果考虑到一些大盘蓝筹股对指数的支撑性作用，则意味着中小盘类个股在这种市场环境下的抗跌性更差一些。

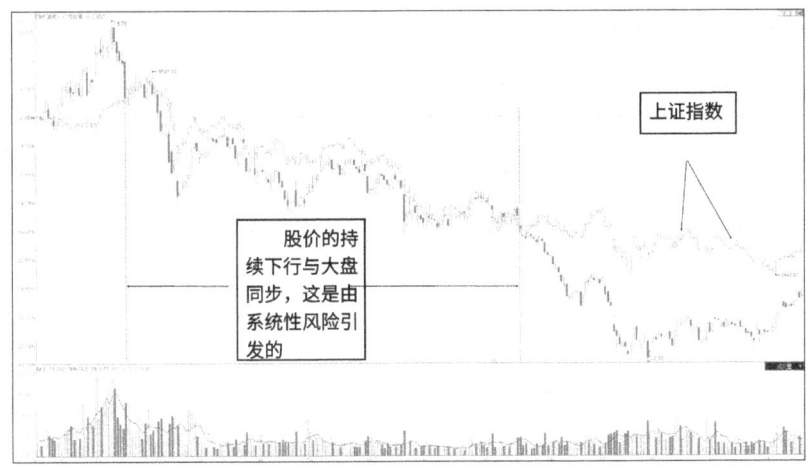

图 1-2　广深铁路 2017 年 11 月至 2019 年 1 月走势图

1.4.5 非系统性风险案例解读

如图 1-3 为皇庭国际 2018 年 5 月至 12 月走势图，图中叠加了同期的上证指数。如图中标注，自 2018 年 10 月 12 日起，此股价格开始破位下行，中短期跌幅巨大，而同期的大盘指数却呈横向震荡状态，这就是典型的个股风险释放。

之所以会出现这种走势，既是因为同期市场环境较弱、绩差股纷纷下挫的市况，也是因为企业自身利空消息不断、二级市场流动性不佳。在多重利空因素的共振下，个股价格一旦开始破位，往往就会引发大量资金出逃，从而造成股价的雪崩走势。

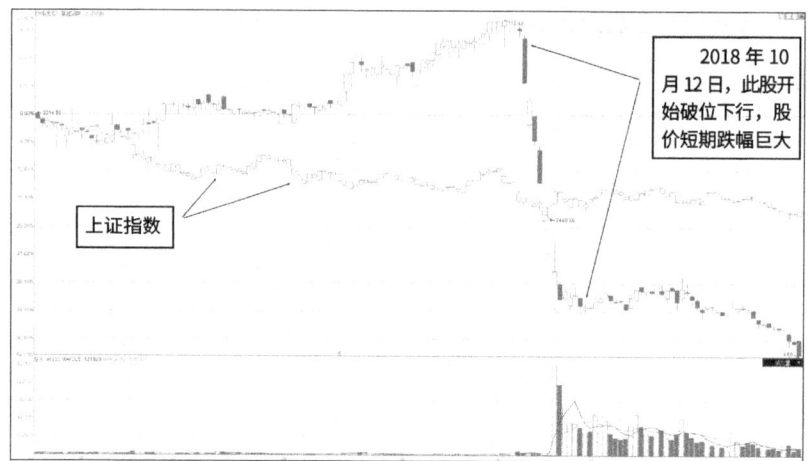

图 1-3　皇庭国际 2018 年 5 月至 12 月走势图

第2章
道氏理论基本内容解读

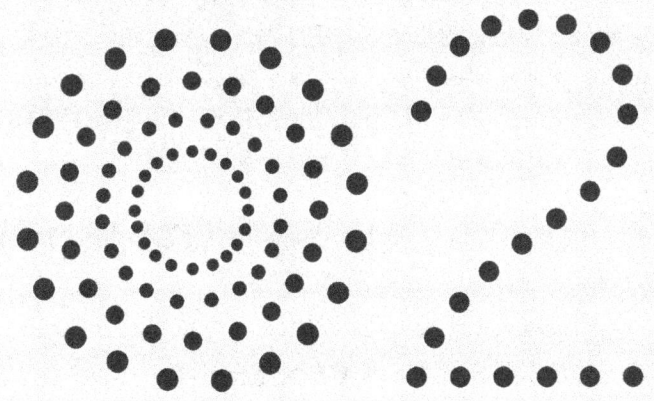

道氏理论较为系统地阐述了股市中的趋势运行规律。由于道氏理论浅显易懂且不失深度，它也成为投资者更进一步了解股市、透视股市本质的重要理论依据之一。道氏理论的核心内容体现为一系列的基本原则，这些基本原则有序、全面、系统地论述了股市趋势运行规律，而且，很多其他技术分析理论都是以趋势规律为前提的。可以说，道氏理论不仅开创了技术分析的先河，也为其指明了方向。在道氏理论之后，一系列经典的技术理论、技术分析方法如雨后春笋般破土而出，为投资者开辟了技术分析之路。本章中，我们以道氏理论给出的一些经典结论为线索，来全面了解这一理论的思想内容。

2.1 基本面与技术面分析法

严格意义上来说，道氏理论是一种技术面分析方法，除此之外，股市中还有一种基本面分析法。两类方法完全不同，一个侧重于市场行为，一个侧重于企业价值，虽然没有孰优孰劣之分，但从效率上来看，技术面分析法往往要更胜一筹。为了进一步深入学习股市分析方法，我们要构筑良好的知识结构，下面我们就来详细地了解一下这两类分析方法。

2.1.1 什么是基本面分析法

经济学中有一条基本原理："价格围绕价值运行。"基本面分析法正是以此为基础，通过对宏观经济、行业前景、企业价值等决定着股票内在价值的基本因素进行分析，以此来衡量股票的价值、估值状态。其中，企业的内在价值是基本面分析中的核心要素。

在进行基本面分析时，我们可以遵循由"宏"到"微"这一过程。首先，从宏观的角度来看，企业的发展离不开良好的经济大环境、行业前景、松紧适度的金融政策，等等，这是绝大多数企业实现盈利、快速增长的根本保障；反之，若宏观经济不景气、居民消费市场较为低迷、进出口额不断下滑，此时，大多数企业很难有好的盈利能力。

在分析基本面中的"宏"因素时，行业前景是最为重要的，因为经济的走势就如同人类社会发展一样都遵循着总体向上的趋势，即使其中有一定的起伏，但若非出现极端情况（如战争、重大自然灾害等），其幅度也是很小的。而行业这个因素则不同，一些行业可能因为不符合时代发展而逐渐被淘汰，这属于夕阳行业；一些行业则迎头而上、前景广阔，这属于朝阳行业。

高污染、高能耗的企业虽然在经济发展初期发挥了不可或缺的作用，但随着经济的持续发展、人民生活水平的不断提高，这些行业、产业将被逐步淘汰，因而，这类企业的成长空间极为有限；反之，那些新科技、新能源类的企业，若能够抓住机遇、完善自身，则其后续的发展潜力相对较大。

2.1.2 基本面分析的核心要素

基本面分析法以"价值"为核心。无论是分析宏观经济，还是分析行业发展，这个"价值"最终要落实到企业自身。好的经济环境、好的行业并不代表身处其中的企业就一定有价值，这其中也有混水摸鱼、不思进取的企业。因而在进行基本面分析时，我们要积极关注企业的竞争能力、市场开拓潜力、公司管理能力等直接影响到企业盈利情况的要素。

企业的基本面分析，既可以让我们了解到上市公司当前的经营情况，也可以让我们了解到上市公司未来的发展前景。由于企业的未来盈利能力情况将决定股价的中长期走势，因而基本面分析法有助于我们看清个股运行的大方向。在具体分析时，我们可以通过一些财务指标来分析企业的盈利情况及估值状态，以此作为遴选个股的一个参考。

市净率：是每股价格与每股净资产之间的比值，比值越低意味着风险越低。

一般来说，较低的市净率意味着企业的净资产雄厚，但我们也要注意辨识净资产的"含金量"，如 2018 年很多个股出现了净资产的突然性大幅度缩水，就源于商誉的巨额减值。可以说，包括了较高商誉的净资产的水分也是较大的。

市盈率：也称为本益比，它是衡量个股估值状态的一个指标。估值状态，即衡量个股的价格是否合理。企业即使盈利能力较强、发展空间广阔，但如果股价涨幅较大、透支了未来的上涨空间，那么，投资者在高位买入显然要承担更大的风险。

市盈率 = 每股价格 ÷ 每股收益（注：每股收益以年度为计算单位）。相对而言，蓝筹股、大盘股，或传统行业类个股因高速成长性相对较低，市盈率会相对较低，而沿类个股，因成长空间广阔，市盈率会相对较高，普遍在 30 倍以上。

2.1.3　什么是技术面分析法

技术面分析法与基本面分析法完全不同，它关注于股市中的资金驱动因素，侧重于从市场行为的角度来解读市场及股价的波动，特别关注中短线走势。从市场实战的角度来看，技术面分析法就是从市场交投过程中所产生的各种数据（如价格走势、成交量、盘口中的成交细节、挂单情况等）来分析多空力量的转变情况，从而预测价格的中短期走势。

技术派认为：一切影响股市或个股价格走势的因素（如金融政策、行业政策、重大的社会生活事件、领导人讲话、投资者的心态等）都会及时地通过市场交投本身而表现出来。技术面分析法通过分析体现市场交投情况的盘面数据来把握多空力量的变化，从而预测价格的后期走势。

股市是一个资金驱动市场，价格走势是多空双方交锋的结果。当多方力量更强的时候，股价会在多方力量的推动下上涨；当空方力量更强的时候，股价则会因空方的卖出而下跌。技术分析就是要通过多空双方的交锋情况来把握多空力量的转变，从而预测价格走势。由于技术面分析法更贴近于市场，因而，它能更好地反映并预示价格的中短期走向。

在利用技术面分析法进行预测时，我们是从盘面信息来解读多空力量转变的。此时，我们有多个着手角度，例如：可以从 K 线形态着手，可以从量价配合着手，可以从技术指标着手，也可以从盘口分时图着手……虽然着手点不同，但殊途同归，我们是要通过这些盘面信息来把握多空力量转变情况的。

技术面分析只关注于股票市场本身，而不会过于关注上市公司的基本面情况，一些看似没有什么投资价值的"貌不惊人"的个股往往会上演黑马行情，此时，借助技术面分析，我们就可以很好地理解并出击这类个股，而基本面分析方法则无能为力。为了更好地解读市场行为，技术面分析法要借助很多分析工具、分析方法来预测价格的未来走势并确定入市、出市的时机，这些分析工具、技术分析方法主要包括K线走势、成交量形态、主力参与行为、技术指标，等等。

2.1.4 技术面分析的三大假设

基本面分析的核心是"价格围绕价值波动"，这是经济学的基本规律，无可厚非。那么技术面分析方法中的K线、量价、分时、指标等又是基于什么样的原理呢？可以确保其结论的可靠性吗？技术分析绝不是无根之木、无源之水，其实，它们都是建立在三大假设基础之上的，这三大假设既是对智慧的总结，也是对金融市场运行规律的揭示，而且，在很大程度上，这三大假设参考了道氏理论的研究成果，也正因为如此，我们才说道氏理论是技术分析领域的鼻祖。这三大假设就是："市场行为涵盖一切""价格依趋势运行""历史往往会重演"。

1. 市场行为涵盖一切

这一假设指出：任何能够影响价格变动的因素都反映在实际的买卖交易行为之中，其表现方式就是价格走势。"市场行为涵盖一切"构成了技术分析的基础，它也解释了为什么技术分析者不用关注于个股基本面的变化。

市场行为是一个笼统的说法，在股市上可以用指数的走势来表现。影响股市及个股价格走势的因素是多种多样的，包括宏观经济数据、政策面消息、行业趋向、场内资金进出力度、市场情绪、重大事件、领导人的讲话、金融政策、地震灾害、投资者对于未来的预期等因素，这些因素我们无法一一顾及，但是，市场走势会将这些因素全都考虑进来。

这也是一条实盘指导建议，即我们不必劳神费力去分析影响股市波动的所有因素，这超出了我们的能力范围。由于所有影响价格走势的因素都将被反映到实际的交投数据中来，因而，我们只需研究这些已经出现的交投数据即可。

2. 价格依趋势运行

"趋势"概念是技术面分析中的基本概念，正是道氏理论将"趋势"引入的。趋势是指价格的中长期整体运行方向，依据其运行方向，一般可分为上升趋势、横盘震荡趋势、下跌趋势。股市里的趋势并非无中生有的产物，它是人们认识金融市场走势的结果，是人们依据自身的认识能力揭示出事物内在本质规律的一种表现。价格依据趋势运行是指：从中长期的角度来看，价格的总体运行有着相对明朗、前后一致的方向。

技术派在进行分析时，要对市场目前的趋势进行判断，判断得准确与否直接影响其操作结果。研究价格趋势的意义就是要在一个趋势产生、发展的早期，及时准确地把它揭示出来，从而达到顺应趋势交易的目的。

3. 历史往往会重演

历史往往会重演这个假设是指：相似的环境、相似的盘面形态往往会演绎出相似的后期价格走势。在股市中，投资者的买卖行为集中体现在每一交易日的价格波动情况（通过K线形态得以反映）及成交量之上。价格走势、成交量等方面的盘面数据从表面上来看是市场交易行为的结果，但它却是投资者内在心态、情绪的反映。因而，相似的盘面形态体现的是投资者共同的心态、行为，它们也自然会演绎出相似的后期价格走势。

"历史往往会重演"这一说法是指打开未来之门的钥匙就隐藏在历史中，或者说将来是过去的翻版。依据这一假设，我们就可以以史为鉴，以分析股市及个股的历史走势形态来比对当前，从而提前预测未来的价格走势情况。

以这三大假设为前提，技术面分析有了自己的理论根基。第1条肯定了研究市场行为就意味着全面考虑了影响价格的所有因素，第2和第3条使得我们找到的规律能够应用于股票市场的实际操作中。

2.1.5 技术面分析法案例解读

图2-1为兴业证券2017年11月至2018年8月走势图，此股价格的整体走势是重心不断下移的态势，这是趋势向下的表现，但随着股价的跌幅加大，进入底部的可能性也在加大。在图中标注的三角形区域内，若从时间轴角度来考虑，我们当时并不知道其随后仍然会大幅下跌，此时的累计跌幅已经较大，股价处于中长期的低点，我们是否可以买股布局呢？此时，若从基本面来分析，我们显然很难得出正确结论。

但是，从技术面来分析，我们则可以更好地展开操作。这个收敛的三角形区域是多空力量相对均衡的一个区域，也是双方力量又开始积累的标志。如果休整之后，多方力量转强、空方力量转弱，则股价有向上突破这个收敛三角形区域的动力，个股的价格走势也有望迎来反转，或是中级反弹行情；反之，则是趋势继续向下、底部未到的信号。

对于此股来说，如图标注，连续的小阴线向下跌破了这个三角形区域，这就是技术形态上的"破位"，也是多空力量整体对比格局未改变的标志，预示着趋势将继续向下，投资者此时抄底入场，亏损的风险远大于获利的机会。

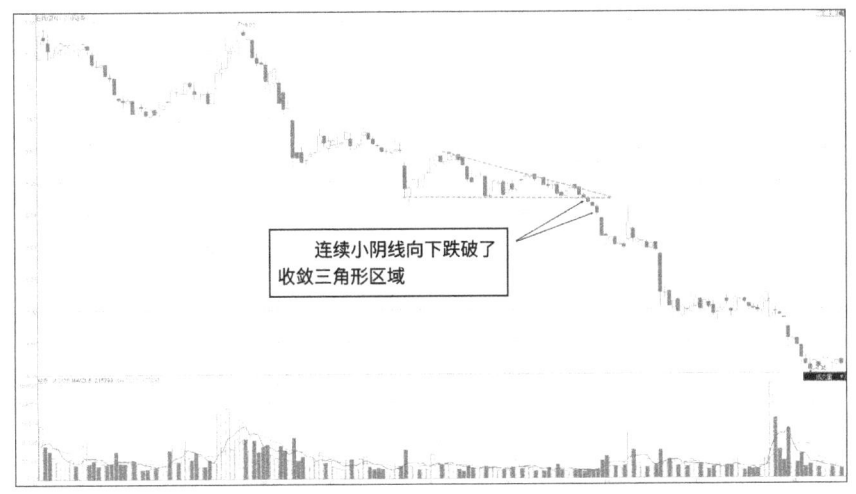

图 2-1　兴业证券 2017 年 11 月至 2018 年 8 月走势图

2.2　道氏理论的基本假设

道氏理论是一个系统化的理论，它揭示了股市的趋势运行规律。当然，这些规律、结论的得出，并非仅仅依靠直觉与经验。对历史走势的研究只是激励了思维，整个理论体系还是有其相对完善的构架的，这就包括那些可以用来得出结论的依据，即理论的前提假设。

要想更完备地学习道氏理论，我们首先要知道道氏理论的三个重要假设。这三个假设与投资者平常所看到的技术面分析理论的三大假设有相似之处，不过道氏理论更侧重于对其市场涵义的理解。

2.2.1 主要趋势不受人为操作左右

道氏理论的前提假设之一：主要趋势不受人为操作左右。这是对主要趋势的一种定性，即市场运行的大方向并不是人力能够刻意控制的，也许市场指数在短期内可能会因大资金的出入而受到明显的影响，即人为操作的影响，但主要趋势不会受到人为操作左右。

这一假设也是在默认了主要趋势存在的情况下给出的，整个道氏理论都在讲解趋势、阐明趋势、验证趋势，因而，趋势的存在性得到了很好的印证。正是因为道氏理论对于趋势的完美揭示，技术面分析法的重要前提假设之一——市场依趋势运行，才是一个可靠且令人信服的前提。

既然趋势的存在性解决了，那么，趋势的出现究竟是金融市场整体运行、各个因素相互影响、共同作用的结果，还是由少数资金实力强大的投资者控制呢？道氏理论将金融市场的趋势运行看作自然力量在人类社会金融领域的一种表现方式。个人的力量是无法与大自然抗衡的，同样，金融市场中的人为操作也是不可能改变趋势的。这个前提假设采用一种相对比照的方法，即个体的力量无法与整体抗衡。金融市场（主要指股票市场）有着强大的自身运行能力。

2.2.2 市场指数会反映每一条信息

市场指数，在道氏理论中也常被称为平均指数。市场指数会反映每一条信息，即"平均指数包容消化一切信息"。

道氏创建的平均指数是通过计算30只成分股的平均价格来反映股票市场整体状况的，这就为现有的各种指数奠定了基础。虽然各种指数的计算方法不尽相同，但基本思想都来源于道氏的平均指数，美国至今仍在沿用的道琼斯指数就是最好的说明。

市场指数会反映每一条信息这一假设是指：市场指数反映了无数投资者的综合市场行为，每一位对于金融事务有所了解的市场人士，他所有的希望、失望与知识，都会反映在市场指数每天的波动中。可以说，虽然影响股市的因素多种多样，但市场指数则会在其每日的波动过程中包容消化各种已知的、可预见的事情，如领导人的讲话、金融货币政策、重大事件的发生、新技术的诞生、外围市场波动等。对于这些因素或消息，市场指数会迅速地加以评估，并适当地对未来做出预期。

这一假设和技术面分析三大假设之一的"市场行为涵盖一切"所具有的含义相近，只不过道氏理论是将"市场行为"直观地表现为"市场指数"。

2.2.3　道氏理论是客观化的分析理论

道氏理论是客观化的分析理论这一假设指出：市场的价格走势是不以人的意志为转移的，投资者只有客观地遵循它，才能从股市中获取良好的收益，股市中绝大多数的投资者正因为总是主观地臆断市场的价格走势、而不顾眼前真实呈现出来的走势，才会面临亏损出局的情况。投资者要想成功，就需要深入研究及客观判断，才能准确地把握市场的运行。

2.3　市场价格走势的 3 种级别

股票市场的价格走势并不是杂乱无章的，查尔斯·道基于对金融市场的长期观察、结合道琼斯指数的走势，以敏锐的直觉提出了市场价格走势的 3 种级别，并阐明了金融市场中的"趋势"概念。这 3 种级别的走势由大至小分别是：基本趋势、折返走势、短期波动。依据这种划分，我们对市场的运行会有更深刻的理解，在评估市场未来的运行方向时，也将有更可靠的依据。

2.3.1　趋势是一种客观规律

趋势即事物或局势发展的动向，且这种发展动向具有客观性、不以人的主观意志为转移。在统计学上，趋势具有时间性，主要是指时间轴上的某个可见动向，是一种线性发展的客观规律。可以看出，趋势代表一种较为确定的发展方向，当我们使用"趋势"这一词时，往往指代某种事物的明确发展方向。例如：我们说"人类文明不断进步是历史发展的必然趋势""紧跟科技发展的趋势"时，就暗含了趋势所具有的"沿时间顺序线性发展、具有明确的方向性"这层含义。

趋势是一种客观规律，它是人们对社会发展过程的一种总结，也是人类智慧对自然规律、社会规律的一种揭示。将"趋势"这一词语引入金融市场，它指代的是价格走势的某种客观规律性，而且这种走势是不以人的意志为转移的。那么，金融市场中（包括股市）的价格走势具有"趋势性"究竟意味着什么呢？

它是以何种形式表现出来的呢？

道氏理论最早阐明了金融市场中存在的这种客观规律——趋势，并对其进行了系统总结、深刻分析，为以后的技术分析之路打开了方便之门。

2.3.2　3种基本趋势

基本趋势，也称主要趋势，是市场运行的大方向，是大规模的、中级以上的上下运动，通常持续一年甚至数年之久，并导致价格累计上涨或下跌20%以上。

市场运动特征是曲折蜿蜒的，具有相当明显的峰和谷，无论这些峰和谷是依次递升，还是依次递降，或者横向延伸，其方向就构成了市场的趋势。

依据价格运动的大方向，基本趋势可以分为3种：基本上升趋势（可简称为上升趋势）、基本下跌趋势（可简称为下跌趋势）、横向延伸趋势（或称为横盘震荡趋势）。其中，横向延伸趋势往往被视为多空力量处于胶着状态、市场方向不明朗的标志，也称这种趋势为无趋势状态。但无趋势状态并不是真正意义上的无趋势，它指代的是横向延伸，是长期横向震荡。

道氏理论依据大方向定义了3种趋势，那么，它们在具体运行时又是以怎样的方式呈现的呢？我们可以借助物理学中的"波峰""波谷"来理解3种基本趋势的运动特点。

上升趋势就是一个价格逐浪走高的过程，此时，后期出现的波峰、波谷会相应地高于前期出现的波峰、波谷，即价格走势呈现出"一峰高于一峰、一谷高于一谷"的运动方式；反之，下跌趋势则是一个价格逐浪走低的过程，此时，后期出现的波峰、波谷会相应地低于前期出现的波峰、波谷，即价格走势呈现出"一峰低于一峰、一谷低于一谷"的运动方式；横盘震荡趋势，是价格横向震荡的过程，也是一个波峰与波谷依次重叠的运动形态。图2-2标示了这3种趋势的运行特点。

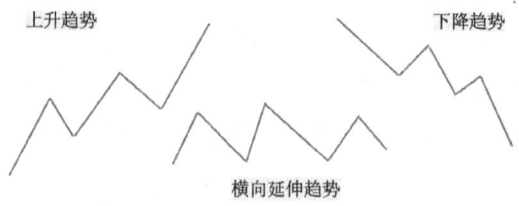

图2-2　3种趋势运行特征示意图

趋势以一种综合性、整体性的表现存在。道氏理论揭示了趋势的存在，但并没有指出趋势为何存在。其实，我们可以借助市场的资金驱动效应及投资者情绪传导效应来进一步加深理解。

我们知道，趋势的延续需要一定的时间和空间。以上升趋势的出现为例，当宏观经济向好，或市场明显低估，或某些外在利好消息触动，使得买入的投资者开始增多，这往往是一个临界点。此时，多方力量整体上开始强于空方力量，在入场资金力度加大的状态下，股市出现了上涨；赚钱效应的出现会传导至更多的场外投资者，场内投资者也削弱了卖出意愿，随着后续的买盘不断入场，源源不断的入场资金驱动了市场的上涨，这个传导过程常常会因经济面的持续好转，或是利好消息的不断涌现而得以持久延续，从而也就铸成了一轮上升趋势的出现。

对于趋势来说，影响和改变趋势的是趋势内部的各种变量，首先是核心力量，其次是其他变量。在不同的阶段，核心力量的来源可能并不相同。比如，在宏观经济持续向好，但股市未同步表现的背景下，经济面因素往往就会成为上升趋势的核心力量；又如，在宏观经济表现相对平淡、市场运行较为平淡的背景下，陆续出台的政策面利好往往就会成为上升趋势的核心力量。同理，对于下跌趋势也一样，例如：当股价经历较大幅度上涨后，由于企业偏离了经济面、透支了未来的成长空间，此时价值因素往往就会成为下跌趋势的核心力量。

2.3.3 折返走势

折返走势也可以称为次级波动、次级走势、次要趋势，它出现在基本趋势的运行过程中，其方向与基本趋势的运动方向相反，是对基本趋势的调整与修正。折返走势的持续时间多在 20～60 天，反映了市场投资情绪的涨落。一般来说，上升趋势中的中级回调波段、下跌趋势中的中级反弹波段均属于次级走势。当折返走势出现后，价格常常可以回撤这一波涨跌幅度的 1/3 或 2/3。关于折返走势的详细内容，我们将在随后的章节中单独讲解。

2.3.4 短期波动

短期波动反映了价格在几天之内的变动情况，多由一些偶然因素决定。短期波动可以是价格在单独交易日的盘中波动，也可以是价格在几个交易日内的小幅度修正走势。造成短期波动的因素有很多,如外围市场的波动、消息因素、节假日,等等。就幅度来说,短期波动的幅度要明显小于次级的折返走势。

图 2-3 标示了价格走势的 3 种级别,横轴为时间、纵轴为价格,从 1 到 9 这个大过程代表着基本趋势。图中的基本趋势运行方向向上,在基本趋势中穿插着与其运行方向相反的 3 个折返走势,它们分别是 2 到 3、4 到 5、6 到 7,而其中的 a 到 b、c 到 d 则属短期波动。

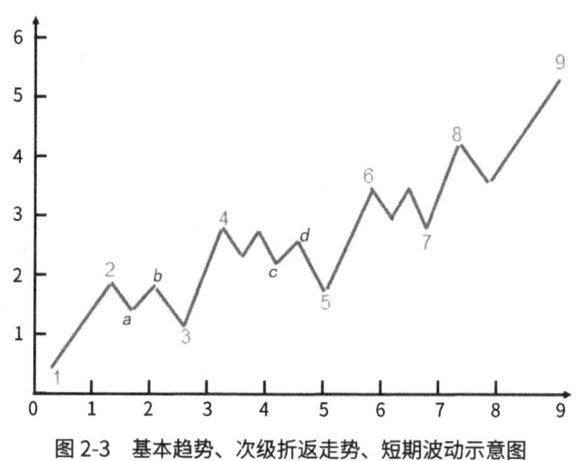

图 2-3　基本趋势、次级折返走势、短期波动示意图

2.4　多头市场的 3 个阶段

多头市场,也称为主要的多头市场(Primary Bull Markets),即上升趋势。多头市场是一种市场中股价整体性上涨的趋势状态,期间也夹杂着次级的反向回调走势。道氏理论将多头市场划分为 3 个阶段,这种划分方法既是对道琼斯指数长期研究后的经验总结,也是一种理论探讨。它可以帮助投资者更好地理解、把握趋势,而且,投资者在实战中也能够结合这 3 个阶段的划分方法来指导实践。我们主要从技术形态的角度来描述这 3 个阶段的划分方法,除此之外,也可以从多空力量的转变、投资者情绪转变、企业盈利情况转变等角度来描述这 3 个阶段,但无论如何,每一个阶段都是多种因素共同作用的结果,读者在理解时也要从综合性的角度出发,避免片面化。

2.4.1 多头市场的第1阶段：筑底

上升趋势的第1阶段，我们可以称之为筑底阶段、多方力量积累阶段。这一阶段多出现在长期、深幅下跌之后，此时的价格走势出现了明显的止跌企稳特征。从走势形态来说，指数重心要么是横向震荡、要么是缓慢攀升，已经脱离了前期持续下跌时的阻力位置。在这个价位空间内，市场的利空消息已得到了极大的释放，空方不再占据主导地位，即使期间有一些相对利空的消息面，价格指数也能在买盘的承接下而不破位向下。

在筑底阶段还有一个显著的特点，那就是市场上的个股普遍处于相对低估的状态。这个低估状态是相对于个股的历史估值中枢而言的。此时，聪明的投资者看到了价格未来的上涨潜力而悄悄布局，持股者大多也处于套牢、亏损状态，不愿在这个极低的价位区割肉离场。综合技术面、心理面、估值面等多种因素来看，价格走势明显回暖，多方力量在不断积累中，多空情绪也在不断转变中，由原来的看空情绪占据主导开始慢慢转变为多空平衡、多方占据优势。

另外，我们还要明白市场指数的筑底阶段与个股的筑底阶段也许并不同步。因为在这个阶段，市场处于"重质不重势"的阶段，盈利能力较强的企业由于有业绩支撑且估值占据优势，从而使持股者惜售，如果前期跟随大市调整充分，其筑底走势一般能与大市同步；但对于其他一些没有业绩支撑、特别是出现亏损的个股来说，由于在筑底震荡中的市场仍处于低迷状态，这类个股缺乏短线投资盘的参与，往往会在低迷的市场环境中继续破位向下，仍存在较大的风险，并不适合中长线布局。

实盘操作中，我们还应注意一点：在股价明显企稳且处于低位时，此时经济指标可能并未出现明显改善，这往往就给了投资者一种股市仍将继续下行的错觉，从而忽略了技术面的企稳形态；其实，股市的运行与经济面变化并不同步，当经济面、企业面运行至最坏且尚未有明显的回转迹象时，股市很可能已经提前开始筑底，这是因为股市是一个预期性极强的市场，股市的运行不可能与经济波动完全同步。

2.4.2 多头市场的第2阶段：持续上扬

多方经历了多头市场的第1阶段后，力量得到了增强，且开始占据优势。随着股票市场的回暖，财富效应开始逐渐体现。此时，多头市场就会进入第2

阶段，这是一个持续上扬的阶段。在这一阶段，从技术面形态上我们可以看到价格指数的上扬节奏加快，而不是第1阶段的震荡缓升，或震荡不前。在这一阶段，受经济持续好转、企业盈利增强等基本因素驱动，原本就已企稳的股市受到了越来越多投资者的青睐，在买盘资金加速入场的推动下，股市开始快速上扬。在这一阶段，我们可以在盘面上看到量能明显放大的形态，成交量随着价格指数的不断攀升而创出新高，这种"量价齐升"的形态正是买盘资金加速入场、场外买盘资金十分充足的标志。

这一阶段的持续时间往往也是最长的，也是创造多头市场最大涨幅的一个阶段。在这一阶段，任何时候的回调都是买入良机。但是，随着涨势的加速、累计涨幅的加大，市场形成泡沫的风险也在加剧，但估值状态的提升并不是我们卖出个股的理由。只要技术形态、成交量、经济面、政策风向、市场情绪等因素未出现明显的改变，投资者就不应主观、盲目地臆测顶部的出现，而应顺势而为，耐心持股待涨，尽可能在多头市场中将利润最大化。

另外，在持续上扬阶段，由于价格累计涨幅往往较大，股价在上涨过程中，往往会出现中级调整行情。中级调整行情可能是时间相对较短的深幅回落节奏；也可能是时间相对较长的横向震荡节奏。这属于道氏理论中阐述的"次级折返走势"。一般来说，如果市场指数在短时间内的涨幅、涨势较为凌厉，易引发短期深幅回落走势；而如果市场指数持续上涨且走势相对稳健、缓慢，则易出现横向震荡的调整走势。

2.4.3　多头市场的第3阶段：探顶

多头市场的第3阶段可以称为"探顶阶段"。在经历了长时间的上涨之后，股市已经处于明显的高位，股价累计涨幅巨大。在这一阶段，虽然有经济面良好、企业盈利能力较强等基本面因素支撑，但股价的上涨速度远远快于它们，此时的股价已在市场乐观情绪的推动下透支了未来几年内的上涨空间。理性的投资者都会看到高位风险，但市场的赚钱效应依旧较强，而且资金都是逐利的，因而，仍有源源不断的场外买盘资金涌入，市场仍在加速上行。

虽然市场仍在加速上行，但随着高位风险的加剧，市场的谨慎情绪也开始增强。这一阶段价格的上涨并不是因为买盘的加速入场，持股者相对稳定的看涨情绪仍占据主导。趋势的形成与发展也使得市场多空双方有一个由分歧到一致的过程,当市场分歧较为明显时,此时的升势刚刚起步,怀疑的情绪占有重要地位;但随着上涨的长久持续,空方思维也被消耗殆尽,从而使得市场情绪由分歧转为一致看多,此时的一致看多引起了持股者的相对惜售行为,从而也促成了价格指数的加速上行。但买盘入场力度的减弱也是不争的事实,我们从盘面形态上可以看到高位区的"量价背离"形态出现,没有强劲买盘支撑的上涨,价格是很难站稳于高位区的,只需要少部分获利盘的离场,价格就可以显著降低,这也为随后的趋势反转下行埋下了伏笔。

2.5　空头市场的 3 个阶段

空头市场,也被称为主要的空头市场(Primary Bear Markets),即下跌趋势。空头市场是一种市场中价格整体性下降的趋势状态,期间也夹杂着次级的反弹走势。与多头市场相似,道氏理论同样将空头市场划分为 3 个阶段:筑顶、持续下行、探底。它们正好与多头市场的 3 个阶段相反,我们可以将多头市场与空头市场的 3 个阶段对照理解。

2.5.1　空头市场的第 1 阶段:筑顶

空头市场第 1 阶段为筑顶阶段,它紧随着下跌趋势的第 3 阶段,这一阶段与上升趋势的第 1 阶段正好相反,它是市场逐步积累空方力量的一个阶段。在此阶段,股市过高的估值状态、股价前期过大幅度的上涨,使得场外买盘资金趋于枯竭,导致市场价格上涨乏力、价格指数开始震荡滞涨或震荡回落。此时,一些有远见的投资者意识到了市场的过高估值状态及泡沫风险,从而展开逢高出货的操作。随着市场赚钱效应的减弱,一部分投资者的思维也开始由坚定的多头转变为短期投资或空头思维。从市场运行来看,多方力量不再占据主动,买盘资金入场力度减弱、市场获利抛压增强,价格走势开始震荡滞涨,多空分歧依旧存在。随着时间的持续,这种走势也加剧了空方力量的汇聚,当空方力量显著增强、明显占有优势地位后,这一阶段就会结束。

从实际运行来看,在筑顶过程中,如产生外围市场价格大幅下跌,或是经济运行下滑,以及其他的如"债务危机""金融风暴"等利空因素,其持续时间往往相对较短，趋势转向速度会加快；反之，如果仅是因为前期持续上涨产生的高估状态及场外资金入场力度减弱等因素而开始筑顶，则反复震荡、长期持续的概率相对较大，直到有明显的利空因素触发及空方力量长期积累后形成明显合力才会结束这一阶段。

2.5.2 空头市场的第2阶段：持续下行

空头市场的第2阶段为持续下行阶段，这一阶段也是下跌趋势中跌幅最大、跌势最凌厉的一个阶段，我们平常所说的下跌趋势主要就是指这一阶段。一般来说，它与前期多头市场的持续上扬阶段遥相呼应，这一阶段的下跌幅度与前期多头市场的持续上扬阶段的涨幅是成正比的。当市场步入这一阶段后，由于入场买盘的稀少、投资者抛售意愿的不断增强，价格将持续下行。这种持续下跌、甚至是快速下跌的走势往往使市场出现恐慌情绪，这种恐慌情绪的蔓延也加速了跌势的发展、跌幅的扩大。

在这一阶段，企业盈利能力的下滑、周期行业的转向以及宏观经济指标的变化往往会形成利空信息，让市场本来较为悲观的情绪雪上加霜，再加上"涨时看涨，跌时看跌"市场行为的助推，就加剧了下跌趋势的行进。

场外投资者若看到市场价格已处于明显的跌势后，不宜过早抄底入场。虽然市场指数因为下跌已处于中短期低点，但如果将时间轴拉长，此时的点位很可能仍处于高位。而且，一旦跌势形成，市场的估值状态就会不断下移。在市场情绪的助推下，市场的估值状态往往会跌破历史平均估值状态，因而，不宜过早地抄底入场，除非是结合短线下跌而实施的博取反弹操作。若投资者贸然实施抄底布局中长线策略，则有可能被套牢在下跌途中，损失惨重。

2.5.3 空头市场的第3阶段：探底

空头市场的第3阶段称为探底阶段。在经历了第2阶段的持续下跌后，市场的做空动能已得到了极大的释放，市场的抛压也明显减轻。短线投资者的参与力度较低，加上市场的赚钱效应极差，从而使得场外投资者入场意愿极低。由于入场资金的匮乏、股价下跌缺乏支撑，虽然抛压较轻，但并没有扭转多空力量对比格局，因而，市场仍处于下行格局。

但这一阶段的下跌与上一阶段明显不同，它往往出现在股价低位企稳之后，这是由于入场资金的匮乏,以及某些利空消息的诱发,又引发的一波短线快速下行。这一波短线下跌的幅度较大、速度较快,给人一种跌势深不见底的感觉。价格走势的快速下行虽然引发了部分持股者的恐慌心态,但如果投资者从个股的基本面来观察,就会发现,此时的绩优股已处于明显的低估状态,中长线投资策略下的股价极具吸引力。随着价格的短线再度下跌,空方力量得到了更为充分的释放,且利空消息在整个下跌趋势持续过程中反复出现。对股价不利的利空消息对于投资者的影响也明显减弱,而过低的估值状态有望引发场外资金的关注,进而改变原有的多空力量对比格局,市场也将结束探底阶段,即结束中长期的空头市场,转而开始步入多头市场的第1阶段——筑底。

2.5.4 多空市场的 6 个阶段

图 2-4 为上证指数 2014 年 5 月至 2016 年 1 月走势图,期间的股市经历了一轮相对完整的多头市场、空头市场交替的运行格局。相对来说,多头市场的 3 个阶段更为鲜明、持续时间更长,具有道氏理论阐述的 3 个阶段的典型特征。在筑底阶段,指数虽然长时间徘徊于低位,但指数重心在稳步上行、这已经体现了多方力量的不断增强、多方力量的不断积聚。随后,因多方占据明显优势,市场中价格上涨速度加快,多头市场进入了第 2 阶段。我们从走势图下方的成交量变化可以看到,此间的量价齐升形态十分显著,这反映了市场的赚钱效应极佳、场外资金在加速涌入。在累计涨幅极大的位置点,虽然指数再度创出新高、涨势凌厉,但如果我们细心查看就会发现:此时的指数日内波动幅度极大,经常出现长长的影线,这体现出了多空分歧的显著加剧,从而也为随后的趋势转向埋下了伏笔。

相对来说,随后空头市场的 3 个阶段(筑顶、持续下行、探底)则较为短暂,这与市场上同期的消息面因素不断、股价短期波动极大的市况有关。过于剧烈的短线波动往往很难持久。由于一系列的利好性政策出台,市场中的价格在经历了第一波急速下跌后出现了明显的企稳,但我们此时从整体回落幅度来看,价格依然处于相对高位,在空头市场确立的情况下,股市的长期入场机会不佳,但短线反弹行情可期。我们从随后的走势也可以看出,价格横盘之后再度出现了急速下行,幅度巨大。结合此时的市场点位,我们可以将其看作一波探底走势。随后价格一旦出现企稳,市场有望进入筑底阶段,至此,空头市场格局基本结束。

至于随后的筑底阶段长短，则取决于很多因素。

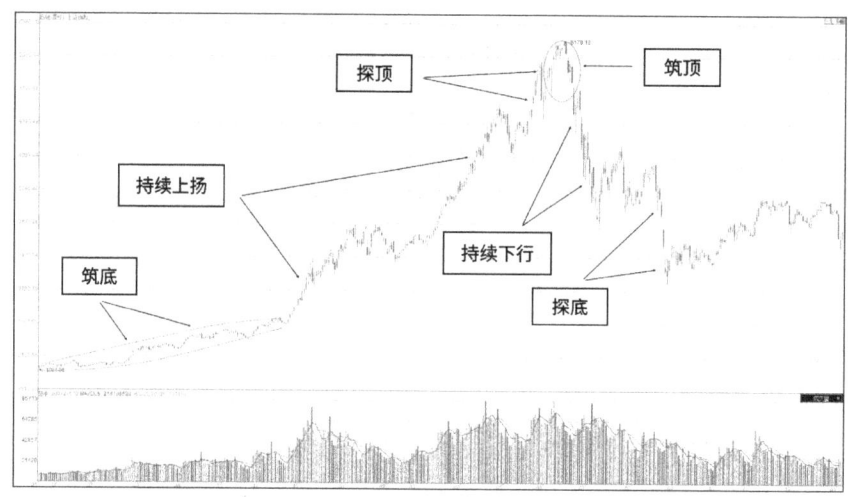

图 2-4　上证指数 2014 年 5 月至 2016 年 1 月走势图

2.6　趋势验证原则

除了揭示股票市场的趋势运行规律、运行方式之外，道氏理论还给出了验证趋势运行的方法，这主要包括两方面：一是两种指数的相互验证；二是交易量的验证。对于这两种验证方式来说，交易量方面的验证更具有实盘操作性，也是本节需要重点理解的内容。同时，道氏理论提出的对于趋势相互验证的思想，也为随后的技术分析指明了方向，即通过多种要素来验证趋势运行可以提升成功率。

2.6.1　两种指数相互验证

查尔斯·道在创立道琼斯公司后，起初的指数由工业平均指数和铁路平均指数构成（现已发展为工业股指、运输指数、公共指数和道琼斯股价综合平均指数），两种指数反映了不同的市场结构，它们相辅相成，能够更好地反映当时美股市场全貌。趋势运行也同样需要两种指数发出同步的信号才能更为准确。因而，在道氏理论中提及的两种指数相互验证的原则是考查趋势运行的重要依据。

当然，两种指数的相互验证原则也是道氏理论中较具争议的内容。但是，它已经受了时间的考验，这一原则也是我们通过指数分析市场走向的方法之一。两种指数必须互相验证原则指出只有当两种指数发出相同的信号时，股市的运行趋势才能得以确认，否则，我们可以认为市场运行方向仍然处于相对不确定的状态或仍将持续原有的运行方向。

这一原则来源于当初道琼斯指数的具体设计方法。对于其他的股票市场来说，指数的设计方式一般并不相同。以国内的A股市场来说，虽然并没有类似于道琼斯指数中的工业平均指数和铁路平均指数两种明显独立、反映不同市场结构的指数，但它也是由两组指数组成的。从前面第1章第3节介绍的内容来看，A股市场中的上证指数可以反映市场全貌，但相对来说，这一指数对于大盘类个股的平均走势反映得更为充分；与其形成互补的则是中小盘指数，这一指数能够更充分地反映数量更多、但对上证指数影响力相对较小的大部分股票群体。

当两种指数的运行具有显著的一致性且十分同步时，此时的趋势运行有着更强的持续力；反之，当两种指数出现了明显的分化时，即使是短时间内的分化（或是日内的显著分化），多表明趋势运行的持续力出现了弱化，如若此时的市场正处于典型的位置区，如大涨后的高点，或是大幅下跌后的低点，投资者则应留意趋势转向的可能性。

除此之外，我们也要注意趋势的选择性。如长期整理之后，如果两种指数同时出现了突破向上的形态，则表明随后市场出现升势的概率极大；但是，如果只有一种指数实现向上突破，另一种指数则震荡滞涨、甚至震荡回落，两种指数并没有同步发出突破信号，则此轮突破行情就十分可疑，若投资者据此判断升势将出现而买股入场，则风险也将大大提升。

图2-5为上证指数2017年5月至2018年3月走势图，图中叠加了同期的中小盘指数。在图中标注的时间段内，虽然代表股市整体行情的上证指数已经突破上行、似要步入升势，但此时的中小盘指数却并没有同步突破，反而是调头向下。两种指数并没有发出同步信号，市场步入升势的概率不大，投资者在此时不宜以升势的思维进行操作。

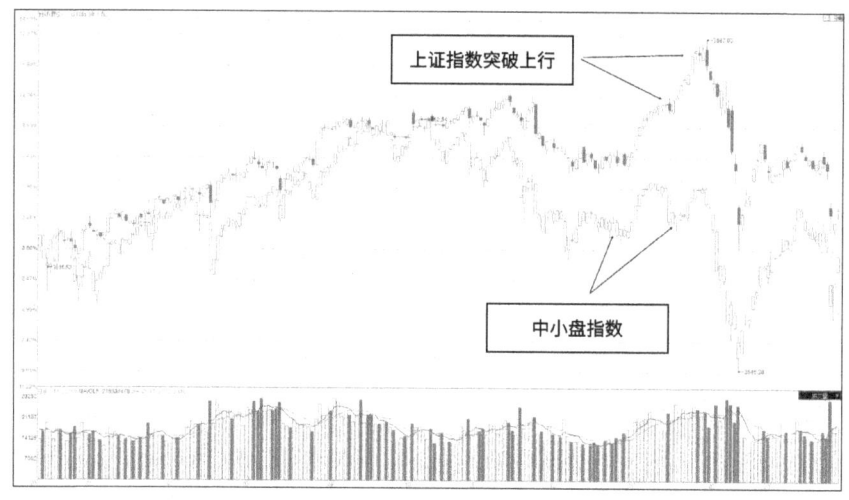

图 2-5　上证指数 2017 年 5 月至 2018 年 3 月走势图

2.6.2　交易量对于趋势的验证

交易量，即成交量或成交额，代表着多空双方的交锋力度。对技术分析派来说，成交量在其分析、判断价格走势时有着不可替代的重要作用，它的这种重要性同样被道氏理论所接受。

道氏理论认为：交易量可以用于验证趋势的运行。这是指当典型的多头市场或空头市场出现后，借助于交易量的变化，我们可以更好地分析当前趋势运行状态。如在多头市场中，价格指数的节节攀升源于强劲入场的买盘推动，正是由于充足的买盘可以很好地承接获利抛压，才使得市场不断上行，这就体现为量价齐升形态；反之，空头市场中，价格的持续下跌源于买盘的无意入场及卖盘的持续抛出，因而，下跌趋势中的量能往往无法有效、持续放大，多呈现为持续的缩量状态。

图 2-6 为上证指数 2018 年 1 月至 2019 年 2 月走势图，在整个震荡下行过程中，虽然指数运行有所反复，但整个期间的成交量处于相对缩量状态，这种整体性缩量状态正是典型空头市场的一大特征。在随后的低位区，指数跌速放缓，开始呈横向震荡运行，期间它的成交量也开始整体性放大，而这也代表了空头市场的结束。所以说，通过成交量的整体性变化，我们可以更好地分析趋势运行。

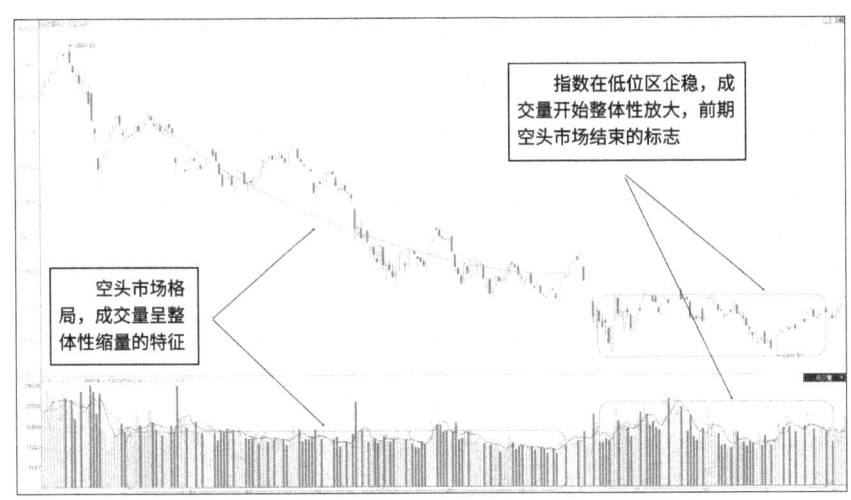

图 2-6　上证指数 2018 年 1 月至 2019 年 2 月走势图

虽然交易量是技术方法的核心要素之一，但是，值得我们注意的是：道氏理论强调的是市场的总体趋势，是基本运动，其方向变化的结论性信号，只能通过对价格的分析得出，而交易量只是起辅助性的作用，它是对价格运动变化的参照和验证。

2.7　趋势反转信号原则

道氏理论认为：趋势运行格局一旦形成，就有着极强的持续力，在没有明显的反转信号出现时，趋势将会持续运行下去，直至市场发出明显的反转信号。

2.7.1　理解反转信号的出现

趋势反转信号原则既是描述趋势运行特征的，也可以有效指导投资者进行实盘操作。我们可以通过物理学中的惯性定律来理解它，惯性定律指出：在没有外力的情况下，物体将一直运行下去。将这一原则套用到道氏理论中，即在没有明显外力的情况下，趋势也将一直运行下去。而这个外力对于空头市场来说，是抄底盘的入场；对于多头市场来说，则是获利抛压。随着一轮趋势的持续，外力的作用也将越来越强，直至多空力量对比发生根本性改变。而此时，这种根本性的改变会引发盘面信号，技术派是可以捕捉到这个信号的。

在实盘操作中，投资者顺势而为，不应该仅因为趋势已经持续了一段时间，就贸然得出市场的反向外力已占据了主动，从而主观断定顶部与底部的出现。对于过于急躁的交易者，这无疑是一个警告，它告诫交易者不要过快地改变立场而撞到枪口上。对于趋势的反转性而言，由于多头市场不会永远上涨，而空头市场也迟早会跌至最低点，当一轮新的基本趋势首先被两种指数的变化直观反映出来时，投资者就应积极关注趋势的反转性，进而采取相应的减仓或加仓策略。

除了两种指数发出的相逆信号之外，投资者还可以通过一系列其他的盘面要素来捕捉反转信号，如价格运行形态、量价关系、技术指标、消息面等。其中，尤以价格运行形态最为重要，因为多空双方的交锋结果就反映在价格运行形态上，它能直接、全面地反映市场多空力量格局的转变。随后我们在列举反转信号时，也是以价格运行形态为主的。本着实用的原则，我们主要以个股反转信号为主，因为在同样的市场环境下，个股价格走势常常出现严重的分化，如果仅考虑市场整体的价格走势，很可能得出片面的结论。

2.7.2　多头市场反转信号

图 2-7 为国泰集团 2018 年 1 月至 6 月走势图，此股价格经历了持续上扬之后，于相对高位区出现了横向滞涨走势，此时的价格运行形态呈现为收敛三角形。这可以是一个整理阶段，也可以是一个筑顶阶段，取决于价格随后的突破方向。如果价格走势向下破位，则表明收敛三角形代表着空方力量的汇聚且其占据了优势地位，这就是趋势或将反转下行的信号，代表着原有的多头市场出现了反转。

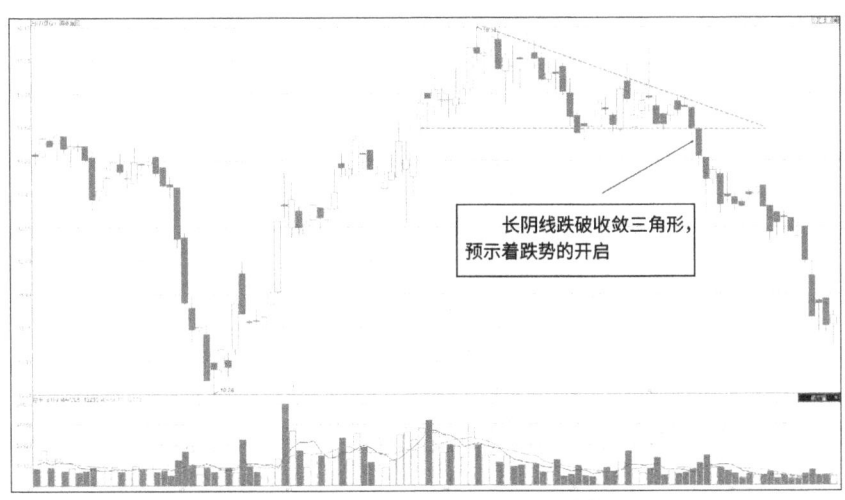

图 2-7　国泰集团 2018 年 1 月至 6 月走势图

2.7.3　空头市场反转信号

图 2-8 为通富微电 2018 年 5 月至 2019 年 4 月走势图，在经历了持续的下跌之后，此股价格已经处于明显的低位区，此时的价格走势呈横向的震荡形态。值得我们注意的是：在 3 次下探至震荡区低点时，股价并没有破位下行，每一次都遇到较强的支撑。这种 3 次探底而不破的震荡形态在技术分析领域是较为经典的"三重底"形态。其出现在中长期低位区，且有股市整体企稳为背景时，筑底成功的概率极高，也代表了原有空头市场或将结束。

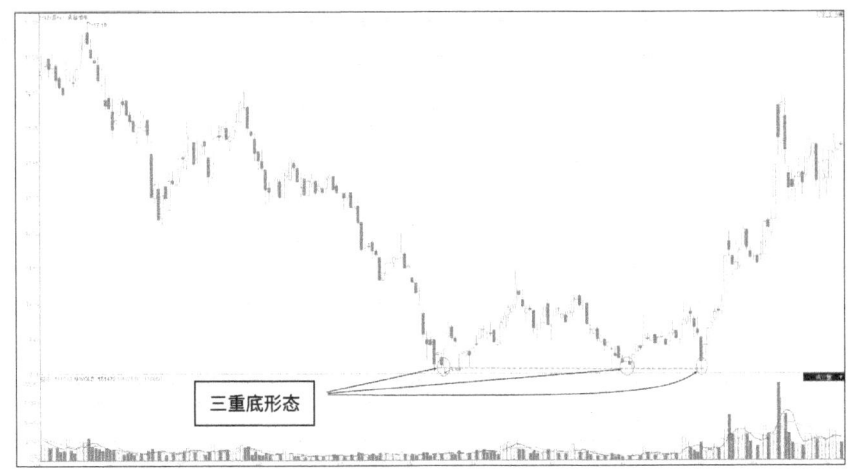

图 2-8　通富微电 2018 年 5 月至 2019 年 4 月走势图

第 3 章

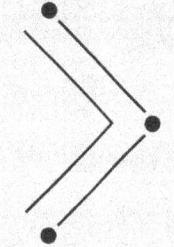

基本趋势画线技术

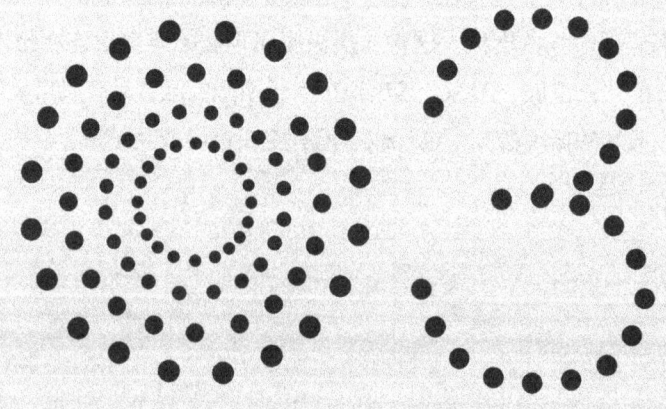

道氏理论的核心是对趋势进行揭示。从实用的角度出发，能否准确地判断趋势是一笔交易成败的关键。特别是对于中长线交易来说，买卖时机的把握离不开对趋势的预测。如果在升势开始时或行进中，投资者却早早地卖出离场，将浪费难得的市场行情；反之，如果投资者在跌势中又过早抄底入场，虽然买在了阶段性、甚至是中期低点，仍有可能出现大幅亏损，对本金造成严重的损害。所以说，准确地判断趋势是股票交易的核心要素，即使是对短线交易而言，涨势中的交易也要比跌势中的交易容易得多、成功率高得多。

那么，投资者应该如何判断趋势呢？利用技术分析领域中的画线技术是一种简便可靠的方法。画线技术能够简单清晰地指明市场的支撑、阻力点位以及市场的多空动能变化，进而为我们预测趋势提供可靠依据。

3.1 支撑性趋势线

支撑性趋势线的作用在于指示升势中的支撑点位，它依据道氏理论中对于上升趋势的描述——"一底高于一底"，并结合股价运行的轨道原理而来，是一种虽然古老，但原理清晰、用法简单的技术法则。

3.1.1 什么是趋势线

趋势线分为两种，即上升趋势线（也被称为支撑线）与下降趋势线（也被称为阻力线）。上升趋势线是上升行情中两个及两个以上低点的连线，其功能在于能够显示出价格波动上升过程中的支撑点位；下降趋势线是下跌行情中两个及两个以上的高点的连线，其功能在于显示价格震荡下行过程中的反弹阻力点位。

趋势线既能有效地指示趋势的发展方向，也可以帮助投资者把握趋势的重要点位，进而为买卖交易提供指导。上升趋势线对于股价的下跌构成了有力的支撑，当股价回调至趋势线附近时是好买点；下降趋势线对于股价的反弹构成了有力的阻挡，当股价反弹至趋势线附近时是好卖点。

3.1.2 趋势线对道氏理论的描述

趋势线，顾名思义，其作用在于指示趋势的运行，那么，它如何指示趋势运行呢？一般来说，资金驱动一旦沿某个方向展开，价格在向这个大方向不断波动的过程中，由于多空力量对比格局的整体性延续，在其上升或回落的过程中会遇到相应的支撑或阻力，这些支撑或阻力点位的出现正好契合了道氏理论对于趋势的描述：升势是"一浪高于一浪、一底高于一底"的运动模式；跌势则是"一谷低于一谷、一顶低于一顶"的运动模式。利用股价波动的这个特点，我们就可以画出升势中的支撑线及跌势中的阻力线。

可以说，趋势线的用法正是道氏理论在技术分析中的直接延伸，它是依据道氏理论对于趋势的描述而得来的，有着坚实的理论基础，也是广大投资者在分析趋势时必须掌握的一项技术。

3.1.3 上升趋势线的画法

一轮升势从低点展开后，股价的波动会呈现"一底高于一底"的方式，此时，我们将行情启动之初的两个相邻低点连接，就可以得到一条倾斜向上的直线，这条直线指示了升势的支撑点位，这就是上升趋势线，也称为支撑性趋势线。

一般来说，价格随后的波动或急或缓，但价格在创出新高后的回落走势中，则会遇到这条支撑性趋势线。由于升势的出现已经改变了绝大多数投资者的心理预期，短线抄底盘、场外观望盘的入场意愿会大大增强，而价格此时也会遇到较强的支撑作用。

图 3-1 为上汽集团 2016 年 5 月至 2017 年 6 月走势图，我们将此股价格自低点启动后的两个有一定间距的回调低点相连接，就画出了上升趋势线。

画出上升趋势线后,我们并不知道股价随后运行的具体轨迹,但却可以大致了解股价沿这一大方向波动时的支撑点位,这就是上升趋势线的主要作用。当股价在一波回落后接近趋势线时,由于会遇到较强的支撑作用,投资者在此时买入的机会要明显大于风险,特别是在价格累计涨幅较小时,是较好的中长线逢低入场时机。

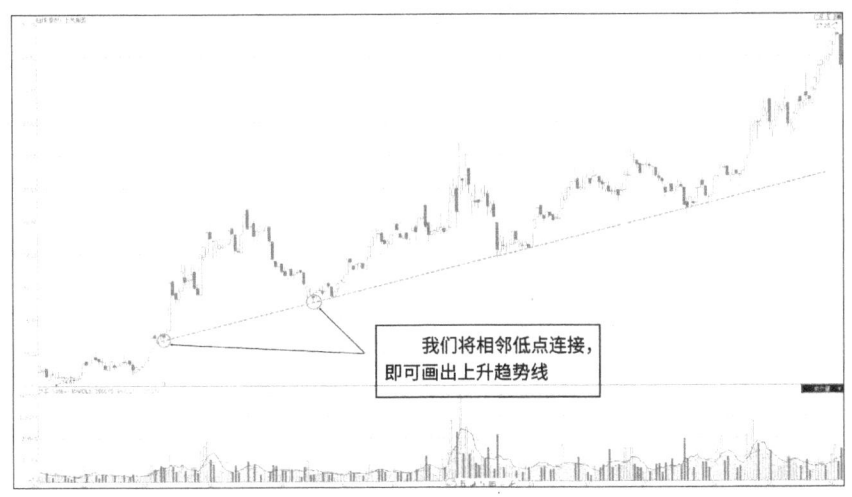

图 3-1　上汽集团 2016 年 5 月至 2017 年 6 月走势图

3.1.4　上升趋势线的用法

上升趋势线之所以又称为支撑线,是因为它的作用在于指示支撑点位。但在实战中,我们常常也会发现,依据上升趋势线画出的直线常常并不具有支撑作用,股价在运行中,往往很容易向下跌破上升趋势线,或者在股价回落、距离趋势线较远时就开始反转向上。之所以出现这样的情况,一方面是源于股价波动的随机性、个股价格走势的多样性;另一方面也是因为我们对上升趋势线的理解并不够透彻。在实盘操作中,我们要想更好地使用支撑线展开操作、预测价格波动,应注意以下 3 点。

1. 注意趋势线的倾斜角度

著名的角度线大师江恩认为:45 度角的趋势线最可靠。角度过于平缓的趋势线显示出力度不够,多空力量对比格局并不清晰,也说明多方并未完全占据主导地位且攻势较差,这样的个股容易演变为长期震荡滞涨的"肉股",难有大行情出现；反之，角度过于陡峭的趋势线则说明多方上攻较为迅急，且是多方力量释放过快的表现，这样的走势也不能持久，容易很快转变趋势。

图 3-2 为三维通信 2018 年 7 月至 2019 年 4 月走势图，我们将此股价格攀升中的两个低点相连。这条直线的角度接近 45 度，是一条不急不缓、倾斜向上的趋势线，它可以很好地体现趋势线的支撑作用，实战价值较为突出，而且，股价沿这个方向持续运行的力度也将更强。

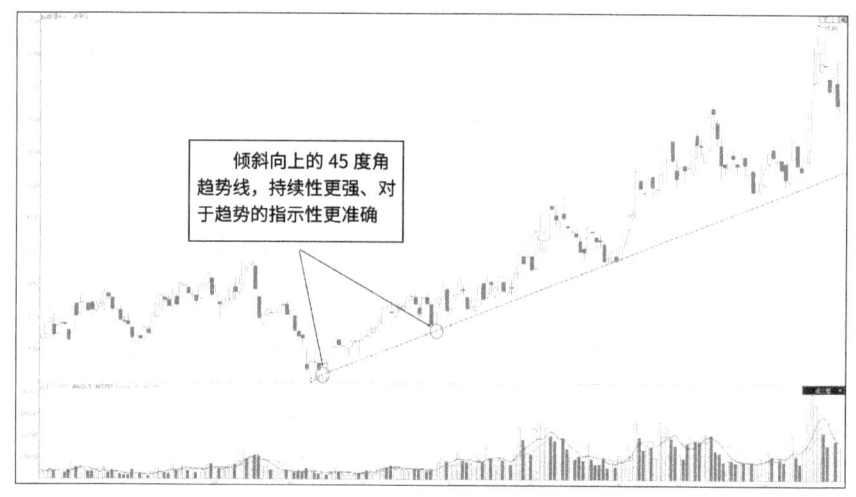

图 3-2　三维通信 2018 年 7 月至 2019 年 4 月走势图

2. 注意相邻低点的间距

相邻两个低点之间的距离不宜太近，应该是将一个明显上扬波段的起涨点与紧随而至的一波明显回落的低点相连接，而不是将个股两三日内出现的股价上下大幅波动中的低点相连接。这是因为若两点之间距离太近，就属于股价的偶然性波动，并不能准确地体现出股价回落时遇到的支撑作用，由此所画出的上升趋势线也不具有趋势指向性。

3. 结合股价走势特点把握

股价的运行多是以震荡（即出现明显波段）的方式运行的，这是因为短期内的多空力量会因股价的短线波动而此消彼长。虽然这改变不了多空力量的整体对比格局，但价格短期运行中的这个特征是较为明显的。

但是，我们也应了解到，一些个股因主力或机构的参与，或题材的驱动引起股价的短线飙升，其价格走势往往就不具有这种明显的波动性特点，此时，我们就很难画出指示支撑点位的趋势线。在这种情况下，我们就需要借助其他技术分析工具以及对个股价格走势特点的具体分析来综合把握。

3.1.5 注意趋势线的失效

依据趋势线的画法得到的倾斜向上的直线并不一定就是代表着支撑点位的上升趋势线，这样的直线虽然是在个股自低点启动后画出的,但其支撑效果微弱，易被跌破。那么，我们如何识别这种"似趋势线，但支撑力度差"的直线呢？实盘中，"角度"及个股价格的"短线走势特征"是重要的依据。

一般来说，过于平缓的倾斜向上的直线并不具有支撑效果，这时画出的直线只是套用趋势线画法，这是个股价格阶段性企稳的标志。这条直线可能位于跌途中的整理区、也可能位于筑底区，此时我们勉强套用趋势线，实战性不强。虽然也有一些个股以这种平缓的"趋势线"为踏板而强势启动，但这种走势与趋势线并无关联。

图 3-3 为北辰实业 2018 年 6 月至 2018 年 10 月走势图，在低位区，此股价格走势开始企稳，股价重心缓慢上移，此时，我们连接相邻低点得到一条向上倾斜的直线，但由于角度过于平缓，这条趋势并不能反映支撑点位，这条直线也不是上升趋势线。如果我们依据这条直线而实施中长线买股操作，将有可能被套在跌势整理区，即跌势的半山腰。

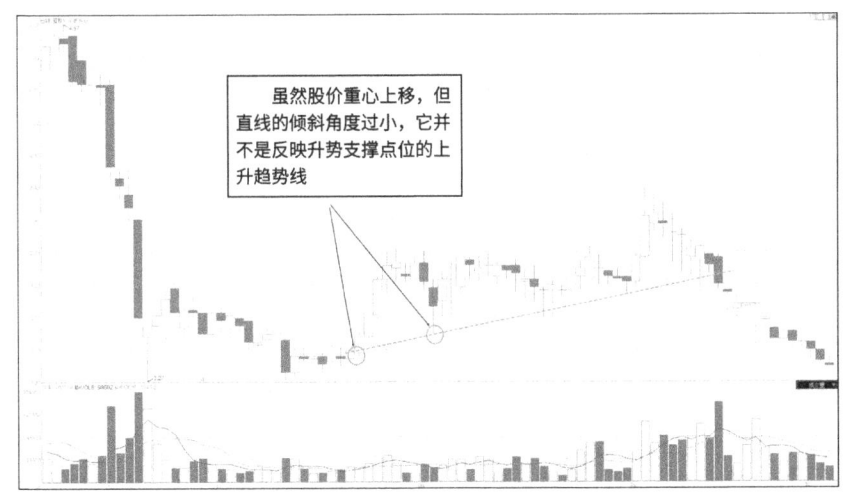

图 3-3　北辰实业 2018 年 6 月至 2018 年 10 月走势图

角度过缓不具有支撑效果，同样，角度较为陡峭的直线也难以起到支撑作用。如果个股价格短线涨势较为迅急，且幅度较大，价格随后回调时的低点一般不宜作为趋势线的连接点。特别是对于盘子较大的个股来说，股价短线快速上涨后的获利抛压更重。这种短线波动方式往往是消息因素或题材驱动所导致的，它不能很好地反映多空力量整体对比格局的变化。

图 3-4 为中国中冶 2018 年 12 月至 2019 年 4 月走势图，此股价格的短线涨速较快、涨势凌厉，且此股盘子较大，结合同期市场的表现来看，这一波快速上涨并不能代表多方力量的绝对优势，如果我们依据随后回调时的低点而画出"上升趋势线"，很有可能对交易形成错误的指导。

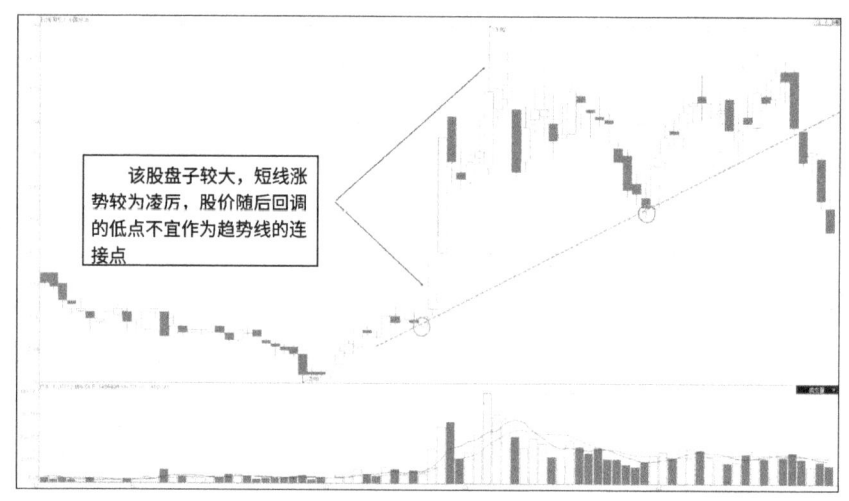

图 3-4　中国中冶 2018 年 12 月至 2019 年 4 月走势图

3.1.6　注意股价波动的偶然性

上升趋势线虽然体现了股价震荡上行的支撑点位变化，但这不代表个股价格不会跌破趋势线，股价常常因一些偶然的因素而短期剧烈波动，如市场波动的影响、同类个股利好利空消息的影响、上市公司非重大的偶然事件，等等，这些都属于偶然性的波动，一般来说，并不代表趋势的转折。如果个股的趋势线状态良好、我们的画法相对准确，且股价又处于累计涨幅较小的位置，此时出现的股价偶然向下跌破趋势线的运行往往只是暂时性的，个股会很快收复失地并跃升至趋势线上方。实盘操作中，我们应注意鉴别这种情况。

图 3-5 为通用股份 2018 年 8 月至 2019 年 4 月走势图，依据此股价格在低位区的震荡轨迹，我们可以画一条倾斜向上的直线，它的角度适中、股价短线涨势平稳，这是一条相对可靠的上升趋势线。但股价随后向下跌破了此线，这种走势可以看作是二次探底形态，与此股价格的偶然性波动有关，对于中长线持股者来说，可以继续观察。如果价格能很快返回趋势线上方，持股者则可继续持有；但如果持续停留于趋势线下方，则表明多方力量不足、市场多空格局仍处于变化之中，持股者宜减仓或持币观望。

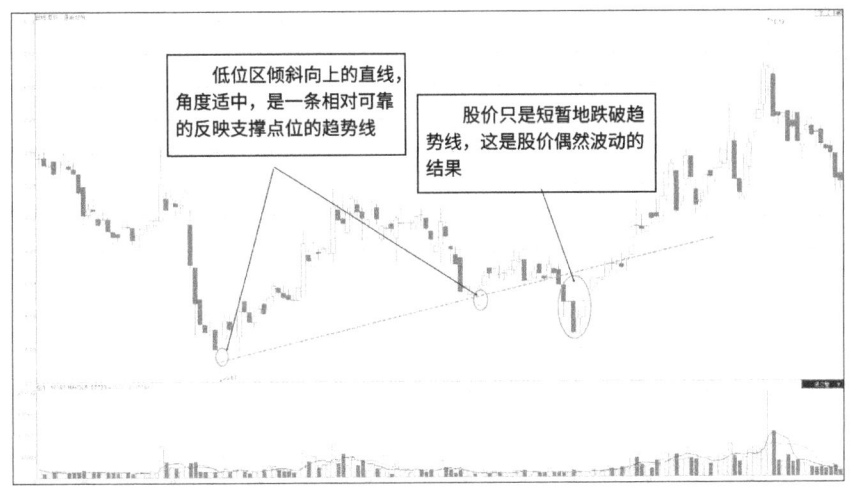

图 3-5　通用股份 2018 年 8 月至 2019 年 4 月走势图

3.2　阻力性趋势线

阻力性趋势线，重在反映价格波动中的阻力点位，一般来说，它更常被用于下跌趋势中，投资者以此来判断反弹点位。除此之外，阻力性趋势线也常用于震荡行情中，投资者以此判断震荡区的箱体顶部。它还可用于指导震荡行情中的高抛低吸波段操作。

3.2.1　下降趋势线的画法

一轮跌势从高点展开后，股价的波动会呈现"一顶低于一顶"的方式，此时，我们将破位行情中的两个相邻反弹点连接，就可以得到一条倾斜向下的直线，这条直线指示了跌势中的阻力点位，这就是下降趋势线，也称为阻力性趋势线。

一般来说，价格随后的波动或急或缓，但价格在创出新低后的反弹走势中，则会遇到这条阻力性趋势线。由于跌势的出现已经改变了绝大多数投资者的心理预期，且市场多空格局已发生根本转变，短线投资盘、中线投资盘均有较强的卖出意愿，这条趋势线就起到了强力的阻挡作用。

图3-6为英飞拓2016年4月至2018年2月走势图，此股价格走势在高点出现了明显的震荡滞涨状态，且股价重心震荡下降，我们将股价相邻两个反弹高点相连接，就画出了下降趋势线。

画出下降趋势线后，我们并不知道个股价格随后运行的具体轨迹，但却可以大致了解股价沿这一大方向波动时的阻力点位，这就是下降趋势线的主要作用。

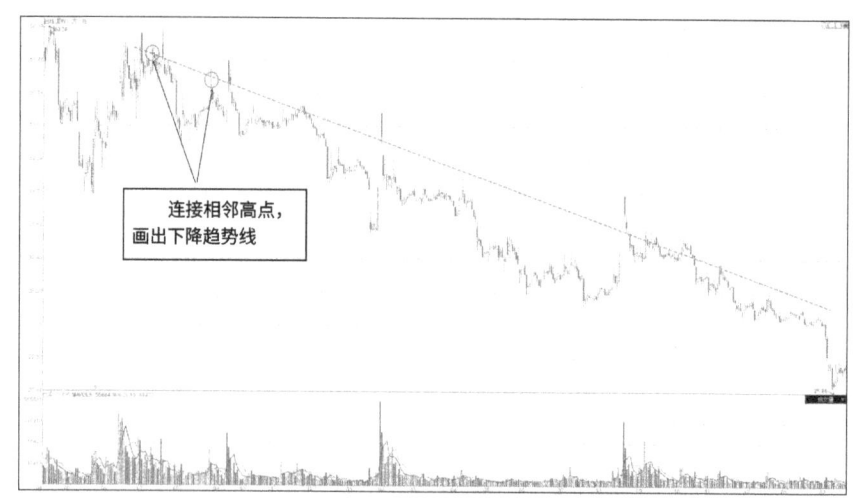

图3-6　英飞拓2016年4月至2018年2月走势图

3.2.2　下降趋势线的用法

下降趋势线一旦形成，特别是高位区向下倾斜的这种趋势，往往预示着个股价格将步入整体跌势，中长期风险极大，此时，投资者不可贸然抄底。操作中，投资者可以结合大市波动，当股价短期超跌时，可少量仓位参与博取反弹行情。而下降趋势线显示的阻力位，就是对卖出时机最好的提示。

图3-7为软控股份2016年4月至2018年10月走势图，此股价格经高位区

震荡后，选择了向下运行，我们将连续两个明显的反弹高点连接后得到一条倾斜向下的直线，它的角度适中，两个反弹点间距较大，能够较准确地反映趋势运行状态及反弹阻力位。我们可以看到，当股价经一波反弹至趋势线附近后，随着阻挡的增强，股价就出现了明显的回落，因而，当股价反弹至趋势线时，就是较好的短线离场时机。

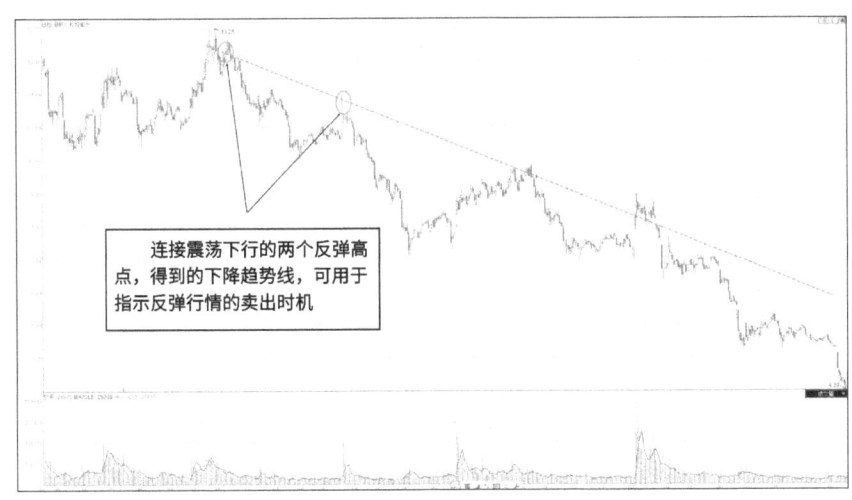

图 3-7　软控股份 2016 年 4 月至 2018 年 10 月走势图

3.2.3　下降趋势线的失效

　　下降趋势线之所以又称为阻力线，是因为它的作用在于指示阻力点位。但在实战中，我们也会常常发现，依据下降趋势线画出的直线常常并不具有阻力作用。股价在运行中，往往很容易向上突破下降趋势线，或者在股价反弹、距离趋势线较远时就开始反转向下。实盘中，为了更好地运用下降趋势线把握股价波动情况，我们同样要注意趋势线的角度、股价走势特点、市场带动的影响等多种因素。

　　一般来说，下降趋势线的角度不宜太过陡峭，急速下跌的走势若非因重大利空所致，易引发强势反弹行情，从而向上轻松突破阻力位。由于短线获利抛压快速增强以及前期的快速下跌已彻底改变了投资者心理预期，因而这种突破往往只是暂时性的，并不代表趋势的反转，而下降趋势线所反映的阻力位也并不准确。

　　图 3-8 为中钢天源 2017 年 7 月至 2018 年 10 月走势图，此股价格的第 1 波下跌幅度过大且随后的反弹幅度较小，这使得下降趋势线的倾斜角度过大、较

为陡峭，这样的趋势线并不能准确反映阻力位的变化，股价很容易在随后的反弹波段中突破这根"趋势线"，但这却并不是行情反转的标志。可以说，对于这类下跌迅急的运动方式，并不适宜画趋势线来指示反弹阻力位。

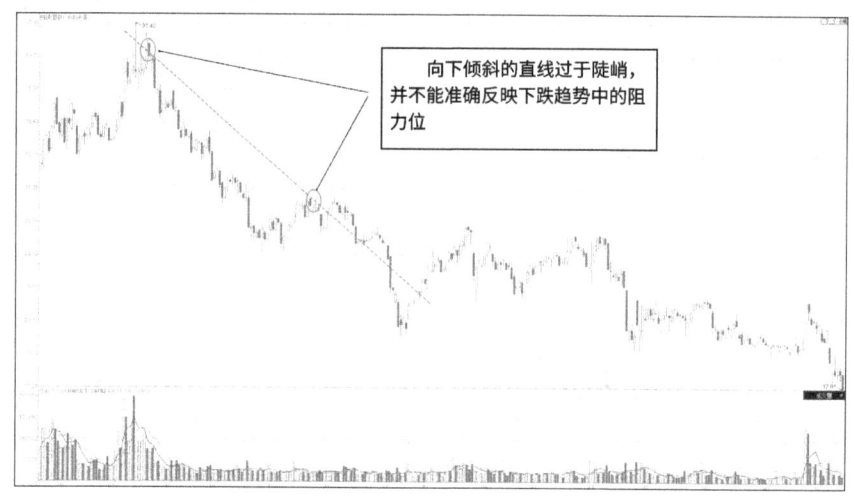

图3-8　中钢天源2017年7月至2018年10月走势图

3.2.4　趋势线使用注意点

无论是上升趋势线，还是下降趋势线，它们的作用既是指示方向，也是指示支撑（阻力）位，其中，对于支撑（阻力）位的指示是核心要点。但是，我们也应了解股价波动的不规则性，即并不是每一只个股在价格步入升势或跌势后我们都可以画出清晰的趋势线，否则股票交易就可以变成机械的操作，也不会有人亏损了。正是因为市场波动的不规则性、个股价格走势的随机性（特别是受消息题材的影响），趋势线只能作为我们分析趋势时的一种辅助工具。

例如图3-8中钢天源的价格下跌走势，我们就不能依据定义画出下降趋势线。一般来说，若个股价格在行情（上升或下降）出现初期的波动，率先出现的两个相邻低点（或高点）的连接线有着接近45度的倾斜角，且两个相邻点的间距适中，这样的直线才是相对可靠、能够指示支撑（阻力）位的趋势线。除此之外，连接得到的直线虽然能够大致指示趋势方向，但实盘操作性不强，并不能为我们的买卖交易提供依据。

另外，在使用中，我们也应注意避免在横向小幅度震荡走势上画趋势线，这时画出的趋势线不仅角度过于平缓，且不能真正指明后期的趋势发展方向。因为同样形态的横向小幅度震荡走势可能是升势（或跌势）中的整理阶段，也可能是行情见底（或见顶）后的反转阶段。这时，我们要结合同期的大市表现、个股估值状态、量价关系等因素来综合把握。

图 3-9 为光洋股份 2018 年 3 月至 11 月走势图，此股价格在低位区出现了小幅度震荡企稳走势，走势上呈"一底低于一底，一顶低于一顶"的运行特点。虽然我们依据下降趋势线画出倾斜向下的直线，但这并不是真正意义上的下降趋势线。首先，因为下倾角度过于平缓，不能体现反弹后的阻力位；其次，这是中长期下跌后的低位企稳区，并不是趋势涵盖的走势范围。

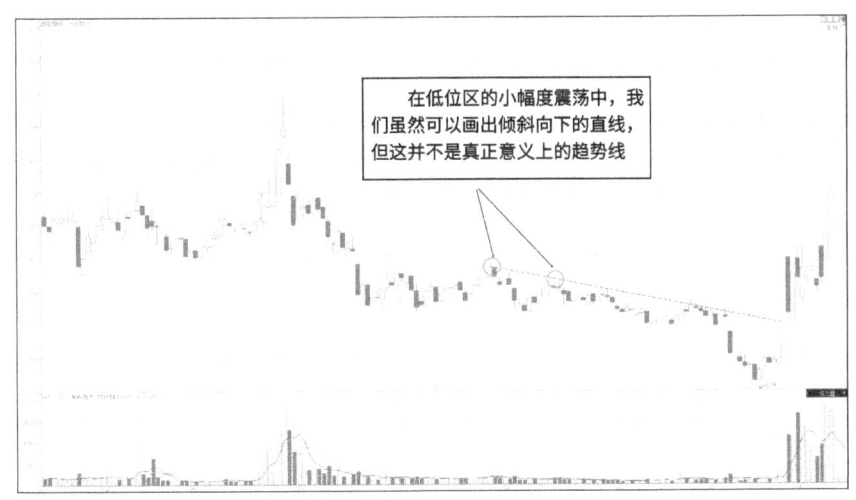

图 3-9　光洋股份 2018 年 3 月至 11 月走势图

3.3　行情加速与趋势角度变化

一轮上升（或下跌）行情的运行节奏并不是一成不变的，它往往有一个由缓到急、由蓄势到加速的过程。行情开始的初期，由于多空分歧较为明显，此时的趋势发展相对缓慢，这是一个多方（或空方）力量渐渐转强的过程，其持续时间可长可短。随着市场人气的恢复、技术形态的显现，趋势也开始明朗，更多的投资者在看到趋势明朗后会采取更为主动的操作，趋势运行开始加速。

这是历史行情发展的常见方式，体现在趋势线上就是角度由相对平缓到相对陡峭的不断变化的过程。实盘中，我们应结合行情发展的这种特点，及时调整趋势线以适应趋势的实时发展。

3.3.1 上升趋势线的角度变化

在上升趋势中，很多个股的价格都会经历由缓到急的一个上涨过程，这样，趋势线也将随着价格走势节奏的变化而改变，即趋势线的角度会逐渐变陡。一般来说，在股价的一轮上涨过程中，趋势线的角度多会出现两次转变，每一次转变都使得趋势线的角度更加陡峭。

但随着趋势线角度的逐渐变陡，个股价格的累计涨幅也会不断增加，多方力量的释放速度也会加快。因而，当趋势线的角度已变得不能再陡峭时，往往也就意味着升势即将结束。此时，我们应密切注意趋势反转的发生。

当上涨加速后，原有的趋势线会显得过于平坦，这是同一张走势图上视觉对比的结果，但却不是对原有趋势线真实角度的反映。为了更好地反映趋势线的真实角度及变化，我们用两张图来呈现上升趋势线的角度转变。

图 3-10 为新希望 2018 年 7 月至 2019 年 2 月走势图，这是一条倾斜向上且接近 45 度角的上升趋势线，很好地反映了升势中的支撑位，对此股价格持续上行有着较强的支撑作用。

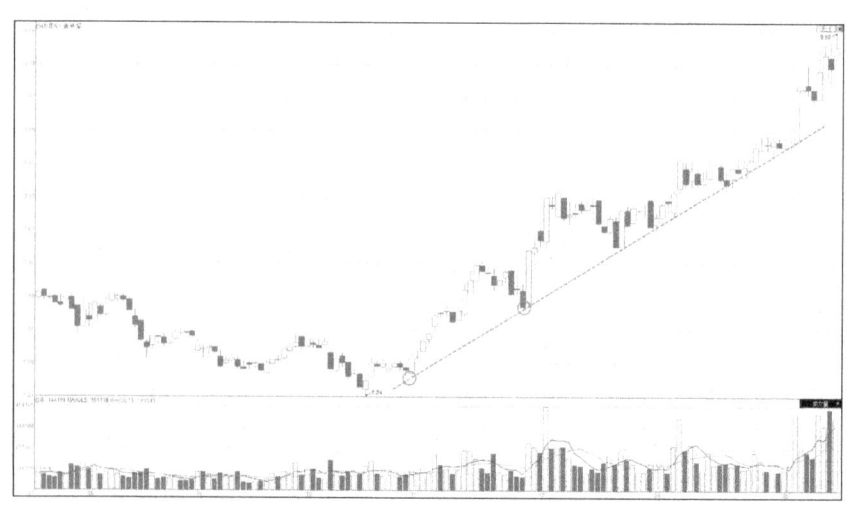

图 3-10　新希望 2018 年 7 月至 2019 年 2 月走势图

随后，如图 3-11 所示，随着 2019 年 3 月上涨节奏的加快，原有的趋势线已不能反映升势中的支撑位了，这是多方力量加速推进的标志。此时，我们也要结合此股价格走势的这一特点画出新的趋势线。

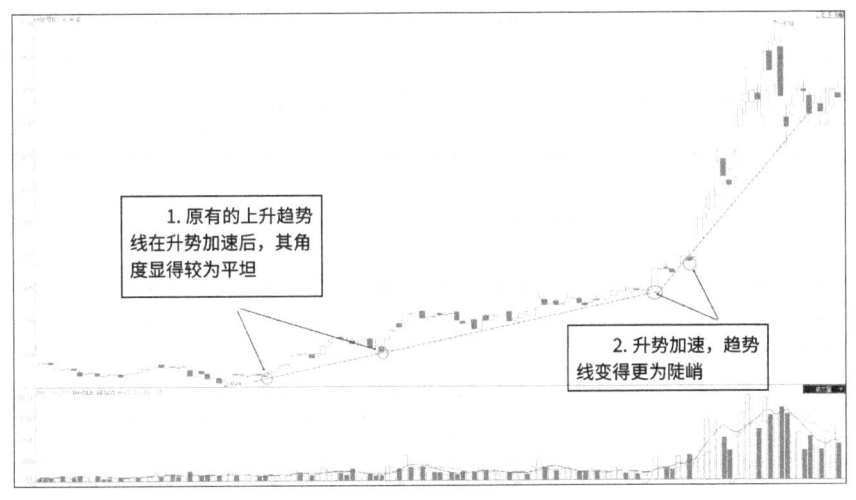

图 3-11 新希望 2018 年 8 月至 2019 年 3 月走势图

一般来说，经过第 1 条相对平坦的趋势线及第 2 条较为陡峭的趋势线后，股价的累计涨幅已经较大，若非市场有较大的整体性上涨行情，股价随后见顶的概率将大大增加。此时，一旦股价在高位区出现滞涨，我们应更关注风险，而不是关注其随后还能有多少上升空间。

3.3.2 下降趋势线的角度变化

相对于上升趋势线来说，下降趋势线出现角度变陡的情况要少得多。下跌趋势将要形成时，个股价格往往先是缓慢下行、缺乏反弹，这时我们依据连续的小阴线并不能画出下降趋势线。一旦股价真正向下破位、短线大跌后，下跌角度就会骤然变陡，此时连接得到的下降趋势线具有较强的持续性，而且股价依据此线震荡下行的跌速也将是较快的，股价难以再次下跌加速。但是，也有一些个股价格先是缓慢震荡下行，这体现为股价重心的小幅度下移，但有明显的震荡形态，如果此时的股价正处于上涨后的高位，依据这种走势格局所画出的下降趋势线就有随着跌势加速而逐渐变陡的倾向。

图 3-12 为三安光电 2017 年 3 月至 2019 年 1 月走势图，在高位区，此股

价格反复震荡，股价重心下移，且一顶低于一顶，但此时的下降趋势线坡度较为缓和，这与高位区多空分歧明显有关。由于原来的升势持续时间较长，投资者形成了明显的升势惯性思维，此时虽然多空力量对比格局发生转变，但空方力量并不占据绝对优势，从而使得股价下跌方式呈现为震荡缓跌，下降趋势线也较为平缓。

但是随着原有升势格局的破坏，做多思维不断被市场价格走势纠正，空方力量将会得到进一步加强，从而使得股价下跌速度加快，下降趋势线也将逐渐变陡，这对应于图 3-12 中第 2 个、第 3 个角度不断陡峭的下降趋势线。

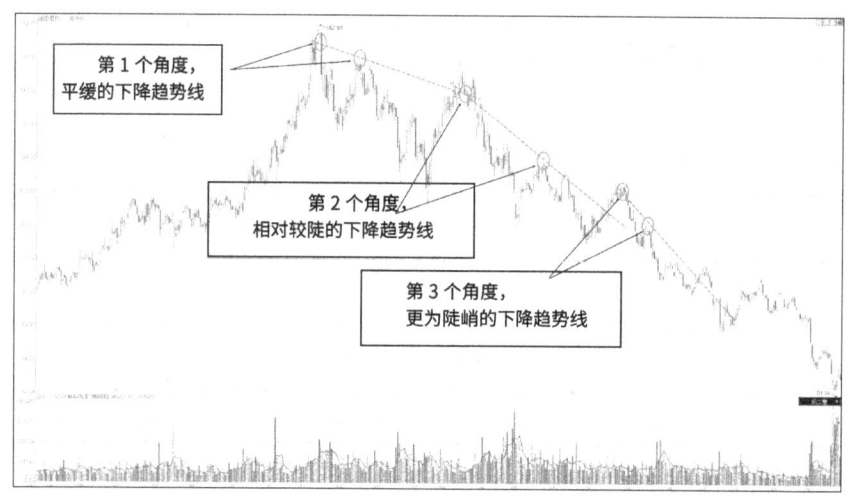

图 3-12　三安光电 2017 年 3 月至 2019 年 1 月走势图

3.4　支撑位与阻力位的互换

趋势虽然有着很强的持续力，但随着股价累计涨跌幅度的加大，多空力量对比格局也在慢慢发生变化。一旦原有的多空格局发生转变，趋势也将反转，这主要体现为高位区的升势转换为跌势、低位区的跌势转换为升势。当趋势发生转变时，原有的支撑位（或阻力位）也将失去作用，但它们仍有实战意义，这就体现为支撑位与阻力位的互换。

3.4.1 支撑转阻力示意图

一轮趋势往往会经历形成、发展、转弱、反转这样的过程,趋势有形成的时候,也有反转的时候。当个股价格经历了较长时间的上涨之后,就有出现趋势反转向下的可能。同样,当个股价格经历了较长时间的下跌之后,也有出现趋势反转向上的可能。

在上升趋势中,依据个股价格震荡上升的运动特征,我们可以画出代表着支撑位的上升趋势线,但是如果在高位区出现了股价明显跌破支撑线,且随后反弹受压制的走势,多表明原有升势或将结束,趋势有转跌的可能。

在这种情况下,原有的支撑线将转变成随后反弹时的阻力线。将个股反弹时的低点与前期升势启动时的低点进行连接,我们可以画出一条角度更为平缓的直线,它对反弹后的回落有一定支撑作用。但若个股价格继续向下跌破此线,则表明趋势下跌力度较大,跌势仍有一定向下空间,投资者应注意规避风险。图 3-13 形象地说明了趋势见顶后原有支撑线转化为阻力线的过程。

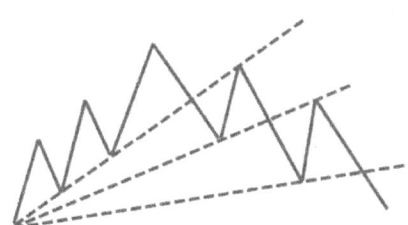

图 3-13　原有支撑线转化为阻力线示意图

3.4.2 支撑转阻力应用

图 3-14 为三维通信 2018 年 8 月至 2019 年 5 月走势图,起初,股价在支撑线上方稳健运行,每当股价回踩支撑线时,就会遇到强支撑并再度震荡向上。但在随后的高位区,股价向下跌破了原有的支撑线,此时,我们可以依据股价走势特点画出一条更为平缓的支撑线,而原有的支撑线则成为随后反弹中的阻力线。

当然,这种支撑位、阻力位的转换只是预测股价走势的一个参考,个股价格的实际运行还要结合大盘、个股消息面等因素综合分析。一般来说,在个股无明显利空、大盘走势未出现短线急跌的背景下,这两条线所提示的新支撑位、新阻力位还是极具实战价值的。

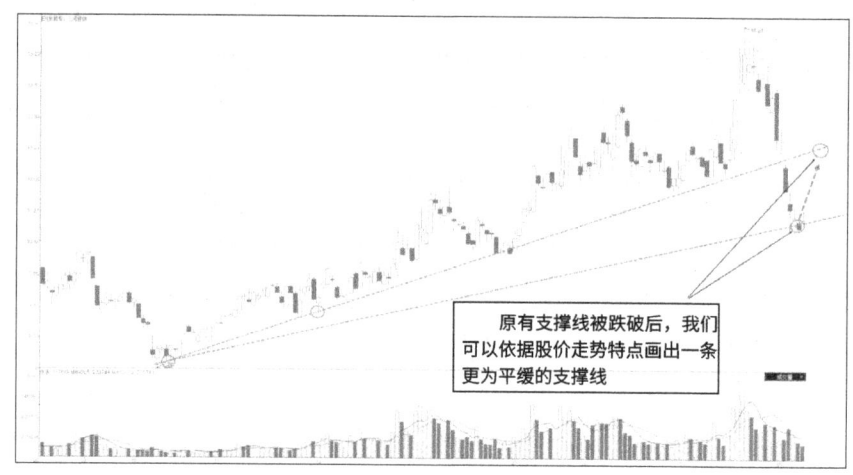

图 3-14　三维通信 2018 年 8 月至 2019 年 5 月走势图

3.4.3　阻力转支撑示意图

在下跌趋势中，依据个股价格震荡下行的运动特征，我们可以画出代表阻力位的下降趋势线。但是如果在低位区出现了股价明显突破阻力线，且随后回落遇支撑的走势，多表明原有跌势或将结束，趋势有转升的可能。

在这种情况下，原有的阻力线将转变成随后回调时的支撑线，将个股价格突破阻力一波上涨中的高点与前期跌势启动时的高点进行连接，我们可以画出一条角度更为平缓的直线，它对趋势反转上行有一定阻挡作用。但若个股价格继续向上突破此线，则表明趋势上扬力度较大、升势仍有一定向上空间。图 3-15 形象地说明了趋势见顶后原有阻力线转化为支撑线的过程。

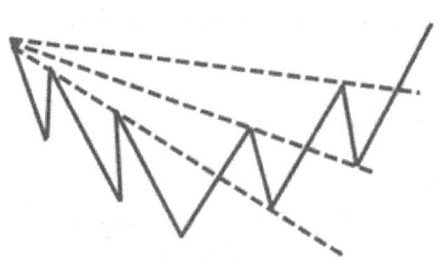

图 3-15　原有阻力线转化为支撑线示意图

3.4.4 阻力转支撑应用

图 3-16 为哈药股份 2018 年 7 月至 2019 年 2 月走势图，我们将此股价格在震荡平台的反弹高点相连接，画出了一条近似 45 度角的向下倾斜线，这是下降趋势中的阻力线。随后，在累计跌幅较大的低位区，股价向上突破了阻力位。此时，这条线便由原来的阻力位转变为随后回落时的支撑位；而我们将这波突破上涨后的高点与跌势开始时的高点相连接，可以画出一条更为平缓的阻力线，它对股价回落后的再度反弹具有阻力作用。依据阻力线的变化，我们在低位区的震荡中可以更好地把握低吸高抛的时机。

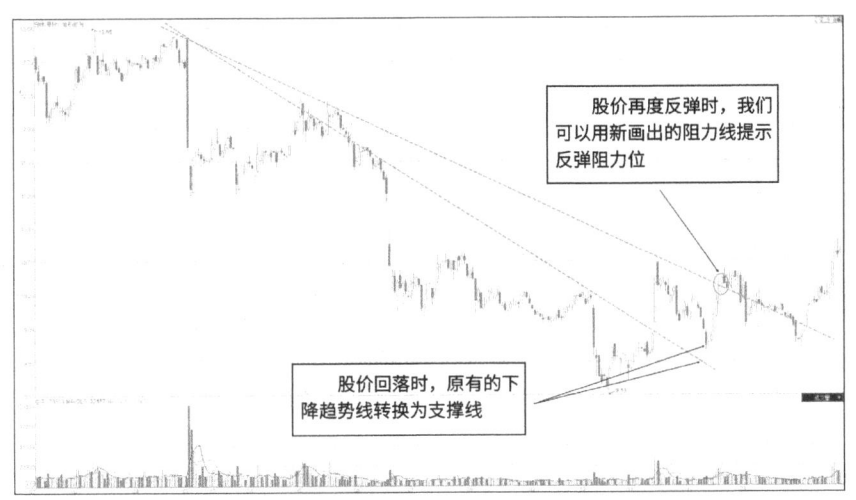

图 3-16　哈药股份 2018 年 7 月至 2019 年 2 月走势图

3.4.5 注意突破（跌破）的有效性

无论是低位区的突破阻力线，还是高位区的跌破支撑线，当原有的阻力位（或支撑位）发生转换时，我们一定要学会正确判断这种转换的可靠性。一般来说，我们可以从以下几点进行综合分析。

一、股价突破（或跌破）原有趋势线后所持续的时间长短。一般来说，我们以收盘价来确认有效性，对于盘中出现的突破（跌破）但收盘价未予确认的，则不属于有效的突破。无论对于上升趋势线，还是对于下跌趋势线，如果股价突破了趋势线，投资者可以观察一段时间再说，看看这一波上涨后的下跌是否会再跌破原来的支撑线，或者是这一波下跌后的上涨是否会再向上冲破原来的阻力线，如果股价可以在随后的几日内保持住突破的效果，我们就可以认为这种突破是较为有效的。如果股价较为缓慢地上涨（或下降），至少要连续三五个交易日的收盘价站稳于趋势线上方（或下方）。

二、股价在向上突破阻力线时是否有放大的成交量配合，而向下跌破支撑线则无需放量配合。股价突破上涨时的放量代表着买盘的大力涌入，这是较为可靠的突破反转信号，"涨时有量支撑"是确认突破有效性的重要依据；而股价下跌时，往往只是由于买盘承接力度太弱，并不需要大量卖盘离场就可以引发趋势反转向下。结合跌势启动初期的常见情形来看，下跌初期的连续阴跌多是相对缩量为主的。

三、结合大盘走势、个股价格累计涨（跌）幅来综合分析。当市场整体处于升势（或跌势）中，绝大多数个股也会随波逐流，除了少数的权重股外，很多个股，特别是中小盘股，其价格随之波动的幅度更大。如在市场处于升势时，一些业绩平平的个股，因盘子较小、有题材支撑，其价格上涨幅度往往远大于市场平均水平；同样，这种放大效应在跌势中也成立。因而，我们在分析股价对趋势线的突破（或跌破）时，一定要结合股价这种大幅波动的特性，对比参照其与市场涨（跌）幅的情况，以此来判断当前的位置区出现的突破（或跌破）是否较为可靠。

3.5 不创新高（低）法则

不创新高（低）法则，是一种简单易画、但十分有效的画线技术，它代表着多方（空方）力量的明显减弱，可以应用于多种情形，帮助我们把握趋势的结束或反转。本节我们结合不同情形下的实例来看看如何运用这一画线法则。

3.5.1 震荡上扬不创新高

个股价格持续上升、处于明显的上升趋势中，这时的股价运行轨迹多呈现为一顶高于一顶的特点。如果在累计涨幅较大的位置，后续的震荡上扬高点低于前一个高点，这属于震荡上扬不创新高形态，是多方力量开始减弱的标志，投资者应注意升势见顶的风险。

图 3-17 为上汽集团 2016 年 12 月至 2018 年 8 月走势图，股价在累计涨幅较大的位置仍旧保持着震荡上扬的格局，一顶高于一顶，多方力量仍旧占据主动。但随着震荡的持续，股价的上下波动幅度明显加剧，且出现了后一顶低于前一顶的情形。这是多方力量整体减弱的标志，投资者应注意趋势见顶的可能。

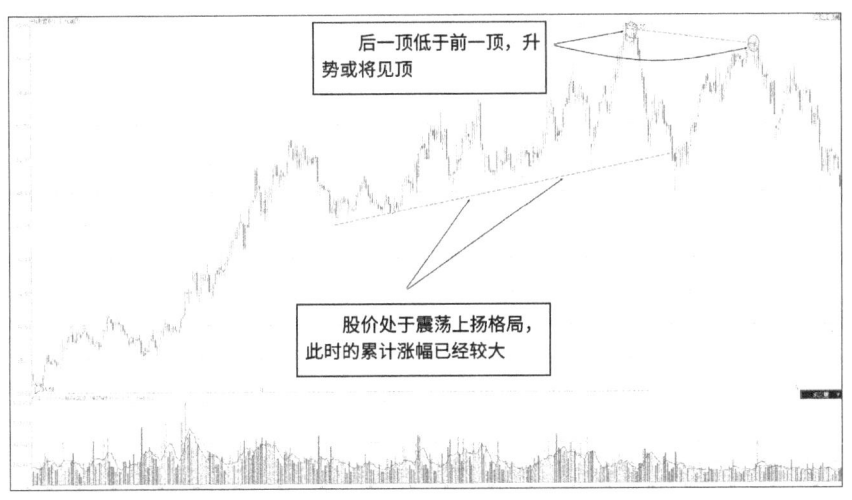

图 3-17　上汽集团 2016 年 12 月至 2018 年 8 月走势图

3.5.2　反转突破不创新高

个股在价格累计跌幅较大的位置出现了类似于反转的走势形态，如果我们画出向下倾斜的阻力线，会发现股价向上突破并站稳于阻力线上方，这是第 1 波反转上行。随后，股价回落并再度反弹向上，但此波上扬高点却低于之前突破上扬的高点。这是"反转突破不创新高"的形态，表明空方力量仍旧较强，强势的反转行情难以快速展开，投资者应注意规避股价再度深幅回落的风险。

图 3-18 为中化岩土 2018 年 7 月至 2019 年 2 月走势图，股价在反转突破后的第 2 波上扬走势中，高点明显下降，这是股价短期内或有深幅回落的信号，也是短期内的离场信号。

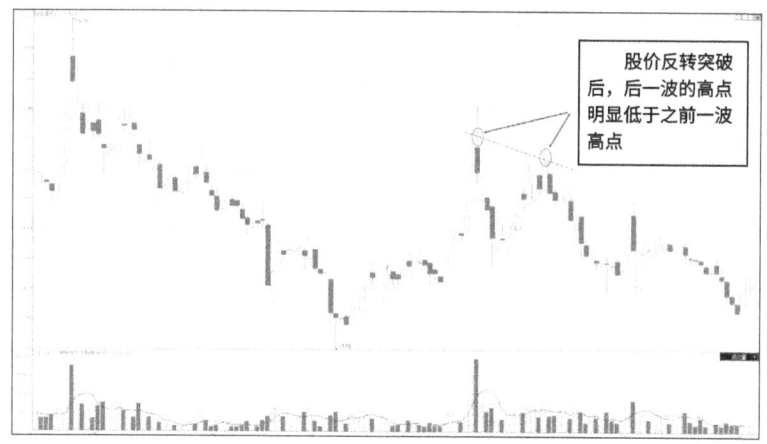

图 3-18　中化岩土 2018 年 7 月至 2019 年 2 月走势图

3.5.3　低位企稳不创新低

个股价格原来处于下跌趋势中，随着股价的走低，其累计跌幅较大，此时，如果于阶段性低点出现了一波相对强势的上冲、并紧随一波深幅回落，但回落后的低点却明显高于最低点，这属于"低位企稳不创新低"形态。这表明多空力量整体对比格局正在发生转变，趋势有望反转上行，此时出现的不创新低点就是一个较好的中长线布局点。

图 3-19 为隆基机械 2018 年 8 月至 2019 年 4 月走势图，股价在低位区出现了宽幅的上下波动，第 2 波上扬后虽然深幅回落，但回落低点不创新低，这是一个趋势反转信号，中长线投资者应注意把握入场时机。

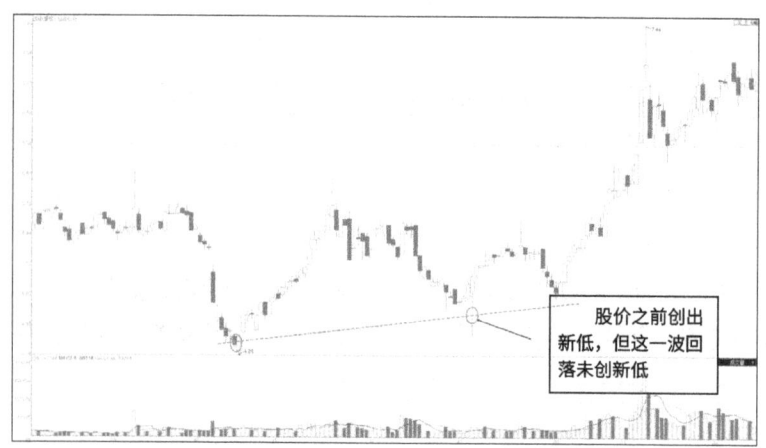

图 3-19　隆基机械 2018 年 8 月至 2019 年 4 月走势图

3.6 平台区支撑阻力画线技术

平台区是一个股价上下震荡、但重心横向移动的区域。这样的平台区常出现在趋势运行不明朗的情况下，可能是原有趋势行进途中的中继整理平台，也可能是预示着趋势将结束的反转平台。

平台区支撑阻力画线技术主要是指：依据平台水平震荡的特点，我们可以画出相对水平的支撑线或阻力线，结合股价在原有趋势的运行情况，以及支撑线或阻力线被突破或跌破的情况，来预测随后的趋势发展方向。

3.6.1 新高平台无支撑

股市或个股价格持续上涨，在一个相对高位区平台横向震荡，如果平台区低点可以形成有效支撑，这表明多方力量依旧占有优势，升势有望重启；但如果平台区低点被明显跌破，且随后一两日内无法有效回补，这是空方力量明显转强的信号，投资者应提防趋势反转下行。

图 3-20 为上证指数 2019 年 1 月至 5 月走势图，第 1 平台区的低点形成了有效支撑，指数反复下探平台区低点均获得有效支撑，这表明市场的上升动能依旧充足，此时仍可看涨一层；但随后更高的平台区出现了变化，长阴线向下跌破了平台支撑位，这是一个趋势反转信号，投资者应注意高位反转风险。

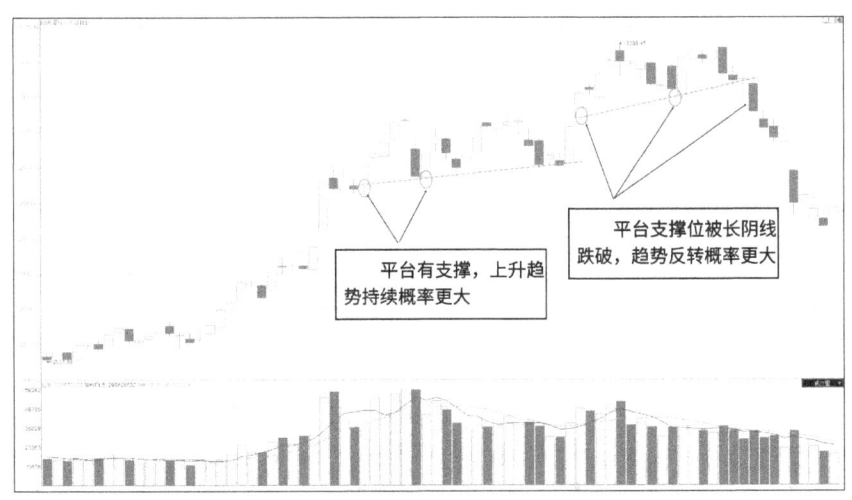

图 3-20　上证指数 2019 年 1 月至 5 月走势图

3.6.2 整理平台无阻力

在上升趋势中，特别是在升势初期、股价累计涨幅不大的情况下，如果个股价格出现了较长时间的横向震荡，且上下波动幅度不大，这样的平台一般被称为整理平台。整理区可能是升势中继区，也可能是股价整体上涨动力不足的标志，投资者此时应积极关注平台区的阻力位是否能被有效突破。

整理平台无阻力，是指：我们可以在整理区画出一条水平的阻力线，如果个股价格可以放量突破此线，则表明平台区阻力作用较小，多方动能较为充足，升势有望继续持续。

图 3-21 为金地集团 2018 年 9 月至 2019 年 3 月走势图，股价自低位区开始震荡向上，股价重心整体上移。随后，在累计涨幅不大的位置点横向运行，这个横向平台的上下波动幅度较小，属于整理形态。如图标注，股价连续两日放量上涨、强势突破了这个整理平台，这属于整理平台无阻力形态，是股价运行重拾升势的信号。

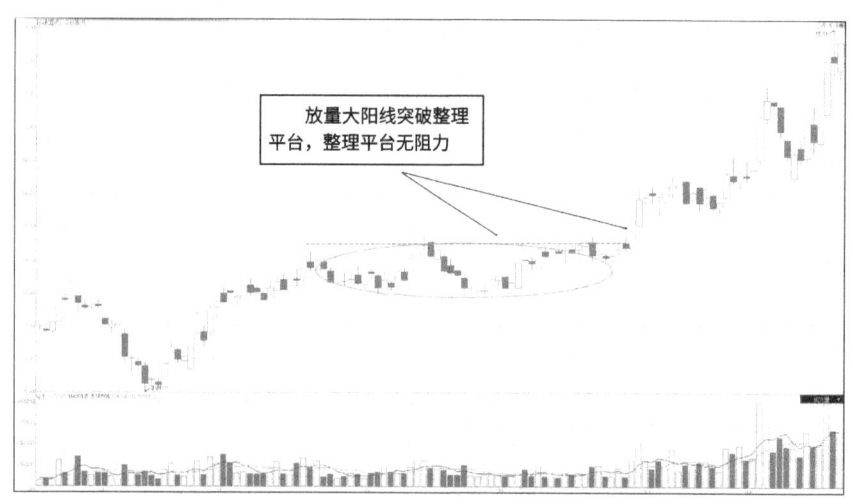

图 3-21 金地集团 2018 年 9 月至 2019 年 3 月走势图

3.6.3 整理平台无支撑

在下跌趋势中，个股价格在累计跌幅较大的情况下横向震荡，且期间的上下波动幅度不大，这属于整理平台。如果价格向下跌破了平台区下沿的支撑位，且随后数日无法有效收复失地,则属于整理平台无支撑的运动形态,表明空方力量依旧总体占优,是跌势仍将大概率持续下去的信号,虽然个股价格处于明显的低位,但投资者此时并不宜抄底入场。

图 3-22 为三角轮胎 2017 年 2 月至 2018 年 2 月走势图,在低位区,此股价格出现了长时间的横向窄幅整理走势,形成了一个整理平台。但是,随着整理走势的持续,股价最终向下跌破了这个平台的下沿支撑位,这预示着新一轮探底走势或将展开,投资者应注意规避中短线风险。

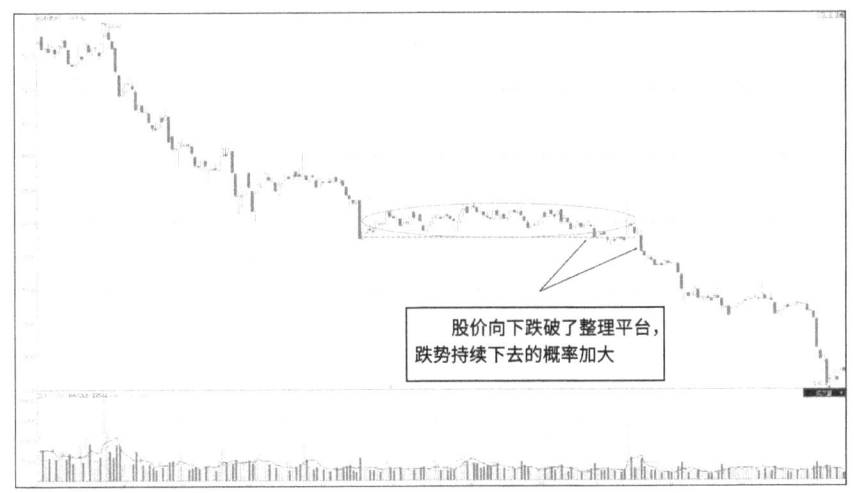

图 3-22　三角轮胎 2017 年 2 月至 2018 年 2 月走势图

3.6.4　低位平台无阻力

个股价格处于中长期的低位区,呈横向震荡走势,形成了一个低位整理平台。如果股价随后向上突破平台区的上沿阻力位,这是多方力量已开始明显转强、趋势有望反转上行的信号。此时,投资者应关注个股的中短线机会。

图 3-23 为哈药股份 2018 年 9 月至 2019 年 4 月走势图,此股价格在低位区构筑了一个长期的整理平台,此时我们可依据平台形态画出一个相对水平的阻力线。随后,股价向上突破了这个阻力线并相对稳健地运行于阻力线上方,这表明升势或将出现,投资者应关注上涨机会。

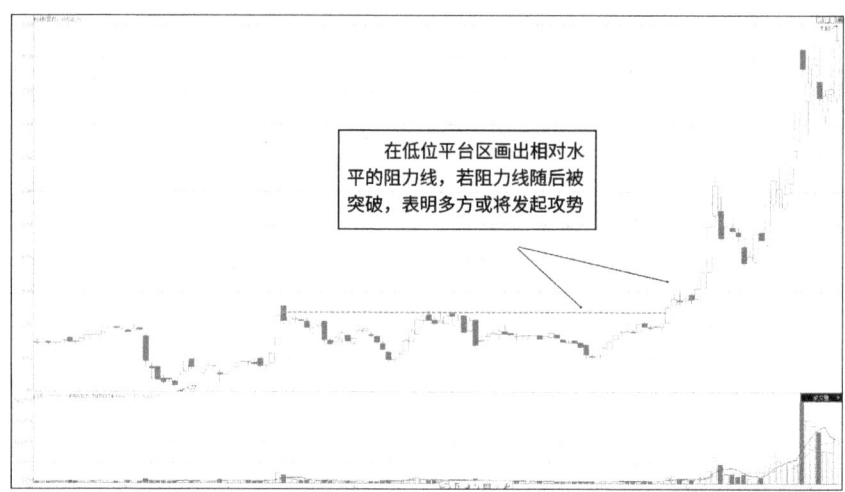

图3-23 哈药股份2018年9月至2019年4月走势图

第 4 章

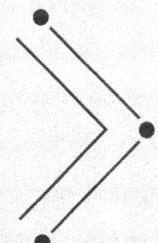
理解牛市与熊市

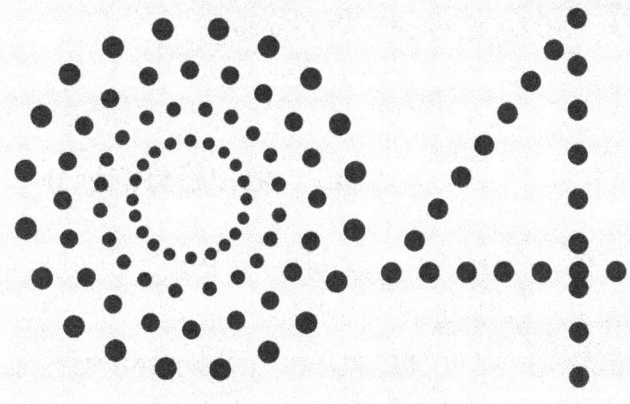

道氏理论是关于趋势运行的理论，牛市与熊市这两种特征鲜明的市场运动方式及市场环境在其中占据着核心地位。作为学习道氏理论的投资者，不仅要了解牛市与熊市的成因、具体情形，还要掌握基本的技术工具来判断所处的市场是牛市还是熊市。不同的市况有不同的交易策略。牛市中过于频繁的短线操作，或是熊市中执著于业绩的持股不动，都不是明智的交易方法。在本章中，我们结合道氏理论对于牛市、熊市的论述，借助一些经典的技术工具，来看看如何更好地应对这两种完全不同的市场格局。

4.1 两种趋势的划分

任何一种理论都有核心思想。相对来说，道氏理论的核心思想是比较容易理解的，也就是其对于市场趋势运行的揭示，而市场趋势又具体分为牛市（即上升趋势）与熊市（即下跌趋势）。虽然还存在横向移动趋势（即水平震荡），但严格来说，它并不是道氏理论所指的真正意义上的趋势。可以说，将市场运行划分为牛市与熊市这两种完全不同的格局，是我们理解、掌握道氏理论的关键。

4.1.1 为什么要划分牛市、熊市？

牛市与熊市，道氏理论引入的这两个词语早已被广大投资者熟识。它们借助于两种动物，形象地指示了两种完全不同的市场运行方式。牛的眼睛是向上望的，即望上不望下。除此之外，"牛"还有主动、上进的意思，因而，它指代上升趋势；反之，熊的眼睛是望下不望上的，"熊"则有被动、受气的意思，因而，它指代下跌趋势。总的来说，牛市与熊市这两个词语形象、生动地刻画了两种完全不同的市场，也在一定程度上反映了投资者的普遍心态。

那么，道氏理论为何要将市场运行划分为牛市与熊市呢？市场运行真的有一个大的方向，且要么上升，要么下降？其实，这与道氏理论创立者查尔斯·道对金融市场的深刻理解、对道琼斯指数的长期研究密不可分。首先，通过创设道琼斯指数，查尔斯·道有了可以量化分析市场运行轨迹的工具，市场的历史运行情况一目了然地反映在一张全景走势图上；其次，多年的金融编辑、证券交易经验也极大地开阔了查尔斯·道的视野，提升了其证券分析的能力；当然，最为重要的还是作者本人的智慧超越了时代背景。

道氏理论之所以被称为技术分析的鼻祖，这与其理论提出后经历了无数次的检验也密切相关，特别是汉密尔顿基于道氏理论研究所给出的一些关于股市运行的预测性文章。由于这些文章准确性极高，且逻辑严谨，道氏理论得到了极大的发展。汉密尔顿在1902～1929年对道氏理论进行了实验与改善，并带来了一种定义明确且精准可靠的方法来预测股票价格及经济走势。

道氏理论并不重视循环理论或是系统理论，而是以实用性为基础。对于道氏理论的研究基础，汉密尔顿给出了解释，这或许能让我们对道氏理论为何能成功揭示出牛市与熊市这两种不同的市场运行规律有一个更好的理解：道氏理论以实用性为基础。该理论的假设依靠的是人类的本性。成功会驱使人们骄纵，骄纵的结果就是后悔，及相应产生的沮丧。

正是由于人性的原因，当市场出现了明显的赚钱效应后，才会不断地汇聚场外投资者。贪婪、骄傲的情绪占据着主流，热烈的情绪也具有传染性，从而使得场外资金源源不断地涌入，市场整体也能够在较长时间内保持着上涨的态势，自然而然地就出现了牛市。反之，当市场赚钱效应消退，亏损盘不断增多，投资者会陷入恐慌之中。此时，怀疑的情绪会不断加强，从而导致市场资金匮乏，并使得市场不断下行，这就是熊市。

价格走势非上即下，把这两种走势极端化就演变成了牛市与熊市。虽然从市场情绪的角度可以很好地解释牛市与熊市的出现，但这都是基于道氏理论揭示出牛市与熊市两种不同市场格局之后的进一步理解。这也从另一个角度反映了道氏理论的先见性。

4.1.2 市场运行的非此即彼

两种趋势代表着两种不同的市场运行方向，一个向上，一个向下。对于道氏理论来说，除了揭示出金融市场存在这两种趋势（牛市或熊市）外，还阐述了两种趋势的运行过程。对于投资者来说，准确地判断市场处于何种趋势更为重要。当市场处于牛市时，若投资者判断市场当前只是反弹、总体将处于跌势中，则将错失获利的机会；反之，当市场处于熊市时，若投资者判断市场当前只是回调、总体将处于升势中，则会因持股不动而套牢亏损。

市场运行处于非此即彼的状态下，虽然期间也有一些趋势不明的横向波动，但在大多数时间内，市场是有非上升即下降运动这种特征的。道氏理论的这一观点也打破了投资者固有的思维方式。因为大多数投资者更着眼于短线波动，而短期走势，甚至是可持续一段时间的中期走势，在没有明显利好、利空消息刺激或题材助推的情况下，其运行方向大多为横向。如果投资者秉持"价格走势很难打破横向波动"这一观念，那么他们在操作上就会犹豫不决，在面对可能出现的风险时，就会疏于防范；而他们在面对可能出现的机会时，也将错失布局。

4.1.3 经济周期与市场情绪

在1.4节中，我们了解了宏观经济的周期运行规律。我们从经济周期运行图可以看出，即使对于宏观经济来说，它也是处于牛市与熊市交替的非升即降的运行格局下。只不过，经济周期的时间线拉得极长，而上升周期的时间一般要远远大于下降周期，从而使得经济周期的上下趋势运行特征不是十分明显。

对照来看，金融市场里的非升即降的趋势运行特征由于加入了投资者情绪的助推及资金的逐利效应，常常使其出现大起大落。因此，在牛市与熊市的交替中，上下波动幅度往往极大，而且每一轮的趋势运行时间也相对较短（相对于宏观经济面的变化而言）。

我们要想更好地理解金融市场中的这种牛市与熊市的趋势格局，结合经济面波动加以分析是一种很好的方法。而且，股市素有"经济晴雨表"之称，它反映了市场的一种预期，常常先于经济面的改变而运行。当宏观经济欣欣向荣时，企业盈利能力增强，大众消费积极，从企业的投资生产到各个环节的加工制造，最后到终端消费者旺盛的购买力，经济整体呈上升趋势。这一时期的各项经济指标，如国内生产总值 GDP 的增速、消费者物价指数 CPI 的涨幅、贷款利率、国际市场汇率等指标都保持在一个相对较好的状态。在这种情况下，如果股票市场没有同步反映经济运行的这种成果，那么，时间久了就会形成一种累积效果。一旦其开始步入升势，就会在经济面优异的助推下出现大牛市行情。以 2007 年的大牛市格局来说，它的出现与之前若干年经济的高速增长密不可分。

图 4-1 为 2003~2007 年国内生产总值及增长速度示意图，我们可以看到，这几年间 GDP 呈现出稳步上升的态势，且一直保持高速增长的态势，年复合增速超过了 10%。正是这种宏观经济面的良好及人们对中国未来持续发展的预期才催生了 2006~2007 年的大牛市行情。

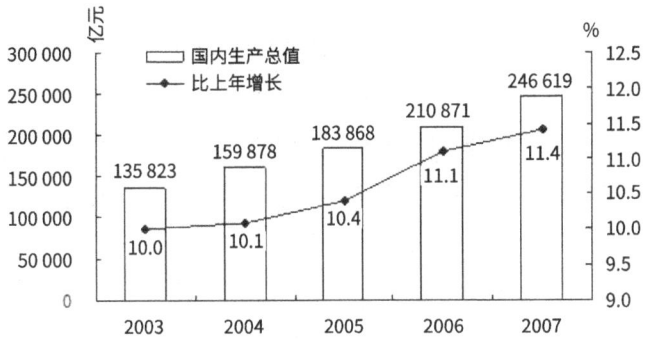

图 4-1 2003~2007 年 GDP 增长速度示意图

注：GDP 即英文 Gross Domestic Product 的缩写，也就是国内生产总值。它是对一国（地区）经济在核算期内所有常住单位生产的最终产品总量的度量，常常被看成显示一个国家（地区）经济状况的重要指标。GDP 指标在宏观经济分析中占有重要地位。当国内生产总值能够持续稳定地增长，则代表经济发展势头良好，企业盈利水平提升，股票的含金量升高，投资者可以通过购买股票分享经济发展的成果，这些都会促使股市走牛；而如果国内生产总值出现增速放缓，则代表经济发展速度减缓，若 GDP 连续两年出现下降则代表经济陷入衰退，企业很可能出现亏损状态，这些因素会促使股市下跌。

4.2 理解熊市

当市场处于熊市时，我们要了解熊市的成因，分析是宏观经济面引发的，还是因为市场人气低迷导致的。不同成因下的熊市其持续时间往往也不同。这对于我们分配资金、着手布局个股有着重要的指导意义。

4.2.1　什么是熊市

熊市，在技术分析领域一般被称为下跌趋势、空头市场。我们都知道这是价格运动整体向下的一个过程，虽然期间会伴随着一些重要的反弹打破这种整体下行的格局，但我们如果将时间线拉长就会发现：价格的重心呈现不断向下的趋势。

在早期的道氏理论中，汉密尔顿统计过 1921 年之前的数据："牛市的平均持续时间为 25 个月，而熊市的平均持续时间为 17 个月。"这表明，熊市的持续时间一般短于牛市。虽然这一统计数据并不适用于所有股票市场，但却给了我们一个提示：牛市的出现代表着经济的不断发展、前进，这是经济主旋律，因而持续时间会更长；而熊市可以看作是对牛市的一种长期修正，因而持续时间相对较短。

道氏理论将熊市划分为 3 个阶段，这 3 个阶段反映了牛市泡沫的破裂、企业盈利能力的下滑以及投资者在过度悲观情绪下的不理智抛售行为。当 3 个阶段结束后，股票价格往往处于明显的低估状态，这是典型的熊市末期阶段。但市场处于这一阶段并不意味着价格即将反转上行，这一阶段的持续时间可长可短，既与大众交易者的信心恢复情况有关，也与经济面的转变速度有关。但不可否认的是，对于中长期投资者来说，在此期间可以积极挑选一些业绩较好、成长潜力突出的个股进行布局，因为对于这类个股来说，此时买入的中短线风险要远远小于其未来的收益率。

除了低迷的市场人气、极低的股票价格（相对于前期的历史高点而言），反映市场处于熊市之中的关键因素还有成交情况。对于股市整体而言，成交情况可以用"成交额"来表述；对于个股来说，成交情况则可以用"成交量"来表述。熊市期间的成交额要比牛市期间少得多，且成交额曲线有缓慢下行的倾向。一旦市场跌幅较深，而价格走势又有止跌迹象时，股市成交额曲线走平往往也是熊市可能即将终结的一个信号。

4.2.2　典型牛熊市示意图

在更为详细地讲解牛市与熊市之前，我们可以通过回顾上证指数历史走势的方法，对牛熊市的运行格局进行直观的了解。在国内股市的历史上，起始于 2006 年、持续至 2007 年的大牛市，以及受 2008 年全球金融危机带动而同步展开的熊市最具代表性，其呈现出来的牛熊市运行特征也最为鲜明。

图 4-2 为上证指数 2005 年 9 月至 2009 年 1 月走势图,这是一轮波澜壮阔的牛熊市交替走势格局。牛市起步于 2006 年,指数从 1 000 多点开始经历了缓慢爬坡、震荡上扬、加速上攻等多个阶段,最终达到了 6 124 点的历史高点;短短一两年内的过大涨幅也透支了企业的成长空间,很显然,业绩的增速远远跟不上市场的上涨节奏,没有合理的估值及业绩支撑,牛市终将结束;只不过,这一轮牛市的结束正好遇上了全球金融危机,市场快速积累的泡沫被刺穿后,股市也步入了熊市阶段。

牛市的上涨节奏越快、幅度越大,则随后熊市的回落幅度往往也更大,两者是成正比的。从图 4-2 可以看到,2008 年的指数跌幅极大,几乎跌去了牛市成果的七八成,这也从另一角度反映了牛熊市的本质:既然股票市场被看做是经济的"晴雨表",那么,当市场在短期内过度偏离经济面时,其随后的修正力度也是极强的。

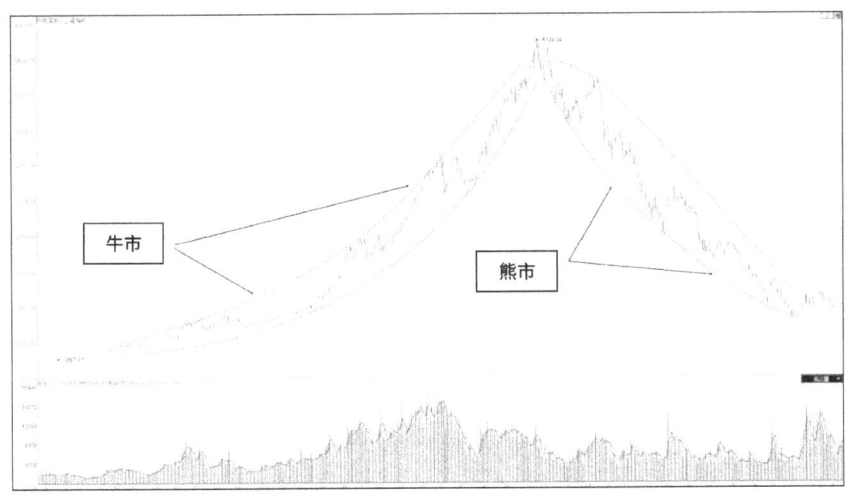

图 4-2 上证指数 2005 年 9 月至 2009 年 1 月走势图

4.2.3 熊市的成因

熊市的开始多起源于市场泡沫的不断积累,随着股票的估值状态越来越高,市场的潜在买盘得到了极大的消耗,进而很难将股价维持在高位。而股市又是资金驱动市,投资者参与股市多是在财富效应下形成了汇聚,一旦股市上涨乏力、财富效应大幅减弱,就会造成市场资金离多进少,而这种效应一旦出现就会在很长时间内持续下去,从而造成了熊市的持续。

除了泡沫因素之外，宏观经济面的变化也是熊市持续的一个重要原因。由于股市是经济变化的晴雨表，如果经济较为低迷、企业多处于亏损状态、居民消费意愿较低，则股市也难有好的表现，多会长期处于低位徘徊中；如果此时的股市又恰处于前期大涨后的高位区，则随后的下跌空间往往是极大的。

导致熊市出现的因素有很多，既可能是经济面的因素，也可能是资金面或政策面的因素。下面归纳了几种可以解释熊市成因的因素，以供参考。

1. 从经济面来看，在经济衰退和产生危机时，市场上产品滞销，生产减少，企业盈利减少或者无盈利，则该企业股票可供分配的红利少，其购买者就会减少，使股票的吸引力减弱，股票价格就会看跌，形成熊市。

2. 从资金面来看，利率上升、信贷紧缩，或是金融去杠杆，会导致市面上的流动资金减少，而股市是一个资金驱动市，没有足够的资金驱动，市场很难有好的表现，在财富效应明显减弱的背景下，股票市场易进入熊市阶段。除此之外，利率的上扬会提高企业借贷成本、减少企业投资，使企业进入缩减规模的状态，这是对企业的负面影响；对投资者来说，同样有影响，由于贷款成本的提升、股市盈利的弱化，还有可能迫使投资者抛售股票，促使股市下跌。

3. 从技术面来看，当市场上涨幅度过大，大量投资者一致看到阻力位，市场多空分歧明显减弱后，人们会竞相出售股票，股票狂泻。而股价一旦形成破位，就会进一步强化技术分析者的看跌预期，从而形成一种下跌循环。

4. 从政策面来看，当市场上涨幅度较大、投资氛围过浓并形成一定金融泡沫时，政府为保证资本市场的健康发展也会出台一些措施来平抑市场的投资活动，如发布风险提示。加强对违规交易及操纵股价行为的惩治力度，提升短线交易成本，等等。除此之外，还有一些重大事件、金融政策也会深深影响到资本市场。

4.2.4　熊市的交易策略

熊市，我们可以将它看做一个以亏损为主基调的市场环境。在熊市中，如果投资者选的股票不好（如业绩较差、负面新闻缠身的个股），则其价格很可能下跌不见底，累计跌幅极大；如果投资者选的入场时机不好（如在下跌趋势行进途中贸然入场），即使买入的是业绩较好的白马股品种，也可能亏损累累。因而，投资者在熊市期内投资时，选股、选择的入场时机至关重要，二者缺一不可。

熊市是一个相对漫长的市场格局，在熊市没有真正成形前，市场很可能正处于高位狂欢中，市场中的赚钱效应仍旧较强，每天都会有大量的个股涨停封板，题材股、各板块轮番上攻。但如果此时的市场指数已上涨乏力，我们就要提防市场的整体性风险了。投资者此时应该控制好仓位，在中长线个股大幅获利的情况下减仓，这样既可以不至于错失市场震荡中出现的短线获利机会，也可以在很大程度上保存前期牛市的获利成果。

当我们通过技术指标、技术分析，或者是市场估值状态等因素初步判定熊市即将出现时，最为稳妥的交易策略就是卖股离场，并中长期地持币观望，直至跌势末期出现较为明朗的见底迹象时，再择机入场。可以说，持币观望是熊市交易的核心要素，特别是当市场从高位开始陷入跌势后，由于熊市的持续时间及幅度往往极大，投资者过早地抄底入场将损失惨重。

持币策略看似简单，但实际操作起来却比较困难，因为持币意味着失去了获利的机会。即使在熊市中也还是有一些个股能够逆市上扬，或者是市场存在阶段性的反弹机会。投资者容易过于自信而重仓参与，一旦他们以为自己的操作可以独立于市场整体，就十分危险了，因为投资者往往过于低估市场的下跌力度。而且，在短线被套后，大多数投资者，即使是短线投资者对于止损操作也常显得犹豫不决，从而造成了短期浅套到中长期深套的过度。

当然，投资者对趋势的判断与分析也是随着市场运行不断加强的，投资者一旦发现大势转向，一般来说就不宜重仓持股了：就中长线策略来说，投资者此时并不宜持有；就短线来说，投资者如果看盘时间较为充足，也只宜小仓位参与。在市场走势下倾的背景下，保护本金的安全才是最重要的，即使投资者可能要承担一定的踏空风险。

4.2.5 典型熊市股操作案例

图4-3为胜利精密2016年8月至2018年7月走势图，图中标注的区域时间为2017年11月至12月，此时股价累计跌幅近50%，且有企稳迹象，这会是中长线的抄底入场时机么？答案很显然是否定的。

首先，此股价格的这一波下跌具有独立性，是相对于市场整体走势的一种补跌，而同期的市场运行也相对较弱。所以，股价一旦开始出现这种补跌，就意味着进入了明确的下跌趋势中。

其次，此股价格虽然此时已有50%左右的下跌幅度，但估值上并不具有优势，从牛熊交替的整体运行格局来看，当前仍处于"半山腰"的状态。下跌趋势重质不重势，在估值没有优势，且中长期来看仍处于明显高位的状态下，此区域（2017年11月至12月）筑底的概率不大，投资者不宜抄底入场。

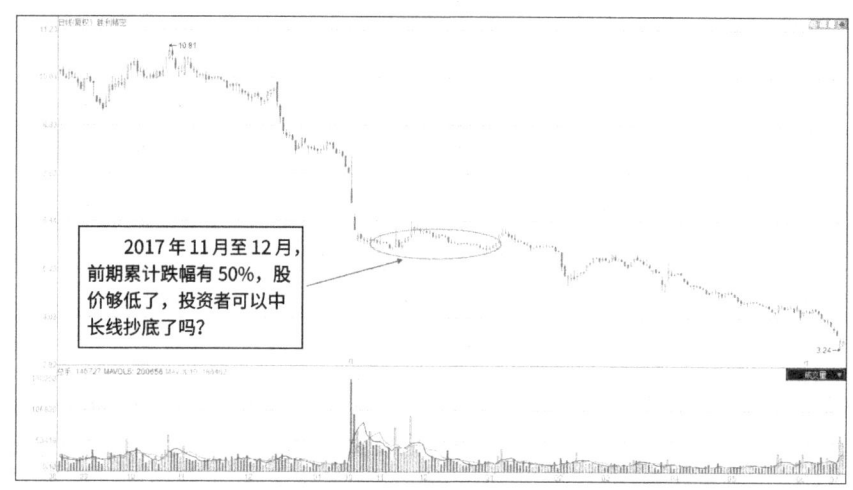

图4-3　胜利精密2016年8月至2018年7月走势图

最后，从2018年1月开始，在股市出现一波强劲的上扬后，如图4-4所示，此股依旧没有打破横向震荡的运动格局，这表明该股此时资金流出占据主导，抄底买盘力度极差。一旦股市在短线上扬后出现深幅回落，则此股打破盘整状态、向下破位的概率也是极大的。

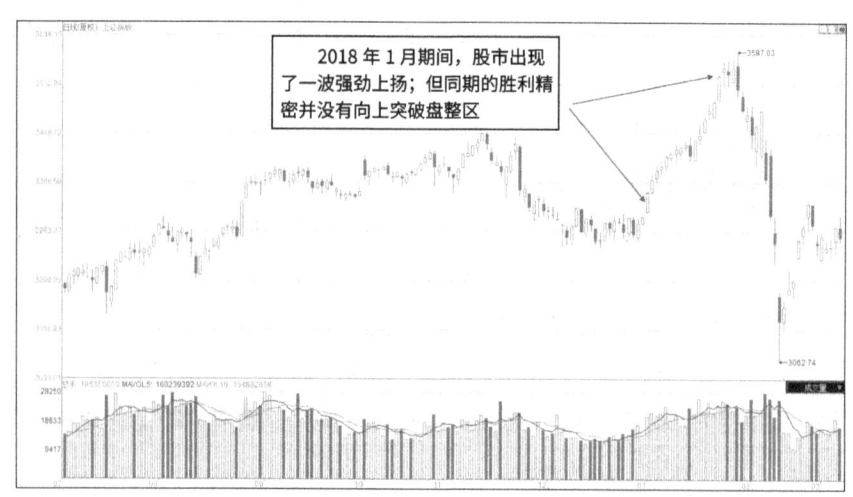

图4-4　上证指数2017年7月至2018年3月走势图

4.3 理解牛市

与熊市截然相反的就是牛市，如果说熊市的主题是价值回归、持股者多亏损，那么牛市的主题就是前景展望、持股者多获利。道氏理论对于牛市也做了一定的论述，而且认为牛市的平均持续时间要长于熊市，这也是对股市整体向上运行的一种反映。本节中，我们将通过牛市的概念、牛市的成因、牛市交易策略等角度来进一步深入解读牛市。

4.3.1 什么是牛市

牛市，在技术分析领域一般被称为上升趋势、多头市场，这是价格运动整体向上的一个过程，虽然期间会伴随一些重要的回调，打破这种整体上行的格局，但我们如果将时间线拉长就会发现：价格的重心呈现不断向上的趋势。

道氏理论认为："牛市的持续时间往往在两年以上。在此期间，商业条件的改善和投资活动的增加，使得投资购买股票的需求量不断增加。基于这一原因，股票价格也会直线攀升。"

对于"牛市持续时间"的推论可以说是一个重要的内容，它可以有效指导投资者的交易活动。但是，我们也应看到：这个时间只是一种相对笼统的说法。如果牛市推动过程相对缓慢，有一个由缓到急的明显过程，这个时间长度很具有参考价值；但是，如果股票市场的上涨节奏十分迅急，更多的是源于资金推动的结果，则这个"2年"的时间长度参考意义不大。

以2015年A股市场出现的牛市行情来看，这是典型的资金驱动性上涨，而且涨得快、涨得急。结合同期的市场信息来看，这一波牛市上涨与杠杆资金的参与有关。随后，因去杠杆、降配资等措施的实施以及市场的明显高估状态等原因，这一波幅度极大的牛市行情也宣告结束，从牛市的初步形成到行情的正式转向，持续了仅一年的时间。

谈到牛市，它总是伴以行情的好转，道氏理论特别指出："牛市的第1阶段只有经过一段时间的验证才可与熊市的次级反弹运动区别开来。因而，任何关于熊市结束的论述都必须涵盖随后牛市运动的开始。"对于熊市来说，也有同样的结论："熊市的第1阶段只有经过一段时间的验证才可与牛市的次级回调运动区别开来。因而,任何关于牛市结束的论述都必须涵盖随后熊市运动的开始。"

在正式介绍了熊市与牛市之后,道氏理论这一关于牛市与熊市交替出现的思想是值得我们重点关注的,这体现在以下两个方面。

一、衔接牛市与熊市的"过渡整理阶段"的持续时间一般不会太长。

二、这个过渡整理阶段在熊市末期,一般会被归入"牛市第1阶段",由于前期的熊市效应仍在,因而,此时的企稳走势仍在持续,大部分投资者并不会意识到牛市的出现;反之,在牛市末期,这个过渡整理阶段一般会被归入"熊市第一阶段",由于前期的牛市效应仍在,因而,此时的持续回落走势仍在持续,大部分投资者并不会意识到熊市的出现。

除此之外,道氏理论重点提及的这一思想还隐含了过渡整理阶段的走势具有相对独立的运动特点,这就需要技术分析者进一步挖掘了。

与熊市的划分方法类似,道氏理论将牛市也划分为3个阶段。这3个阶段反映了熊市后的价值回归、企业盈利的改善、市场泡沫的形成与扩大。当3个阶段结束后,股票价格往往处于明显的高估状态,这是典型的牛市末期阶段。但市场处于这一阶段并不意味着价格即将反转下行,这一阶段的持续时间可长可短,一般来说,价格相对缓慢的上涨状态下,泡沫的持续性更强;而高位区再度出现的急速上涨则常因"物极必反"的原理而加速了泡沫的破裂,从而导致牛市过早结束。

4.3.2 牛市的成因

牛市多起源于市场处于明显的低估状态,此时,利空消息已释放得较为充分,经济面也开始好转(或者是经济预期开始向好),持股者大多处于被套状态。由于股价在低位,卖出意愿较低,而随着市场的企稳,一部分场外资金率先察觉到了未来的机会,从而悄悄买入布局,多空力量整体对比格局开始发生变化,进而累积了多方力量,牛市格局也在形成之中。

牛市的出现既有经济面的因素,也是资金驱动的结果。牛市与熊市的交替体现了二级市场中的财富转移。由于人性的贪婪与恐慌,这种循环会一直持续下去。而对于投资者来说,要想成功地捕捉牛市,仅理解这种牛熊交替的循环是不够的,还应该能在身处市场时保持冷静的头脑和理性的态度,并且能够借助于多种因素分析市场的牛熊变化。上一节中，我们提及了几种可能导致熊市出现及持续的因素，本节中，我们再来看看有哪些因素可以提示牛市的出现。正确、全面地理解这些因素，对于我们分析、判断牛市的出现有着重要的实盘指导意义。

1. 从经济面来看，在经济处于景气周期时，企业会加大投资，产品畅销，盈利增厚。此时，企业的业绩明显提升，行业多处于景气周期下，反映到上市公司身上，就是营收、利润的齐增长，这会使二级市场上的股票更有吸引力，估值状态更合理，甚至出现明显的低估（相对于个股的历史估值状态而言）。如果此时的市场处于中长期的低位区，且市场整体低估，则经济层面的向好很容易引发股票市场上的牛市行情。但就一般情况来说，由于股市的走向往往领先于经济层面，因而，在股市本身已处于上升通道中时，良好经济面因素可以成为牛市持续前进的助推剂。

2. 从资金面来看，利率下降、信贷宽松，或是入市资金源增加，都会促使市面上的流动资金更为充裕。而股市是一个资金驱动市，由于后续入场的资金更为充足，就能更好地推升股市整体性上涨，进而形成牛市。广大投资者也有这样的倾向。如果银行等定期收益过低，而股市又具有估值吸引力，投资者则会有将更多的一部分资金投入股市的意向。

3. 从技术面来看，在市场大幅度下跌过后，若大量投资者一致看到支撑位，且此时市场多空分歧明显减弱，则持股者抛售意愿大幅下降，而抄底入场盘则明显增多。这可以形成技术上的支撑，一旦支撑位获得时间与空间的确认后，大多数技术分析者的入场意愿增加，进而形成推升市场总体向上的动力。

4. 从政策面来看，市场下跌幅度较大、成交低迷是不利于资本市场的健康发展的，为了活跃市场、更好地发挥股市融资等功能，多会有一些利好资本市场的相关政策出台。如果此时的股市处于低位区，且市场整体相对低估，将有利于股市筑底成功，为随后的牛市开启打下基础。

4.3.3 牛市的交易策略

在牛市行情中，大多数个股价格会随着市场上行而同步上涨，只要不买那些有明显利空消息的个股，投资者持股获利的概率还是极大的。在升势中，最好的策略之一就是持股待涨，且投资者要有足够的耐心，不能因为已有一定获利幅度就过早卖出离场。

但是，想要在获利的状态下耐心持股，并不是一件容易的事。据一项不完全统计，大多数散户投资者在严重被套的情况下更容易出现锁仓、持股的行为，而一旦个股出现了 30% 以上的获利回报，在担心利润消失的心态下，他们往往有着较强的卖出意愿，并明显增加看盘时间，且常常会因为没能把握住最佳短线离场时机导致利润缩水而懊悔。

其实，股价的波动也同步影响着投资者的心理，大多数投资者往往过于关注自己账户的盈亏情况，而忽略了个股价格及市场的真正运行情况。事实上，市场并不会关注你的买入价、成本价，它的运行取决于多空双方力量的变化，而这种信息需要投资者理性、客观地分析盘面形态才能得出。

在牛市中，一旦个股走强，且明显强于大市，这样的个股可以称为强势股，即使它中短线内出现了 30%、甚至 50% 的价格涨幅，但这并不是其上升行情结束的依据。通过对个股价格走势的统计，我们可以发现，一旦个股价格步入了明确的上升走势，且有大盘同步上扬配合，这些个股价格出现一两倍涨幅、甚至是几倍涨停的情况都十分常见，投资者过早地抛出无疑会踏空牛市行情，而且也将严重影响投资者的交易情绪，不利于投资者随后继续展开交易。

那么，当我们发现个股价格与市场同步上扬，牛市特征十分明显时，我们应在什么时候抛售个股呢？其实个股的筑顶走势与筑底走势一样，若非短期内出现了明显的利空因素（可能是市场整体性的利空因素，也可能是个股突遇黑天鹅事件），个股价格在见顶后往往都会有一个明显的筑顶过程，这就是道氏理论提及的"趋势反转时将发出明确信号"，此时，我们再依据反转信号进行中长线离场的操作，才是更为明智的策略。

4.3.4 典型牛市股操作案例

图 4-5 为唐人神 2018 年 11 月 9 日至 2019 年 3 月 1 日走势图，图中叠加了同期的上证指数走势。对比可以看出，在指数横向震荡、甚至略有走低的背景下，此股价格在缓缓攀升，具有一定的独立性，结合此股价格当时正处于中长期的低位区来看，这是场外资金积极入场的信号，此股具备了筑底的形态特征；随后，在市场走势明显回暖、指数上扬的背景下，此股于 2019 年 2 月强势启动、突破上行，股份上涨走势十分凌厉，这是典型的牛市股运行形态。一波上涨后，

此股价格的涨幅超过 50%，开盘横向震荡，此时持股者需要获利卖出吗？这就要运用牛市思维来分析了。

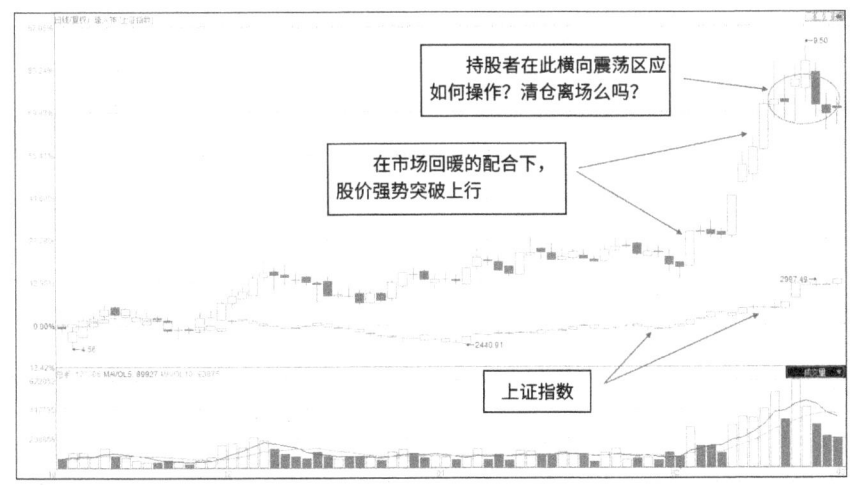

图 4-5　唐人神 2018 年 11 月 9 日至 2019 年 3 月 1 日走势图

首先，从此股价格走势来说，资金驱动力度较大、强势特征明显，使其处于牛市中的加速上扬阶段，而突破筑底阶段后股价仅有一波强势上攻。很显然，基于牛市股的持续力度来看，多方力量仍有待释放，对于中长线持股者来说，虽然此时已获利较丰，却仍可持股待涨。

其次，从此股的基本面、题材面分析，此股属于题材股，有业绩支撑，整个行业板块十分强势，市场普遍预期这一行业正处于上升周期，而此股价格的走向就是基于这种预期，在预期向好的推动下，股价仍有望继续上涨。

最后，从市场环境来看，此时的股市处于回暖期，突破上行势头刚刚露出，未来有着较为充分的上升空间，基于市场整体走好的配合，此股价格此时处在一波上涨后的高点，虽然面临着一定的短线回落风险，但中长线持续上涨仍是大概率事件。

基于以上的综合分析，对于中长线持股者来说，在已获利较丰的情况下，少量减仓、锁定利润是可行的，因为减仓后腾出的部分资金可以继续挖掘其他未强势上涨的潜力股；但如果清仓离场、持币观望，则并不可取，易出现踏空风险。

图 4-6 标示了此股 2019 年 3 月 1 日之后的股价走势情况，可以看到，此股价格

随后出现了一波急速上涨，最后才于高位区转变为上涨节奏放缓、震荡攀升的运动方式，这才是筑顶的信号。对于中长线持股者来说，可逢震荡上冲之机卖出离场。

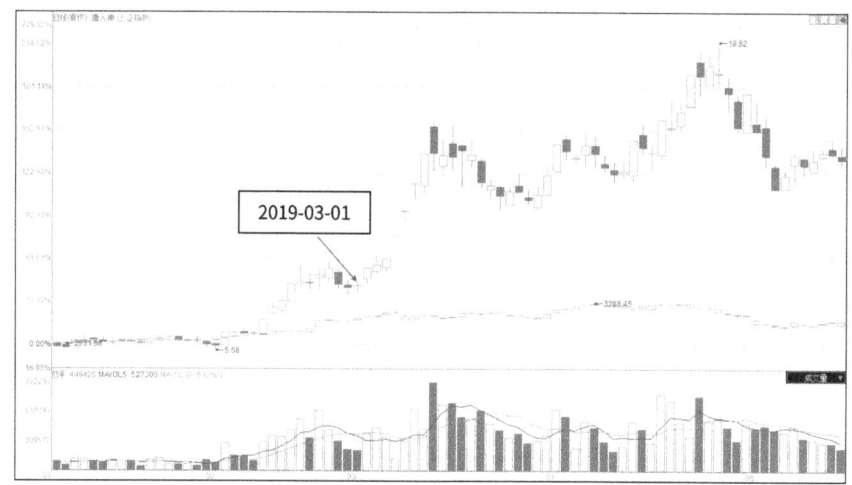

图4-6　唐人神2019年1月至2019年5月走势图

4.4　波浪理论与牛熊交替

牛市与熊市都是基本趋势，它们的出现及持续是一个相对漫长的过程。趋势是金融市场的规律，就如同潮汐是自然规律一样。但是，潮汐无疑是一种相对宏观的概括方式，道氏理论虽然揭示了趋势运行的基本规律及特征，但是并没有详细论述趋势运行细节，对于趋势3个阶段的划分方法也只是一种相对笼统的表述。波浪理论则弥补了这一不足。

4.4.1　律动的波浪理论

继道氏理论之后，美国证券分析家拉尔夫·纳尔逊·艾略特（Ralph Nelson Elliott）于20世纪30年代创造了一种技术分析理论——波浪理论（Wave Principle）。在研究道琼斯工业指数走势后，艾略特发现股市的走势呈现出一种"自然的韵律"，这种"自然的韵律"的形态就如同大海中此起彼伏的波浪，经过系统性地总结，他提出了一种全新的形态类理论——波浪理论。

艾略特认为：股票的价格与大自然的潮汐、波浪一样呈现出一种周而复始的波浪型运动方式，这种运动方式是一种"可识别的模式"。波浪理论是对道氏理论的进一步发展，对于我们进一步理解趋势、把握趋势也有着重要的指导意义。如果说道氏理论告诉人们何为大海中的潮汐，而波浪理论则指导你如何在大海上冲浪。

值得一提的是，在所有的技术分析理论中，道氏理论堪称鼻祖，而波浪理论次之，它们都在阐述金融市场中的趋势，两者互为前后、互为补充。波浪理论的重要性、所受的关注度，可以说是仅次于道氏理论。波浪理论在技术分析大厦中的地位举足轻重，这也是我们为何要单独讲解它的一个重要原因。

4.4.2 波浪理论的前提假设

道氏理论是一个相对系统、完善的理论，它有着理论所依据的前提假设；这种严谨的论述方法同样被应用于波浪理论，而且，波浪理论更进一步。艾略特几乎是以自然科学的方法来进行研究的。虽然金融市场是由众多投资者参与的市场，而投资者的情绪又往往起伏不定，但艾略特的研究方法却十分严谨。虽然这种模式有待商榷，毕竟金融理论与自然科学理论分属于完全不同的领域，将自然科学的研究方法套用在股票市场中，难免有生搬硬套之嫌。但这也客观地说明了波浪理论并不是一种随意的理论，它经得起推敲与验证。

为了使波浪理论更趋于系统化，艾略特给出了3条假设以支撑自己的理论。

1. 人类社会是永远向前发展的。这一假设指出，在各个领域，也包括经济、金融领域，人类社会都是总体向上发展的。这一假设应用于波浪理论中就是指股市的走向是以波浪运动的方式曲折向上的。

2. 人类社会的行为可以通过特定的形态表现出来，并且这些形态是可以被认知的。形态（Patterns）是波浪理论的重点，这里所说的形态是一种相对抽象的运动模式，它是被揭示的对象，并不是被创造出来的，就如同道氏理论将趋势看作是被揭示的对象一样。形态是客观存在且可以被识别的。可以说，波浪理论就是建立在形态基础之上的，阐述的就是价格运行的形态。

3. 市场反映了群体行为。这条假设保证了波浪理论可以应用到股市的预测当中。

以这3条假设为根基，波浪理论就有了坚实的理论基础。投资者借助波浪理论揭示的各种价格运行形态，就可以更好地识别趋势、把握趋势了。

4.4.3 波浪理论的核心内容

不管是股票市场还是期货市场的价格波动,在波浪理论范畴中,它们都与大自然的潮汐、波浪一样,一浪跟着一浪,周而复始,具有相当程度的规律性,并展现出周期循环的特点,它们的任何波动均有迹可循。

基于这一观点,艾略特提出了市场的13种形态,这些形态重复出现,但是出现的时间间隔及幅度大小并不一定具有再现性。而后他又发现了这些呈结构性形态的图形可以连接起来形成同样形态的更大的图形。他用一种演绎的方法来解释市场行为,并特别强调了波动原理的预测价值,这就是波浪理论的核心。波浪理论建立在大量经验与研究之上,是对金融市场客观运行规律的一种揭示。

波浪理论的核心内容是:股票市场的运行方式就如同自然界中的潮涨潮落一般,是有自然规律可循的。而"五升三降"的八浪循环方式则是波浪理论的具体表现,这种循环方式的主要特征如下。

1. 多头市场与空头市场是交替出现的。

2. 一个完整的升势与跌势呈现为"五升三降"的运行模式。在五升三降的波浪式运动过程中,推动浪和调整浪是两种最基本的形态,推动浪与基本趋势的运行方向一致,调整浪则与基本趋势的运行方向相反。

3. 在一个八浪循环结束后,市场进入下一个八浪循环走势中。

4. 时间的长短不会改变波浪的形态,因为市场仍会依照其基本形态发展。波浪可以拉长,也可以缩短,但其基本形态永恒不变。

4.4.4 八浪循环结构

八浪循环可以说是波浪理论的核心内容,那么,它的具体运行结构如何呢?图4-7给出了标示。

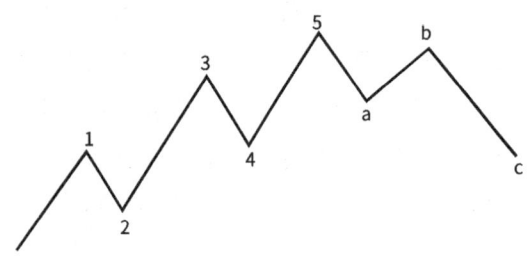

图4-7 八浪循环结构示意图

在八浪循环中，这8个浪各有特点：第1浪、第2浪相对来说较为温和，它们可对应于道氏理论中提及的多头市场的筑底阶段，也就是多方力量积累的第1个阶段。

第3浪是升势的主升浪，这是升势中最凌厉、涨幅最大的一浪；第4浪属回调修整浪。这两浪可对应于多头市场的持续上扬阶段，也就是多头市场的核心阶段。

第5浪可以看做再度拉升浪，是市场见顶的信号，可对应于多头市场的探顶阶段。

第 a 浪、第 b 浪属于跌势的预演阶段，较为温和，可对应于空头市场的筑顶阶段，也就是空方力量积累的第1个阶段。

第 c 浪是跌势中的主跌浪，这一浪的下跌速度最快、跌幅最大。由于波浪理论关注于八浪整体向上的结构模式，因而，代表空头市场的下跌浪比多头市场的上涨浪减少一浪，这一浪可以说涵盖了空头市场的两个阶段：持续下行与探底。因而，它的结构往往也较为复杂。

很明显，波浪理论将市场的趋势运行方式进行了更为细致的刻画，它的刻画方式就是波浪。虽然八浪循环的结构看似简单，但这仍只是一个相对抽象的模型。在市场实际运行中，由于大浪套小浪、小浪套细浪，投资者往往很难正确判断出当前的市场处于哪一浪的运行中，这也是波浪理论的复杂之处。但市场运行本身就是十分复杂的，从这个角度来看，波浪理论首先将运动模式复杂的市场进行了抽象化，这更容易让投资者看清大势、看清结构，这种化繁为简的分析方法还是值得关注的。

4.4.5　4 条数浪规则

市场的真实运行并不是清晰的八浪，大浪套小浪、小浪套细浪，想要准确地判断出趋势目前正处于哪一浪之中，并不是一件容易的事。为了解决这个问题，提高波浪理论的实盘作用，艾略特总结了4条数浪（Wave Count）规则。

1.浪的长度规则。第3浪永远不允许是第1至第5浪中最短的一个浪。一般来说，第3浪会是前5浪中上涨持续时间最长、幅度最大的一浪。

2.浪的回撤规则。第4浪的底应高于第1浪的顶。这一规则可以帮助我们分析股市当前是否已进入正式的上涨阶段，以及股市随后还有多大的上涨空间。

3. 在一个完整的八浪循环过程中，同方向的两个浪，简单形态与复杂形态是交替出现的。例如：第 1 浪若是以简单形态出现，则第 3 浪的构成往往相对复杂；第 2 浪若是以简单形态出现，则第 4 浪的构成往往相对复杂。

4. 第 1、3、5 浪中只有一浪延长，其他两浪长度和运行时间相似。

4.4.6　波浪理论实盘运用

图 4-8 为上证指数 2014 年 7 月至 2015 年 9 月走势图，这是一个大规模的牛熊交替周期。虽然它的持续时间并不长，但形态结构却十分鲜明，对于我们理解波浪理论有一定帮助。但由于波浪理论的主观性相对较强，本着探讨的方法，我们一起来看看其波浪的运行方式。

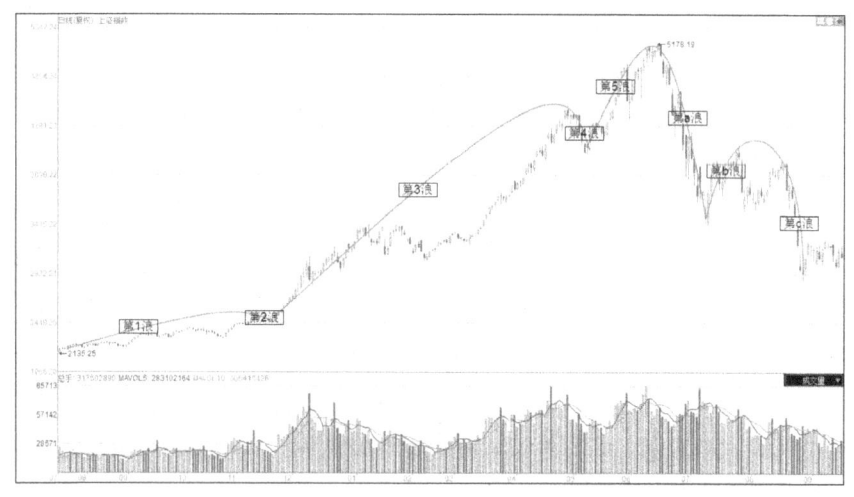

图 4-8　上证指数 2014 年 7 月至 2015 年 9 月走势图

首先是筑底的第 1、2 两浪，由于上涨节奏相对缓慢、累计涨幅不大，辨识起来比较容易。随后，市场开始加速上行，上涨节奏明显加快，这就来到第 3 浪，期间指数出现了横向震荡，当指数再度突破后，上涨势头依然强劲，整个第 3 浪有较为鲜明的量价齐升形态支撑，技术面上的特征明显。当市场经过第 4 浪的短期回落并再度冲高时，我们可以发现指数的日内震荡幅度明显加大，多空分歧十分剧烈，这提示我们：多头市场可能进入了最后的第 5 浪，即探顶阶段。

基于消息面及一些利空因素的影响，代表着空头市场出现的第 a 浪明显要强于波浪理论给出的八浪循环结构模型图，这也是市场具体运行异于标准模型的体现。实盘中，我们一定要注意这种区别，否则，我们很可能错失卖出时机。如在八浪循环的标准模型中，a 浪的跌幅较小，b 浪反弹后的高点是一个较好的逢高离场时机，这个反弹高点与第 5 浪的顶部距离较近。但在市场实际走势中，如果高位筑顶过程有利空消息或是市场恐慌情绪较为明显，则 a 浪的下跌就会较为迅急、力度较大，若投资者仍旧持股等待 b 浪反弹，或将失掉牛市的大部分利润，本例的情况就是如此。

基于波浪理论，随后低点出现的反弹及整理代表着 b 浪的构筑，但由于 c 浪仍未出现，此时若投资者中长线抄底入场，是有较大风险的。随后，可以看到，指数再度破位向下，一波深幅下跌后形成了 c 浪，但这个 c 浪的下跌幅度要小于标准模型，这或与 a 浪下跌幅度明显大于标准型有关。至此，整个运行模式正好吻合波浪理论提及的八浪运行模式。如果我们能很好地理解并运用波浪理论，那么，我们在面对股市的大起大落时就能够做到心中有数，更好地应对了。

4.4.7 波浪理论的缺陷

波浪理论虽然对趋势运行做了细节描述，但在运用时却有一定的难度。波浪理论的最大争议之处在于对各浪的划分。很多人认为它是一套主观性很强的分析工具，运用波浪理论进行分析的投资者往往会受到一个问题的困扰：一个浪是否已经完成而开始了另外一个浪呢？虽然艾略特总结出了 4 条数浪的规则，但仍难以解决数浪主动性这个难题，也由此导致了投资者在运用波浪理论时很可能出现错误的判断。

除此之外，我们也应注意到，在上下波动幅度较大的牛熊市格局下，五升三降的运行模式更有用武之地，因为在市场大起大落的情况下易于画出清晰的波浪形态。但在很多时候，如果牛熊市的上下波动总体波动幅度不够大，用这种五升三降的运行模式来刻画股市运动往往就会有生搬硬套之嫌。这时数浪的方式多是牵强附会，或是主观臆断，从而使波浪理论失去了阐述股市运行形态的意义。

第 5 章

移动均线的道氏用法

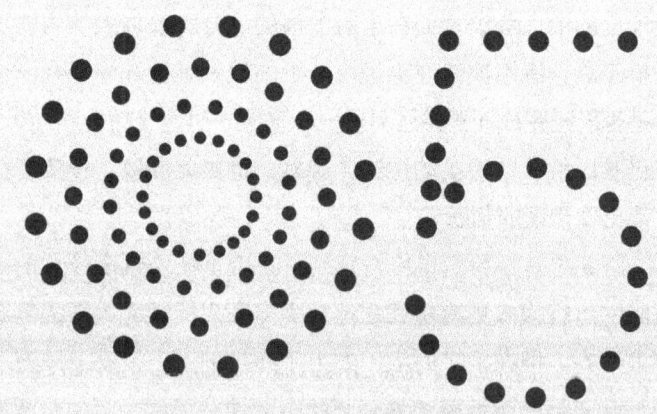

第 5 章 移动均线的道氏用法

前面我们讲解了道氏理论的核心内容，也更好地理解了牛市与熊市这两种截然相反的市场环境。但对于实盘交易来说，这是远远不够的。道氏理论只是指出了趋势运行规律，阐述了牛市与熊市的特点。这些内容只是我们分析预判市场的理论基础，并不是行之有效的技术分析工具、分析方法。从本章开始，我们将进入道氏理论的实战环节，看看如何利用这些工具更好地分析、预测趋势，如何更为准确地把握买卖时机。

移动均线是最为重要的一种趋势分析工具。它使用方法简单，形态直观、清晰，能够准确地反映趋势运行状态，是技术分析者必备的一种工具。而且，移动均线也是很多技术指标的设计依据，很多指标都是建立在均线的基础之上的。我们只有更好地理解并掌握了这一指标，才能更好地运用其他指标。由于均线的重要性，在利用它分析趋势时，我们将用单独的章节来讲解，本章我们来看看均线的原理与牛熊市用法。

5.1 均线的原理与计算

移动平均线（Moving Average，MA），简称移动均线，是以道琼斯的平均成本概念为理论基础的，采用统计学中移动平均的原理，将一段时期内的股票价格平均值连成曲线，用来显示股价的历史波动情况，直观清晰地反映出市场平均持仓成本变化情况，进而反映股价指数未来发展趋势的技术分析方法。它是道氏理论的形象化表述。

5.1.1 移动均线的原理

趋势的运行及延续取决于多空力量的整体对比情况,而这可以通过两方面得以呈现:一是市场平均持仓成本及其变化情况,它可以体现当前市场的多空对比情况;二是后续买卖盘的进出力度,这决定了趋势的延续情况。移动均线通过呈现市场平均持仓成本变化来反映当前的市场多空力量对比情况,即判断其是处于均衡状态,还是处于强弱分明状态,进而反映趋势运行情况。

由于多空力量的整体对比格局一旦形成,中短期内就很难扭转,当市场平均持仓成本出现下降倾向,而股价却快速上扬时,这种非理性的上涨往往是由少数追涨盘导致的,是上涨基础不坚实的信号,股价随后还会回落下来;反之,当市场平均持仓开始逐步上扬时,股价却在短期向下大幅跌落,这种快速的下跌多是源于少量的非理性抛压盘导致的,股价随后仍会上涨回来。市场持仓成本的变化情况对于价格的整体趋势运行非常关键,因而,移动平均线能够很好地反映趋势运行状态,帮助我们把握趋势。

5.1.2 均线的计算方法

移动均线的计算方法也十分简单。它以每个交易日的收盘价 C_n 来近似代表市场当日的平均成本;再根据相应的计算周期 n,对最近 n 日的收盘价进行算术平均,以此来得到这一时间周期内的平均持仓成本的数值。

下面我们以 5 个交易日作为计算周期,来看看移动平均线的计算方法。其中,以 C_n 来代表第 n 日的收盘价,以 MA5(n) 代表在第 n 日计算所得的 5 日移动平均值:

$$MA5(n) = (C_n + C_{n-1} + C_{n-2} + C_{n-3} + C_{n-4}) \div 5$$

我们将每个交易日计算得到的数值连成平滑曲线,就得到了我们经常见到的 5 日移动平均线(计算周期为 5 个交易日),即 MA5。MA5 的时间周期相对较短,我们一般将其称为短期均线。

除此之外,常用的均线还有 MA10、MA20、MA30、MA60,其中 20 日均线 MA20 的时间周期不长不短,既可以反映价格走势的中短期波动情况,也可以很好地反映价格的整体走向(即趋势运行方向),常常被看作是价格走势的生命线。这些时间周期长短不一的多根均线就构成了一个均线系统。在实盘操作中，我们可以利用均线系统的排列形态、均线之间的位置关系来辨识、把握趋势。

5.2 用均线辨识牛市格局

牛市格局与熊市格局都有着鲜明的市场运动特征，这可以透过均线的多头排列形态或空头排列形态得以呈现。本节中，我们先介绍均线的多头与空头形态特征，再结合价格的具体波动运行情况来看看如何应用均线组合形态的变化来把握牛市运行。

5.2.1 多空头排列与牛市熊市

均线可以呈现市场的平均持续成本。如果价格运行于移动均线上方，这说明市场买盘（需求）较多，市场平均持仓成本所在位置对市价形成良好的支撑，是行情看好的标志；周期较短的移动均线反映了短期内的市场平均持仓成本情况，因而，它仅指代短期内的市场多空双方情况；中长期移动均线则反映了时间跨度较长的一段时间内的市场平均持仓成本情况，它体现了市场整体走势。

当多头市场出现后，由于市场整体向上，买盘充足，后入场的投资者持仓成本要相应高于前期先入场者，即谁先入场谁获利越丰厚。这反映在周期长短不一的均线系统上就是：周期相对较短的均线运行于周期相对较长的均线上方，整个均线系统呈向上发散状态，价格在均线的有力支撑下逐渐上移。

多头排列形态是多方力量整体占优的重要标志。但是，基于价格走势的波动性及市场运行的不确定性，为了更好地把握机会、规避风险，在利用均线的多头排列形态时，我们也要结合股价所处的位置点、个股估值等因素。而且，当均线的多头形态特征鲜明时，此时的股价多处于短线高点，有短线回调的压力。实盘操作中，投资者还需要结合具体的情形来把握入场时机，避免陷入短期买入后即被套牢的不利局面。

与多头市场的特征正好相反，如果价格运行于移动平均线的下方，这说明市场卖盘（供给）较多，市场平均持仓成本所在位置可以对市价形成压制，是行情看淡的标志。

当空头市场出现后,由于市场整体向下,买盘稀少,卖压持续,后入场的投资者持仓成本要相应低于前期先入场者,即谁先入场谁成本越高。这反映在周期长短不一的均线系统上就是:周期相对较短的均线运行于周期相对较长的均线下方,整个均线系统呈向下发散状态,价格在均线的持续压制下逐渐下行。

移动平均线系统的空头排列形态是市场处于空方主导的重要标志之一,它也是我们识别熊市的重要依据。但是,在实盘操作中,投资者仍需要结合价格的整体走势情况、估值情况等因素来利用均线的这种排列形态。

图 5-1 为移动均线多头排列与空头排列示意图,图中的 5 根均线分别为 MA5、MA10、MA20、MA30、MA60。图中左侧为多头排列组合,这是一种向上发散、相对短期均线运行于相对长期均线上方的组合形态;图中右侧为空头排列组合,这是一种向下发散、相对短期均线运行于相对长期均线下方的组合形态。

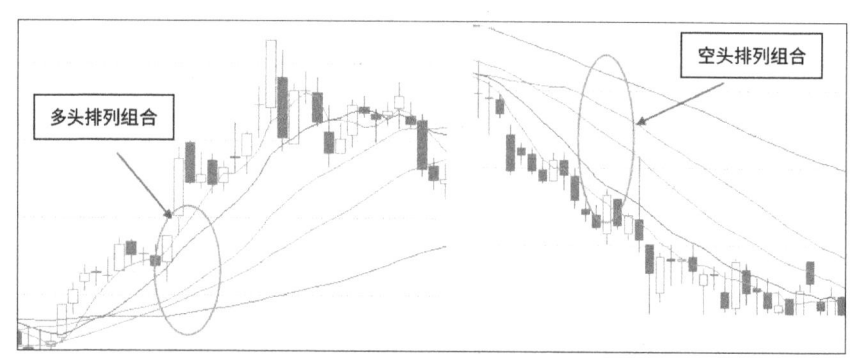

图 5-1 移动均线多头排列与空头排列示意图

5.2.2 低位区 MA60 出现回升

MA60 代表着市场的中长期平均持仓成本,它也呈现了价格运行的大方向。一般来说,在持续运行的多头市场或空头市场,我们会看到 MA60 始终沿着基本趋势的方向延伸,即使期间有整理、震荡,或次级折返走势,但由于这只是相对短期的变化,并不会影响 MA60 的延伸方向。依据 MA60 稳定的特性,结合价格所处的典型位置区,我们可以把握一轮趋势是否会出现。

在前期的熊市持续下跌过程中,MA60 始终呈持续下行状态。随着多空力量对比格局的变化，市场在低位区出现了明显的分歧。如果此时的中长期均线MA60开始走平，则表明多方整体力量开始占优，结合价格处于低位区来看，当前处于牛市筑底阶段的概率较大，中长线投资者可以积极逢短线回落买股布局。

图5-2为光明地产2018年8月至2019年2月走势图，此股价格在低位区出现了长时间的横向震荡。随着震荡的持续，MA60开始走平并上行，结合股价位置区间来看，这是筑底的信号。中长线投资者可以适当参与、买股布局，但也要注意控制仓位，并结合此股估值状态来判断筑底成功的概率。

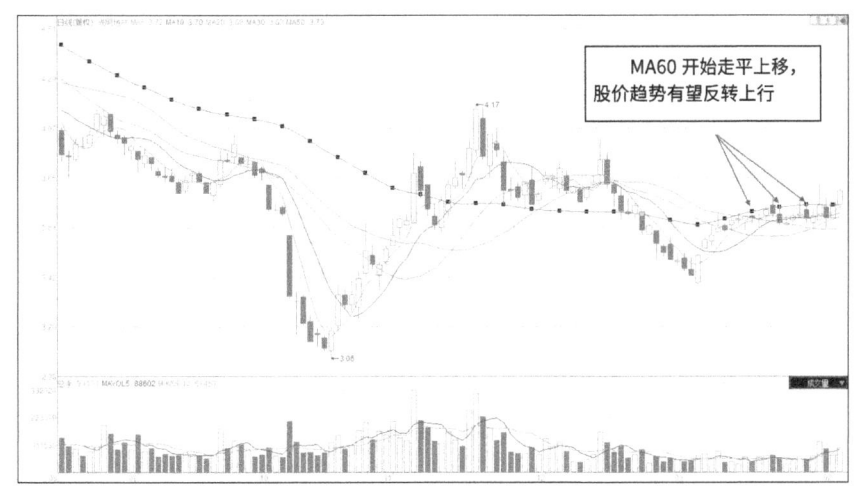

图5-2 光明地产2018年8月至2019年2月走势图

5.2.3 低位空头转多头排列

在低位区，个股价格先是下跌形成了均线的标准空头排列形态，随后反向上涨并形成多头排列。先空头排列、再转换成多头排列，这使得个股价格短期内的上扬幅度较大。这种转变也表明了多空力量的转变，股价上升趋势开始形成，但基于短线获利抛压的影响，当价格回踩MA60均线时，是较好的回调低吸时机。

图5-3为天孚通信2018年3月至2019年4月走势图，此股价格在低位区先是因持续下行而呈现均线的标准空头排列形态，随后股价回升，均线呈缠绕形态。当股价再度上行使得均线开始呈标准多头形态时，这是升势将出现的信号。但由于从均线空头排列到多头排列的时间较短，此股价格短期涨幅相对较大，

这将形成较强的短线获利抛压，投资者此时不宜追涨入场。当股价经短线回调至 MA60 附近时，是较好的中线布局时机。

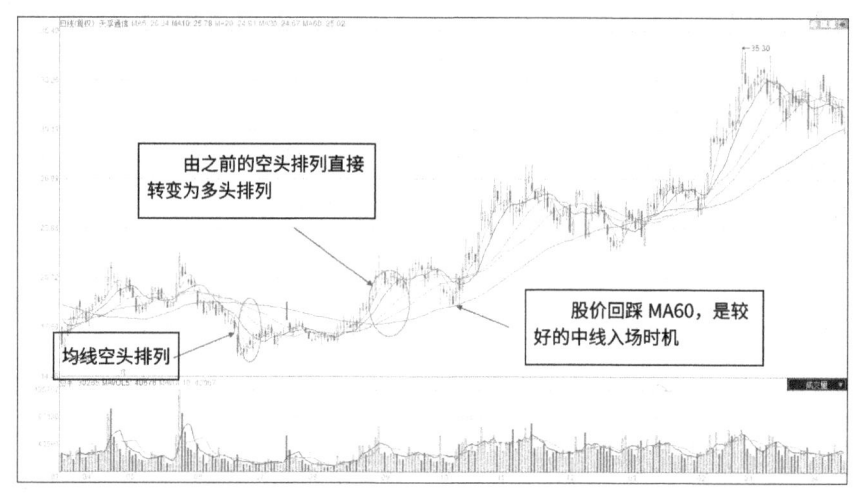

图 5-3　天孚通信 2018 年 3 月至 2019 年 4 月走势图

5.2.4　震荡整理后多头初现

当个股价格经历了长时间的横向震荡并向上突破震荡区后，若此时的均线组合露出了多头排列特征，则表明多方力量开始占据优势，是升势即将展开的信号。实盘中，投资者可以结合股价突破时的涨速来把握入场时机。如果短线突破较为缓和、股价处于盘整区上沿位置，此时第一时间买入是一个较好的选择；反之，如果在均线多头形态露出后，股价此时的短线涨幅较大，则投资者宜等其短线回调时再参与。

图 5-4 为哈药股份 2018 年 10 月至 2019 年 3 月走势图，低位区的长时间横向震荡后，此股价格选择了向下突破。在图中标注位置点，此时的均线露出了多头排列组合，这是多方力量占据明显主动、升势即将展开的信号。此时的股价短线涨幅较小。突破行情初露端倪，投资者可以第一时间买股入场。

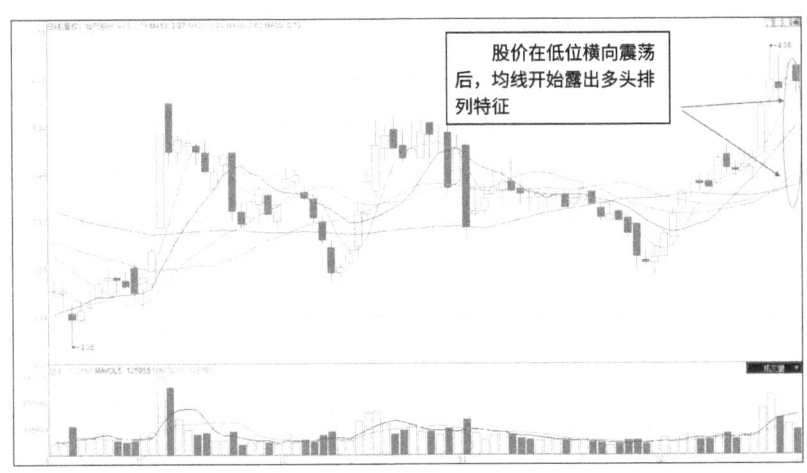

图 5-4　哈药股份 2018 年 10 月至 2019 年 3 月走势图

5.2.5　整理位多根均线黏合

在上升途中，均线呈鲜明的多头排列形态，但随着股价涨势的放缓、震荡整理的出现，多头形态会被破坏，但这并不是多空力量转变的标志。如果个股价格短线回落或滞涨而使得短期均线向下靠拢，多根均线黏合在一起，这多代表着升势的整理阶段，并不是离场信号，中长线投资者仍可持股待涨。

图 5-5 为三安光电 2017 年 3 月至 5 月走势图，此股价格在上升途中出现了均线的黏合形态。虽然此时的多头形态被破坏，但代表着趋势总体走向的 MA60 仍在缓慢攀升，说明这种黏合形态并不是多空力量转变的标志。

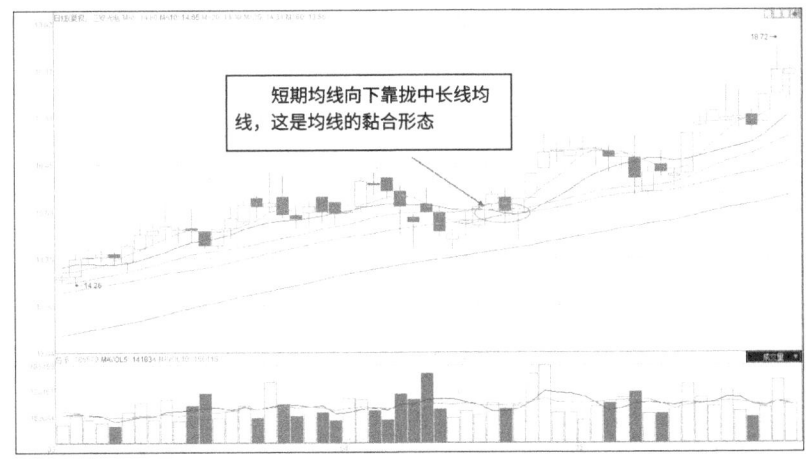

图 5-5　三安光电 2017 年 3 月至 5 月走势图

5.2.6 回落位的中长期支撑

升势多是以震荡向上的运行特征呈现的,个股价格一波上扬的幅度高于随后的回调幅度,从而使价格重心不断上移。一般来说,不同的个股价格有不同的震荡上升节奏,有的是以 MA30 为回调支撑位(上升节奏相对较快),有的是以 MA60 为回调支撑位(上升节奏相对较慢)。只要个股价格在整体上扬过程中能够前后一致地获得相应均线的支撑,则升势的整体格局就没有变化;反之,一旦均线支撑失效,而此时的个股价格又累计涨幅较大,则投资者应注意规避筑顶的风险。

图 5-6 为舍得酒业 2017 年 5 月至 12 月走势图,从此股价格开始步入上升趋势后,股价就一直以 MA30 作为回调时的重要支撑位,只要这个支撑位不失效,则升势格局不变。但随着累计涨幅的加大,股价在高位区出现的一波深幅回落跌穿了 MA30,此时以 MA60 为支撑,这表明多空分歧明显加剧,升势遇阻。持股者此时应留意筑顶的可能,可逢随后反弹之机减仓或清仓,以锁定利润。

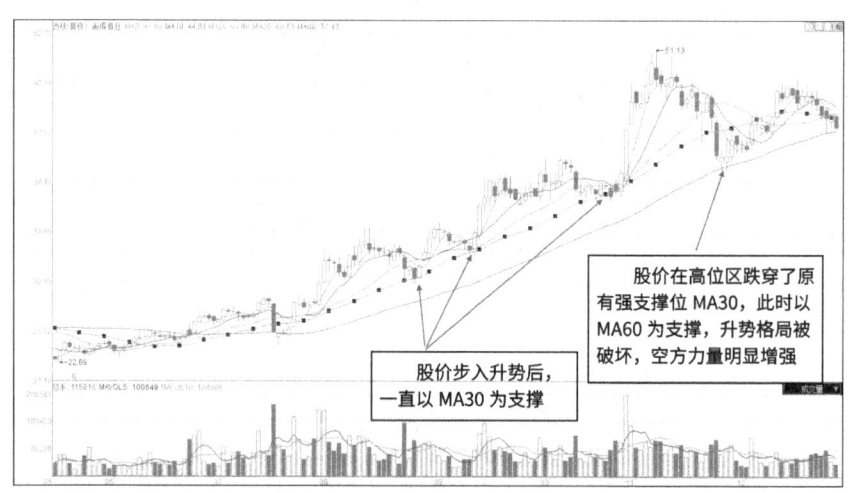

图 5-6 舍得酒业 2017 年 5 月至 12 月走势图

5.3 用均线辨识熊市格局

熊市运行格局下,均线的空头排列组合是主要特征之一,利用空头组合形态的变化并结合价格具体运行情况,我们可以更好地规避熊市风险。本节中,我们来看看如何利用均线组合形态把握熊市运行。

5.3.1 高位区 MA60 出现下滑

当个股价格在高位区出现横向震荡滞涨后，若此时代表着中长期持仓成本的均线 MA60 开始走平、下移，则表明空方力量开始整体占优，熊市或将出现。

图 5-7 为华东医药 2018 年 2 月至 8 月走势图，此股价格经历了长期上涨后于高位横向震荡。此时的趋势运行状态不明，但 MA60 仍保持向上倾斜的状态，则整体趋势依旧可以看涨；但是，随着震荡的持续，在图中标注区域，此时的 MA60 下滑明显，这是趋势或将转向的信号，持股者应注意规避高位转势的风险。

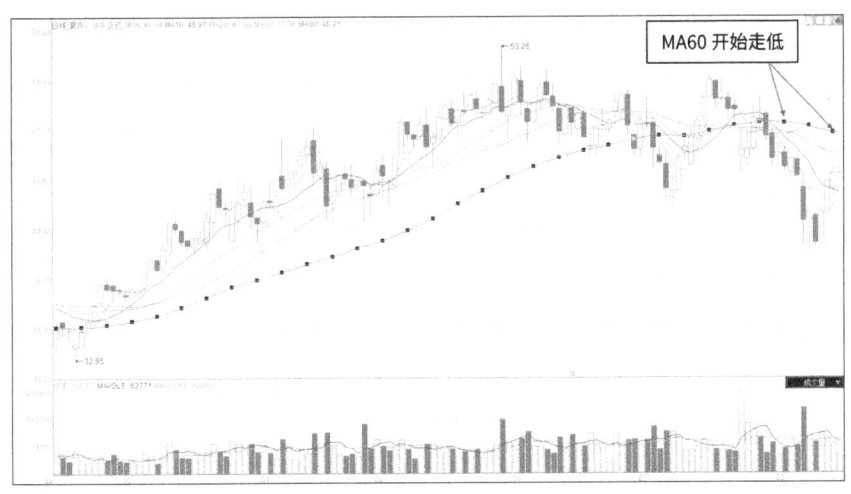

图 5-7 华东医药 2018 年 2 月至 8 月走势图

5.3.2 高位震荡后的空头排列

高位震荡后出现了均线的空头排列，这意味着空方力量明显占优，价格走势或将步入持续下行阶段，是风险的信号。

图 5-8 为艾比森 2016 年 6 月至 2017 年 5 月走势图，在高位区，此股价格走势长时间的横向震荡使得均线呈缠绕形态，这是多空力量相对均衡的标志。但随着震荡的延续，多方或空方的力量对比格局将发生变化。在图中标注的区域，

此时的股价下行导致均线排列为鲜明的空头组合，这是空方开始总体占优的标志，也预示着跌势将展开。实盘中，在个股没有明显利空消息的前提下，我们可以结合市场整体运行来把握卖出时机：如果同期大市环境相对稳健，则可以等个股价格反弹后卖出；如果同期市场走势较弱，则我们应在第一时间卖出，以规避个股价格可能出现的加速下跌风险。

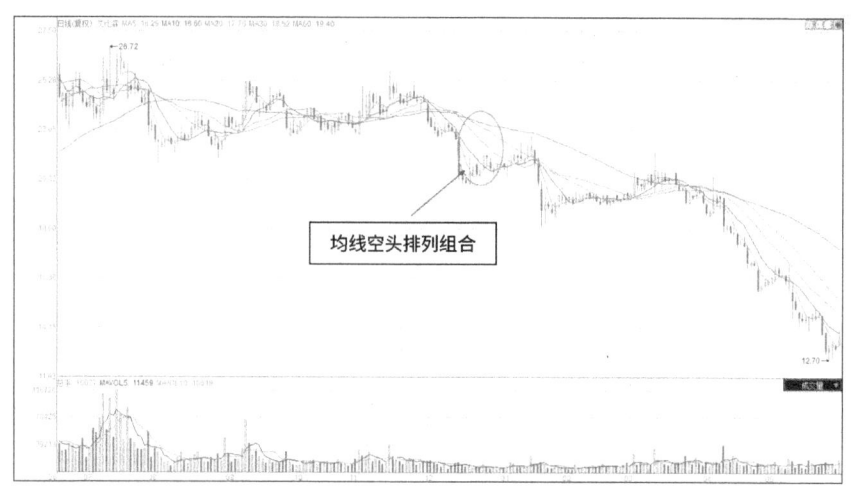

图 5-8　艾比森 2016 年 6 月至 2017 年 5 月走势图

5.3.3　跳空缺口向下远离均线系统

在趋势运行不明朗，且多根均线交缠在一起的情况下，如果个股此时出现了一个向下跳空的缺口，使得股价有远离均线系统的倾向，则表明空方力量突然增强，价格走势或将加速向下，是短线风险的信号。一般来说，这个缺口在开盘后很难回补，基于空方力量的强大，盘中再度走低的概率较大，操作中，持股者宜第一时间卖出以规避短线风险。

图 5-9 为欣龙控股 2018 年 1 月至 5 月走势图，此股价格先是出现了向上突破的走势形态，但随后急速反转，股价上下波动较大。这种走势一般与题材或是消息面因素有关。我们可以基于缺口与均线系统的位置关系来预测股价的中短期运行方向。此股的这个缺口是向下远离均线系统的，预示着中短期的方向或将向下，股价短期下跌风险大。

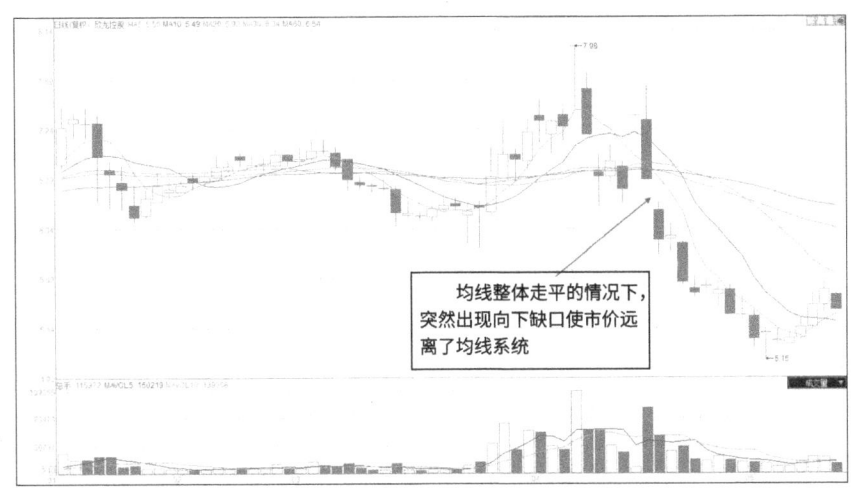

图 5-9 欣龙控股 2018 年 1 月至 5 月走势图

5.3.4 企稳反弹位的黏合压制

在下跌途中，个股价格横向整理或反弹波段的出现，会使得原有的下跌形态被破坏，均线空头组合发生变化。但如果在整理或反弹过程中，出现了短期均线向上靠拢中长期均线的黏合形态，或是遇到了 MA60 的明显阻挡，则表明空方力量依旧整体占优，原有的趋势运行格局并没有出现逆转，投资者不宜过早抄底入场。

图 5-10 为长源电力 2017 年 8 月至 2018 年 2 月走势图，此股价格在下跌途中多次出现短期均线向上靠拢 MA30 的黏合形态，但这只是下跌节奏放缓的标志，并不是跌势结束的信号。中长线投资者要正确识别这种形态，避免过早抄底入场、陷入被动。

图 5-11 为中通客车 2017 年 9 月至 2018 年 3 月走势图，此股价格先是横向整理使得下跌途中的均线空头排列被破坏，随后股价出现反弹，但遇到了 MA60 的压制。这是多空力量未发生整体变化的标志，预示着股价反弹后或将再度步入下跌通道中。

值得注意的是，反弹之初，股价强势突破了 MA60，但这个突破成果只维持了一天，因而并不能代表多方力量的整体转强，也不是我们判断跌势结束的信号。

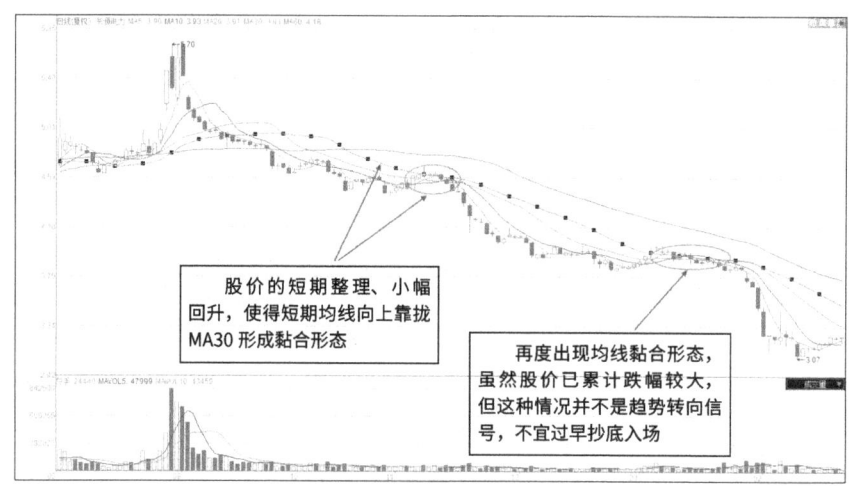

图 5-10　长源电力 2017 年 8 月至 2018 年 2 月走势图

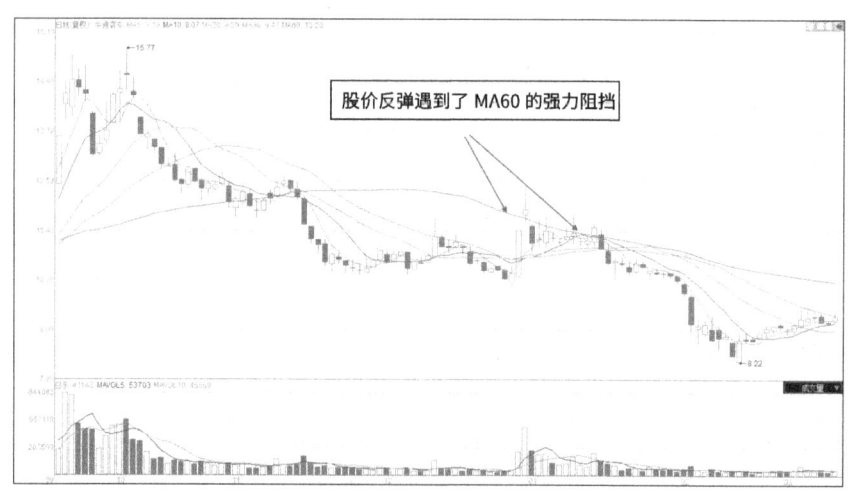

图 5-11　中通客车 2017 年 9 月至 2018 年 3 月走势图

5.3.5　突破型多头深度回踩 MA60

在盘整之后，个股价格选择向上突破，在短线涨幅较大的情况下，均线系统呈鲜明的向上发散的多头排列形态，价格向上远离了 MA60。但如果此时的股价突然调转向下，深幅调整，回踩中长线期均线 MA60，则表明突破行情遇到了强大阻力，突破上升行情或将结束，个股价格随后震荡筑顶的概率较大，持股者宜逢反弹之机卖出。

图 5-12 为花园生物 2017 年 11 月至 2018 年 7 月走势图，此股价格在长期盘整后选择了向上突破，但在短线涨幅较大、均线呈多头形态的情形下，股价却开始持续回落并回踩了 MA60。这彰显了短期内空方抛压的沉重，预示着中短期顶部或将开始构筑。

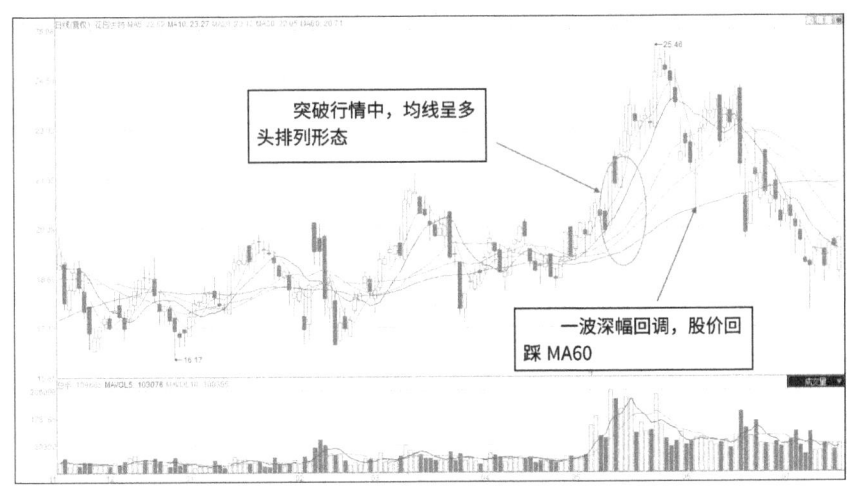

图 5-12　花园生物 2017 年 11 月至 2018 年 7 月走势图

5.3.6　低位再现空头排列的风险

中长期的低位震荡区，由于止跌企稳格局的出现，投资者往往有着较强的抄底意愿。但低位震荡企稳不代表底部，如果在长期震荡后，出现了 MA60 下倾、均线组合再度呈空头排列的情形，这往往是新一轮寻底走势将展开的信号。已低位买入的投资者应及时止损离场，或严格控制仓位。

这种在低位企稳区再度出现的均线空头排列组合常见于没有业绩支撑的个股，这类个股很难找出合理的估值中枢，往往会随着大市的低迷而不断向下探底。特别是对于一些有重大利空消息、连年亏损的个股而言，其风险更大。

图 5-13 为京天利 2015 年 12 月至 2017 年 2 月走势图，此股价格经低位区长期震荡后，股价重心开始出现下滑。此时的 MA60 随着价格波动幅度的缩窄也出现了向下倾斜，这是空方力量缓慢增强的标志。随后，股价的一波小幅度下跌使得均线呈空头排列，预示着新一轮下跌行情或将展开，投资者应注意规避风险。

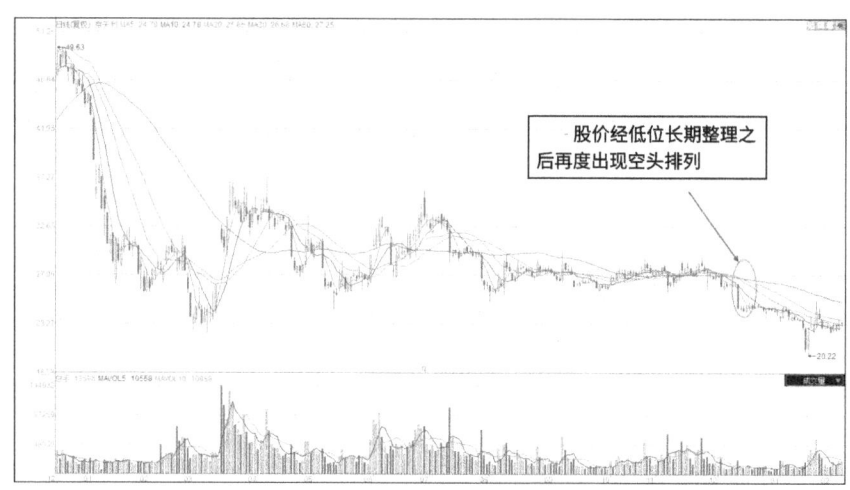

图 5-13 京天利 2015 年 12 月至 2017 年 2 月走势图

5.4 生命均线 MA20 的用法

前面讲解的均线多头及空头形态虽然可以帮助我们把握趋势运行，但它们无疑不够灵敏，特别是在趋势转向速度相对较快时，若等多头或空头组合形态出现，我们将错失更好的买卖时机。

为此，MA20 均线有效弥补了这一缺陷。MA20 的时间周期介于短期均线 MA5 与中期均线 MA30 之间，它既不失灵敏性，也不失趋势性。MA20 被技术分析者看作是价格中期走向的生命线。在预测价格走向时，结合 K 线整体运行方式，利用 K 线与 MA20 之间的位置关系变化，我们可以更及时地把握价格的中期走向。本节中，我们就来看看如何利用 MA20 更好地把握中线交易时机。

5.4.1 低位二度站稳 MA20 之上

在中长期的低位区，如果个股价格两次出现较长时间站于 MA20 上方的情形，这是多空力量转变的标志，预示着中期走势或将出现转折。其中，价格第一次站稳于 MA20 上方是多方力量中期内转强的信号，第二次站稳于 MA20 之上则是进一步的确认，属于验证性信号。

图 5-14 为光明地产 2018 年 2 月至 2019 年 2 月走势图，此股价格在累计跌幅极大的低位区出现了横向震荡。第一波强势反弹就使得股价长时间站于 MA20 上方，但由于股价短线的上涨幅度较大、获利抛压较重，且个股没有明显的题材、利好消息支撑，从而股价在随后的回调中跌破了 MA20。但这一波长时间站于 MA20 之上的反弹走势却彰显了多方力量的明显转强。

随后，股价自 MA20 下方再度回升，向上突破了 MA20 并长时间站稳于其上方，这是对之前多方力量中期内转强的一次确认，也是一个更为可靠的趋势转向信号。由于股价在突破 MA20 时，上涨形态稳健、短线涨幅不大，因而，投资者可以在识别出这种形态的第一时间实施中线买入布局。

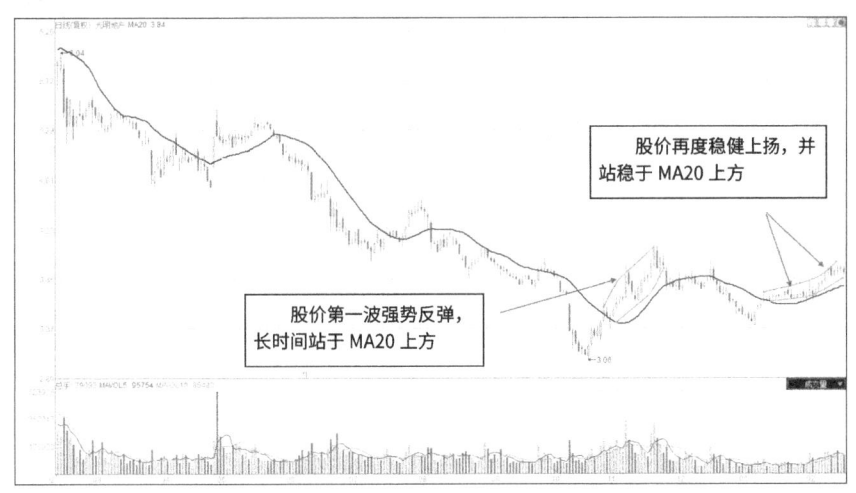

图 5-14 光明地产 2018 年 2 月至 2019 年 2 月走势图

5.4.2 强势整理于 MA20 之上

个股价格在整体震荡上扬的过程中，往往会多次出现时间或长或短的横整或回调走势。一般来说，只要此时的 MA20 依旧保持上扬态势，且股价未跌破 MA20，则表明中期走势依旧向上，多方力量依旧占据明显主导地位。

图 5-15 为安徽合力 2018 年 11 月至 2019 年 4 月走势图，在图中标注的

几个时间段内，价格的短期波动都是带有滞涨性的横向整理，但股价却并没有回落至 MA20 下方。因而，对于持股者来说，在中期操作上，仍可以耐心继续持有。

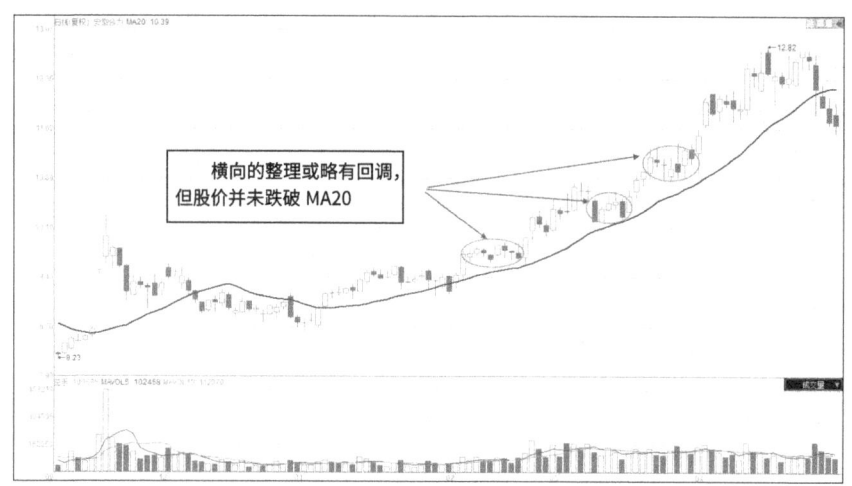

图 5-15　安徽合力 2018 年 11 月至 2019 年 4 月走势图

5.4.3　升势之初跌破 MA20 用法

个股价格自低位区开始启动上行，此时的股价重心稳步上移，但短期高点的多空分歧加剧导致股价一波回落跌至 MA20 的下方，这说明股价目前正处于回调下跌阶段，随后是否能再度步入上涨波段，此时难以判断。如果随后个股价格开始向上突破 MA20 且连续多日站稳于 MA20 上方，则说明新一波上涨走势即将展开，中期方向依旧向上，是较好的中短线入场时机。

图 5-16 为神马股份 2017 年 12 月至 2018 年 7 月走势图，此股价格先是在低位区持续上扬并站稳，持续时间长，力度较强，完全不同于下跌途中的短促性反弹行情，这是多方力量占据主动的信号，也是升势出现的标志之一。但是，随后的短线高点股价却大幅回落并跌破了 MA20，此时趋势运行不明朗，就中线交易来说，投资者应等待明确信号出现。当价格走势再度上扬并站稳于 MA20 之上后，中期方向再度向上，此时是一个较为明确的中线入场时机。

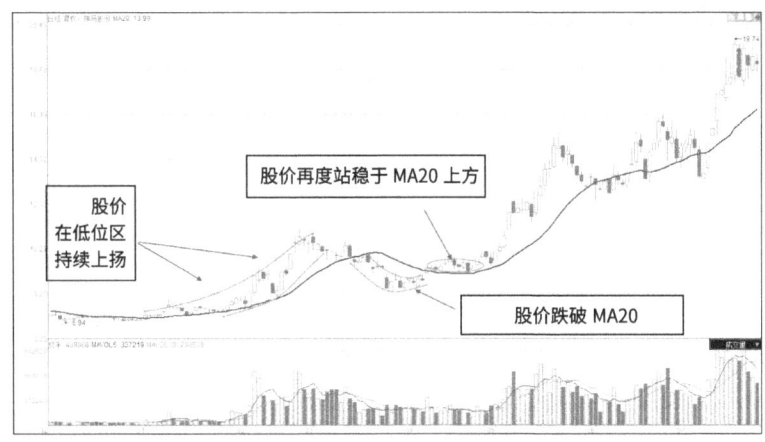

图 5-16　神马股份 2017 年 12 月至 2018 年 7 月走势图

5.4.4　弱势震荡缠绕 MA20

横向的震荡整理是趋势运行不明朗的信号之一，特别是股价下跌途中的横向整理。此时，我们可以借助股价与 MA20 之间的位置关系来判断，如果股价上下波动缠绕于 MA20，这表明空方力量相对占优，弱势格局没有发生明显变化，并不是适宜的中线入场时机。

图 5-17 为湖南海利 2017 年 5 月至 2018 年 6 月走势图，虽然此股价格每一次都在下跌后的低位区出现了明显的横向企稳形态，但此时的股价却无法站稳于 MA20 上方，始终是上下波动、缠绕于 MA20，这表明此股仍处于弱势震荡格局中，股价随后再度破位下行概率较大，并不是中线买入时机。

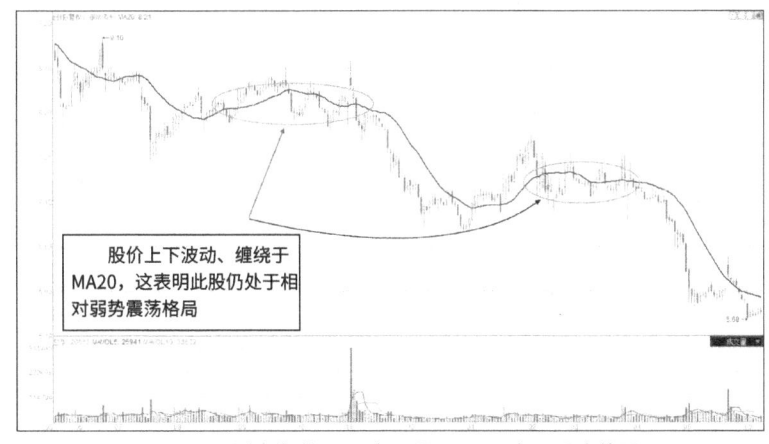

图 5-17　湖南海利 2017 年 5 月至 2018 年 6 月走势图

5.4.5 持续回落跌破 MA20

若 MA20 处于整体上行的状态，且此时的个股价格前期累计涨幅相对较大，当前股价由一波上涨后的高点开始下跌调整，接着以一根大阴线向下跌破了 MA20，并且在随后两个交易日内的收盘价均收于 MA20 的下方，这多预示着一波中期下跌走势即将展开，我们宜卖股离场。

图 5-18 为凤凰股份 2019 年 1 月至 4 月走势图，在此股价格稳健攀升的过程中，股价一直运行于 MA20 上方，这是多方力量占优的标志。但在高点的一波回落走势中出现了变化，股价未遇支撑，直接跌破了 MA20。这表明多空力量对比已然发生转变，中期走势或将向下，由于此股价格累计涨幅较大，一旦发生中期走势转向，股价回落幅度往往较大，持股者宜在第一时间卖出。

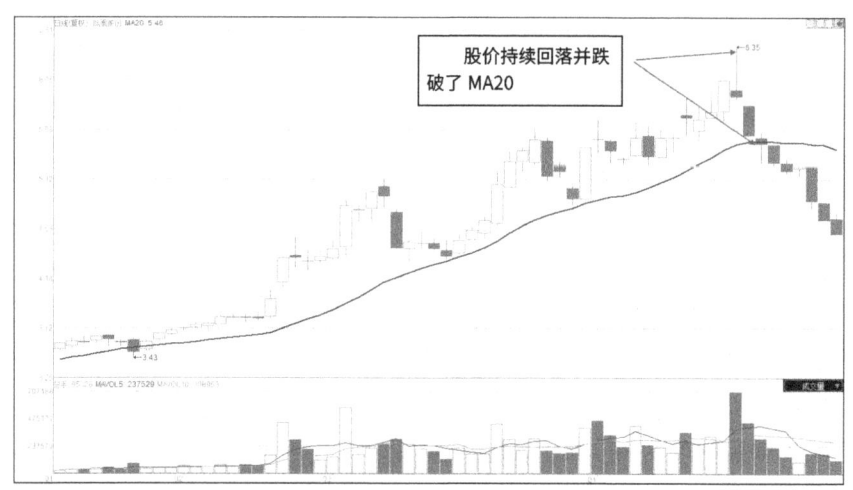

图 5-18 凤凰股份 2019 年 1 月至 4 月走势图

还有一种形态与"持续回落跌破 MA20"相似，个股价格在高位区出现了小幅回落、滞涨的形态，这使股价附着于 MA20。此时的 MA20 仍具有支撑性，但股价走势也面临着方向选择，如果随后向下跌破了 MA20，多表明中期方向将向下，是风险信号。

图 5-19 为天津港 2018 年 12 月至 2019 年 5 月走势图，此股在高位区就出现了这种股价先是附着于 MA20、但随后向下跌破 MA20 的形态，这是中线卖出信号。由于此股价格前期累计涨幅较大，持股者宜在第一时间卖出离场、规避风险。

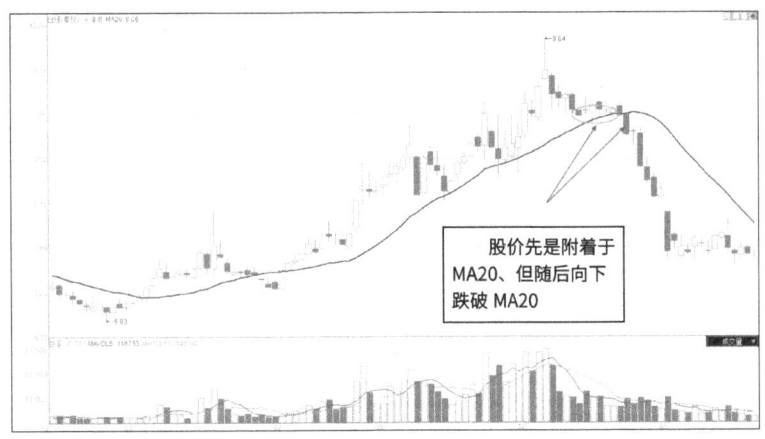

图 5-19　天津港 2018 年 12 月至 2019 年 5 月走势图

5.5　用均线排列把握急速转势

对于转向速度较快的趋势来说，结合 K 线波动与特定的均线排列形态，我们同样能够很好地进行把握。本节中，我们就来看几组能够预示趋势快速转向、帮助我们第一时间做出中线交易决策的均线形态用法。

5.5.1　假空头排列的强势突破

假空头排列类似于空头排列组合，但却并非是标准的"相对短期均线位于相对长期均线下方"的排列方式。它常见于盘整走势中，股价的上下波动，使得价格时常跌落至均线系统下方，但跌势的持续时间不长，均线系统并未调整到位，从而呈现出假空头排列组合的现象。

在经过较长时间的横向震荡后，当这种均线排列形态出现在中长期低位区，或是个股价格累计涨幅较小的上升途中时，它并不代表着下跌趋势即将出现。如果此时出现了股价的强势上扬、快速突破整体均线系统，这多表明市场的上攻力量较强，一轮升势正呼之欲出，是中线上升行情或将出现的信号。

图 5-20 为天和防务 2018 年 9 月至 2019 年 2 月走势图，经过股价在低位区的长期震荡后，图中出现了假空头的排列组合，随后股价的一波强势上扬突破了均线系统，这是中线上升行情出现的信号，也是趋势由筑底阶段急速跳转至快速上扬阶段的一个信号。

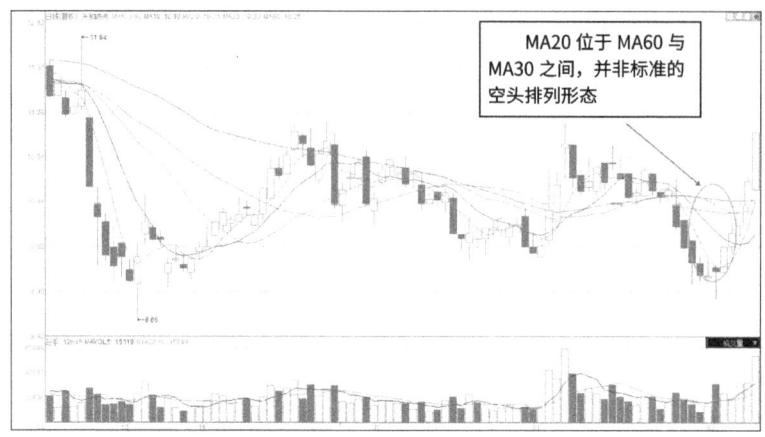

图 5-20　天和防务 2018 年 9 月至 2019 年 2 月走势图

5.5.2　快速多头形态下的跌停板

个股因价格短期内的快速上扬形成了鲜明的多头排列形态，这是升势加速的信号。但如果在短线高点突然出现跌停板，则表明这种上升节奏引发了多空力量对比的急速转变，一般来说，跌停板不仅是短线回调的信号，更是转势的信号。

图 5-21 为天目药业 2019 年 4 月 2 日分时图，此股价格短期内的上涨速度十分迅急，均线的多头排列形态也十分鲜明，但在短线高点，股价向上远离短期均线 MA5 的位置点却突然出现了跌停板。这不仅是一个危险的短线深幅回落信号，我们同样也可以将其看作趋势快速转向的信号，持股者宜第一时间卖出以规避风险。

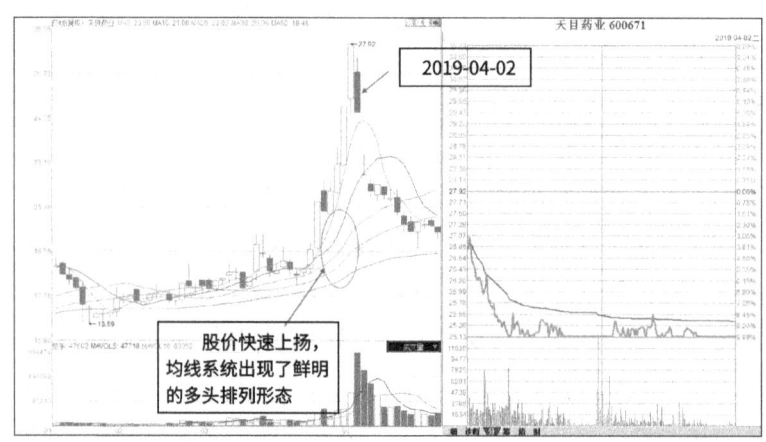

图 5-21　天目药业 2019 年 4 月 2 日分时图

5.5.3 高位空头后的转势向上

个股若在价格中长期上涨后的相对高位区出现了长时间的横向震荡，且随着震荡持续而出现了均线空头形态，这是空方力量增强的信号。但是，筑顶常有一个反复的过程，多空力量对比格局在没有明显利空，且大市稳健的背景下，一般也不会在短时间内快速转变。此时，持股者可以少量减仓、锁定利润。但是，对于业绩持续向好的白马股来说，由于它们有业绩支撑，且持股者多为中长期的机构投资者，因而，我们可以关注多方力量是否能再度转强，而股价能够快速跃居均线系统上方就是一种表现形式。

图 5-22 为青岛海尔 2017 年 4 月至 10 月走势图，此股因价格在高位区的震荡回落出现了均线系统的空头排列组合，但持续时间并不长，且股价也没有明显的破位下行形态出现。随着价格走势再度快速上扬，一个鲜明的向上跳空缺口使得股价再度站于均线系统之上，这是多方力量再度占据主导地位的标志，也是新一轮上升行情出现的信号。

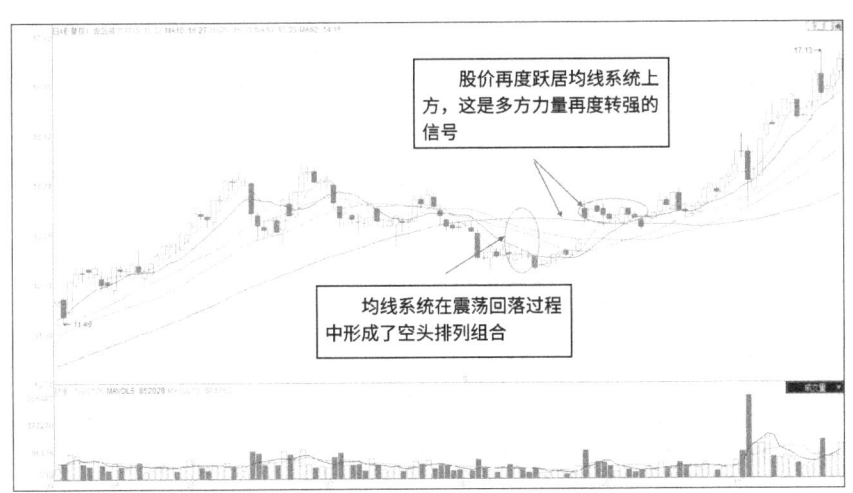

图 5-22 青岛海尔 2017 年 4 月至 10 月走势图

5.5.4 单日大阳线上穿均线系统

随着震荡走势的持续，股价的波动往往趋窄，多根均线相互靠拢，这是多空力量相对均衡的状态，也是价格中期方向面临选择的信号。如果此时出现了大阳线由下而上地上穿整个均线系统，则表明多方开始发力，这多预示着一轮上升行情的展开，是中线入场信号之一。

图 5-23 为山西汾酒 2018 年 11 月至 2019 年 3 月走势图，此股因价格横向的窄幅整理走势使得多根均线靠拢在一起，价格走向不明。随后，如图中标注，一根大阳线由下至上穿越了整个均线系统，这表明多方力量显著增强，价格中期走向向上的概率较大，一波上升行情或将展开，是中期走势向上的信号。

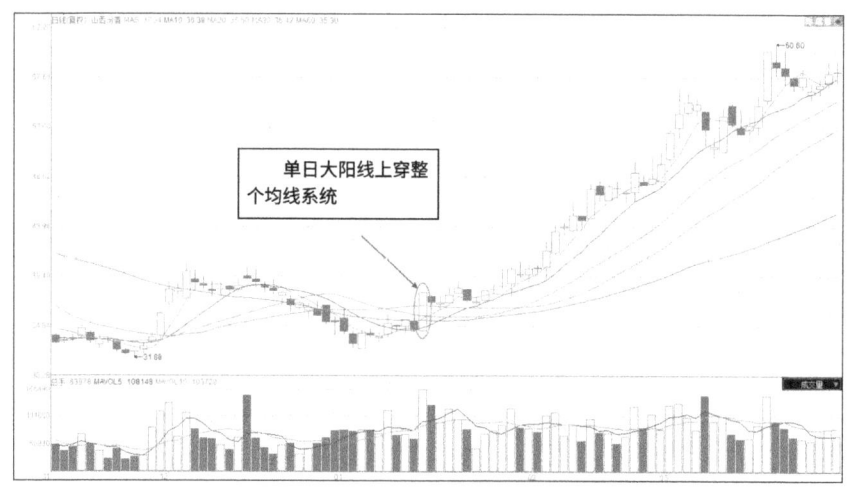

图 5-23　山西汾酒 2018 年 11 月至 2019 年 3 月走势图

5.5.5　单日大阴线下穿均线系统

图 5-24 为汉商集团 2017 年 12 月至 2018 年 7 月走势图，此时出现了一根大阴线由上而下穿越整个均线系统的形态，这是中期内空方力量明显增强、空方开始发力的信号，预示着一波下降行情或将展开，而且股价中短期内的跌势往往较为迅急，对于投资者来说，应把握好第一卖出时机，注意规避风险。

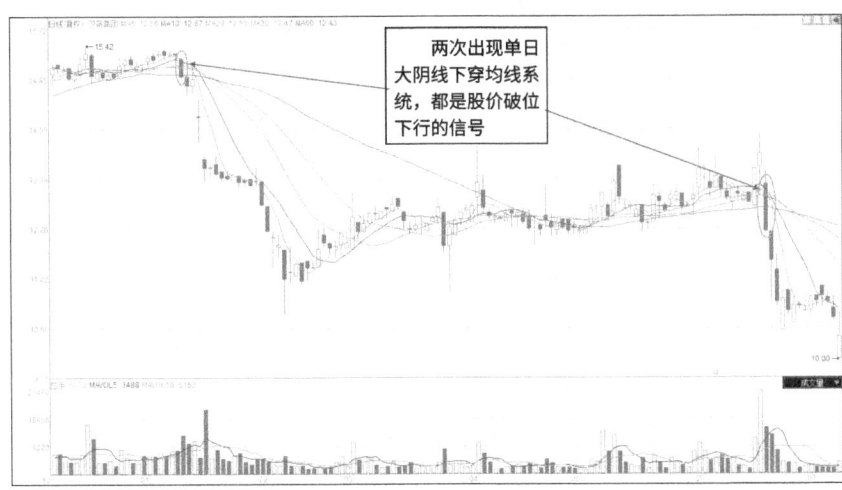

图 5-24 汉商集团 2017 年 12 月至 2018 年 7 月走势图

第6章 道氏趋势指标 MACD

除了移动平均线之外,一些经典的技术指标也可以很好地帮助我们辨识牛市与熊市。技术指标以交易中的一些盘面数据(如开盘价、收盘价、成交量,等等)为参数,依托于某种技术分析理论、技术理念,将其数学函数化、抽象化,进而通过数字或函数曲线的方式来反映市场的运行情况,指示多空力量的变化。依据指标线的形态特征或指标值的变化,我们可以较好地把握买卖时机。

学多不如学精,好的技术工具更应熟练掌握。MACD指标在趋势分析、中短线交易中备受推崇,用法也十分丰富。在道氏理论中,次级趋势虽然不影响基本趋势,但市场波动往往过大,如果我们能更好地把握次级趋势,在交易上就会更为主动,而MACD指标无疑是适合这个需要的。本章中,我们在介绍MACD指标原理的基础上,来看看如何利用它的各种形态来把握趋势运行及中短期买卖时机。

6.1 MACD的原理与计算方法

在趋势运行十分明朗的情况下,移动均线的多空排列形态可以很好地呈现趋势,但在盘整行情中,均线就显得不够完备了,它往往会发出虚假信号。为了摒弃移动均线的这种缺点,指数平滑异同平均线 (Moving Average Convergence and Divergence,MACD) 应运而生,它建立在移动均线的基础之上。MACD指标既适用于对升势与跌势的分析,也适用于盘整行情,是一个较为经典的中短线技术指标。本节中,我们就来看看MACD的用法。

6.1.1 MACD 指标的原理

MACD 指标由查拉尔德·阿佩尔（Gerald Appel）创造。通过研究均线形态的变化，阿佩尔发现短期的移动平均线与中长期的移动平均线呈现出一种相互聚合、相互分离的特性。这种特性是指：在一波上涨走势（或一波下跌走势）中，因多方力量（或空方力量）的快速释放，使得上涨（或下跌）加速，从而促使短期均线远离中长期均线，这是均线之间的"排斥"特性；但随着涨势（或跌势）的放缓，短期均线会有再度靠拢中长期均线的倾向，这是均线之间的"吸引"特性。综合来看，这就是均线系统的"分离—聚合—再分离"的特性，或者我们称之为均线系统的"发散—收敛"特性。

MACD 指标通过计算得出两条移动平均线之间的差异—差离值（DIFF），来直观地呈现均线之间的距离。投资者可以利用均线系统的"发散—收敛"特性，来作为研判价格波动的根据。

6.1.2 MACD 的计算方法

在 MACD 指标的窗口中，有两条指标线：DIFF 线与 DEA 线。DIFF 线也称为差离值曲线，它是快速平滑移动平均线（EMA1）和慢速平滑移动平均线（EMA2）的差值，DIFF 的数值大小代表了 EMA1 和 EMA2 之间的距离大小。DEA 是 DIFF 的移动平均曲线，其作用主要是对 DIFF 线进行平滑处理。

一般来说，EMA1 的周期为 12 日，EMA2 的周期为 26 日，DIFF 的移动平滑周期为 9 日。在 MACD 指标窗口中，可以将其表示为：MACD（26，12，9）。

除此之外，MACD 还有一个辅助指标——柱状线（BAR），BAR 值是 DIFF 与 DEA 差值的 2 倍，它将 DIFF 线与 DEA 线的分离、聚合情况立体化、形象化。柱状线是有颜色的，在低于 0 轴以下是绿色，高于 0 轴以上是红色。绿色柱线越长说明卖盘越强，红色柱线越长则说明买盘越强。通过柱状线的变化，我们就可以清晰地看到 DIFF 线与 DEA 线之间的位置关系，也可以及时地了解买卖盘力量的转变。

MACD（26，12，9）指标的计算过程如下。

1. EMA（12）= 前一日 EMA（12）×11/13 + 今日收盘价 ×2/13，EMA（26）= 前一日 EMA（26）×25/27 + 今日收盘价 ×2/27。
2. DIFF= 今日 EMA（12）− 今日 EMA（26）。

3. DEA= 前一日 DEA×8/10+ 今日 DIFF×2/10。
4. MACD=（当日的 DIFF - 昨日的 DIFF）×0.2+ 昨日的 MACD。
5. 柱状值 BAR=2×（DIFF - DEA），而这一数值也是所求出的 MACD 值。

图 6-1 为 MACD 指标构成示意图，在 MACD 指标窗口中有两条指标线，在不做特殊说明的情况下，它们均可统称为 MACD 指标线。其中，波动灵敏的为 DIFF 线，波动相对平缓的为 DEA 线。

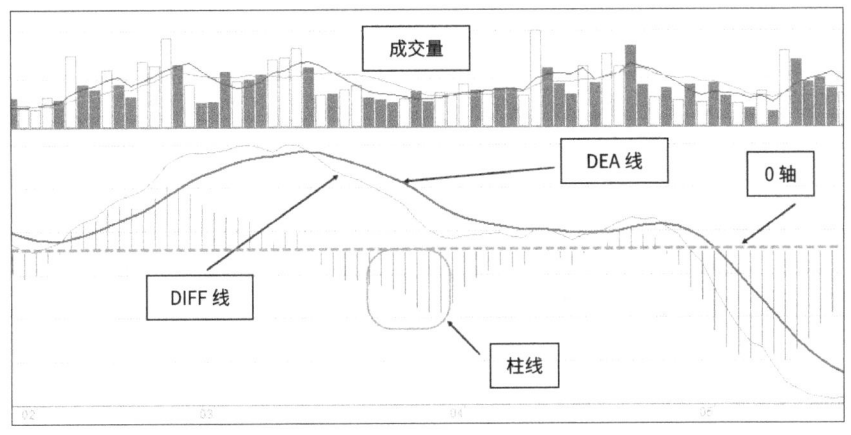

图 6-1 MACD 指标构成示意图

6.2 MACD 的 0 轴分界点

牛市是一个持仓成本不断升高的运行过程，熊市是一个持仓成本不断下降的运行过程，这体现在均线系统排列方式与趋势运行的对应组合上就是短期均线与中长期均线的位置关系上。MACD 指标线与 0 轴之间的位置关系可以很好地呈现这一情况，进而帮助我们辨识基本趋势的前进方向。

6.2.1 指标线位于 0 轴之下与熊市

当市场处于熊市中时，移动平均线系统在跌势加速时呈空头排列，在盘整震荡时呈缠绕状态。对于这两种状态来说，短期均线一般都是位于中长期均线下方的，这种位置关系会使得 MACD 指标的数值在绝大多数的时间内处于小于 0 的状态，即指标线位于 0 轴下方。MACD 指标线持续、长久地位于 0 轴下方是对跌势的直观反映。反过来，透过指标线位于0轴下方这种形态，我们也可以更好地辨识熊市运行格局。

图6-2为五矿发展2017年9月至2019年1月走势图，我们可以看到，MACD指标线一直位于0轴下方，期间虽有指标线短暂跃居于0轴上方的情形，但这只是其短促反弹的体现，并不是多空力量整体对比格局改变的标志。这种位置关系也反映了熊市格局的延续，只要这种情形未发生明显变化，投资者就不宜过早抄底入场。

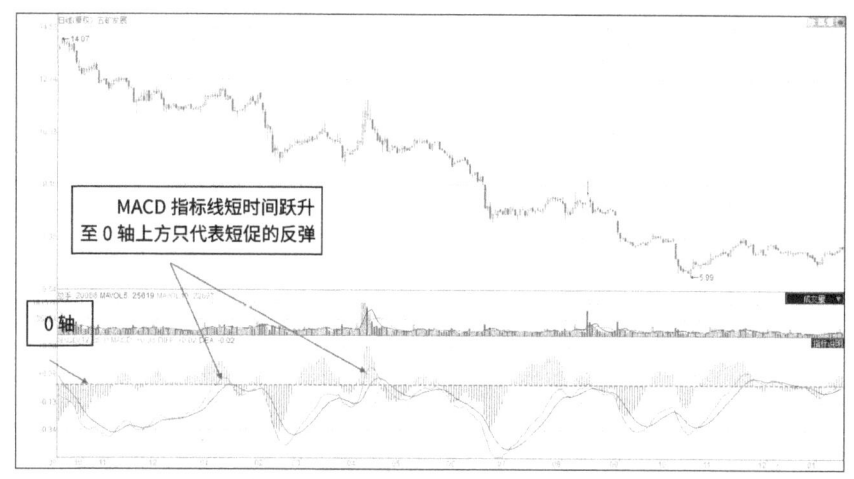

图6-2　五矿发展2017年9月至2019年1月走势图

6.2.2　指标线位于0轴之上与牛市

当市场处于牛市时，移动平均线系统在涨势加速时呈多头排列，在盘整震荡时呈缠绕状态。对于这两种状态来说，短期均线一般都是位于中长期均线上方的，这种位置关系会使得MACD指标的数值在绝大多数的时间内处于大于0的状态，即指标线位于0轴上方。MACD指标线持续、长久地位于0轴上方是对涨势的直观反映。反过来，透过指标线位于0轴上方这种形态，我们也可以更好地识别牛市运行格局。

图6-3为恒瑞医药2016年6月至2017年12月走势图，在此股价格长达一年多的上涨走势中，虽然期间多次出现横向整理或回调波段，但MACD指标线始终稳健地站于0轴之上，这是多方力量整体占优格局的体现，也是MACD指

标对升势的反映。

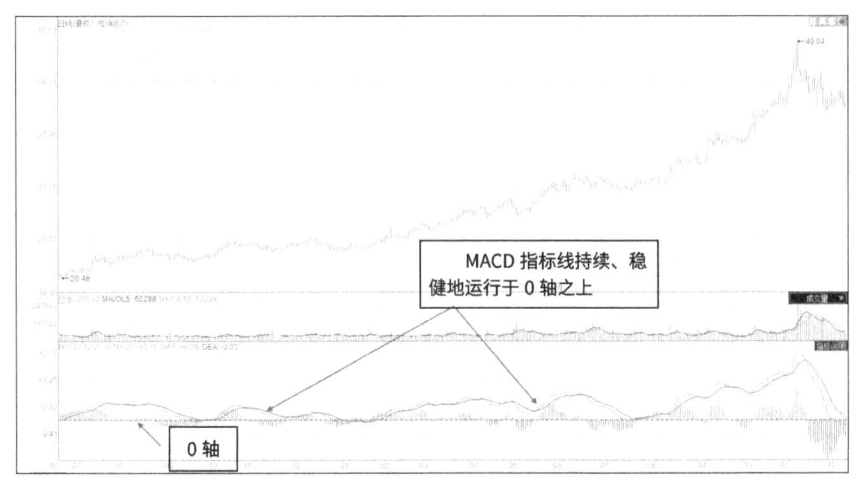

图 6-3　恒瑞医药 2016 年 6 月至 2017 年 12 月走势图

6.2.3　指标线向上靠拢 0 轴

　　MACD 指标线与 0 轴之间的位置关系可以反映多空双方的力量强弱，在升势（或跌势）中，指标线持续与 0 轴保持一定距离，这是多方（或空方）力量较为充足的标志。一旦这种距离关系出现了明显的变化，就是多方（或空方）力量开始变弱的信号，在结合价格整体运行的基础上，指标线与 0 轴之间距离上的明显变化可以帮助我们更好地把握筑顶（或筑底）阶段。

　　图 6-4 为安信信托 2018 年 4 月至 2019 年 2 月走势图，在此股价格持续下跌过程中，指标线在大多数时间内位于 0 轴下方较远的位置点，即使因股价短期反弹而使得指标线向上靠拢了 0 轴，但持续的时间也是很短的。但是，随着跌幅的扩大及低位区的企稳，在图中标注的时间段内，此时的 MACD 指标线虽然仍位于 0 轴下方，但与 0 轴之间的距离却很近。

　　指标线由位于 0 轴下方较远的位置向上靠拢 0 轴，且能够长时间保持这种近距离状态，这是空方力量明显减弱的标志，结合此股价格同期震荡企稳的走势特征及所处位置区间，我们可以判定此股当前处于筑底阶段的概率较大，中长线操作上，投资者可以适当地买股布局。

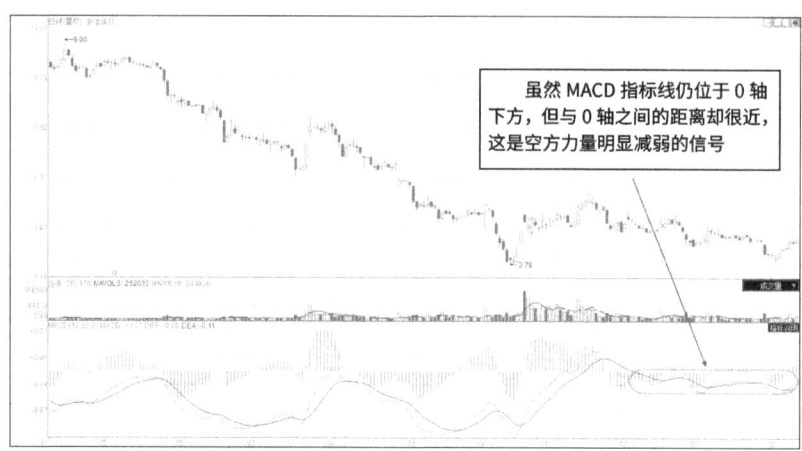

图 6-4 安信信托 2018 年 4 月至 2019 年 2 月走势图

6.2.4 指标线向下靠拢 0 轴

指标线由位于 0 轴上方较远的位置向下靠拢 0 轴，且能够长时间保持这种近距离状态，这是空方力量明显增强、长时间占据主动的标志，结合个股价格同期震荡回落或滞涨的走势特征及所处位置区间，我们可以判定此时筑顶的概率较大，投资者应注意规避趋势转向下行的风险。

图 6-5 为凯盛科技 2018 年 12 月至 2019 年 5 月走势图，此股价格经历了大幅上涨后进入中长期高位区，随着价格走势的滞涨，我们可以看到 MACD 指标线向下大幅回落并持久地处于靠拢 0 轴的状态，这是趋势或将向下的信号。

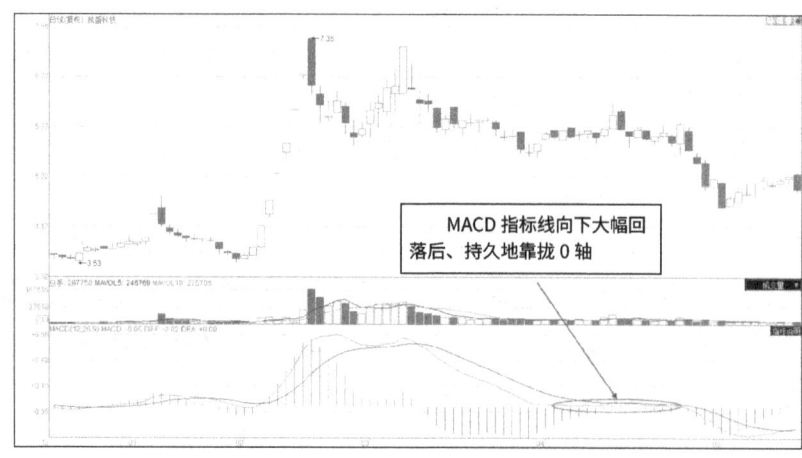

图 6-5 凯盛科技 2018 年 12 月至 2019 年 5 月走势图

6.3 MACD 的背离反转形态

背离，是技术指标领域中的一种特殊实战用法，它主要是指价格运行方向与指标线运行方向出现了明显的逆反。背离形态常出现在股价运行的极端位置点，如股价持续上涨后的高点，或者是持续下跌后的低点。一般来说，背离形态的出现并不一定代表着价格走势的转向，但在结合股价当前位置的基础上，背离形态往往预示了价格沿原有方向运行的动力在减弱，是值得我们关注的反转信号之一。本节中，我们将结合股价运动特点来看看 MACD 指标的背离用法。

6.3.1 中长期底背离反转

在中长期的低位区，个股价格的下跌节奏放缓。虽然同期的价格走势仍在震荡下行、创出新低，但同期的 MACD 指标线却持续上行，与价格走势方向正好相反，形成了背离。当这种背离形态出现在中长期低位区，且个股无明显利空消息时，这多意味着个股已处于中长期超卖状态，趋势运行有望迎来反转。一般来说，当底背离出现后，投资者不宜过早抄底入场，可以等到 MACD 指标线已靠拢 0 轴，且股价再度创出新低时择机买入。

图 6-6 为康跃科技 2018 年 3 月至 2019 年 4 月走势图，此股价格在中长期低位区震荡下降，同期的 MACD 指标线却节节攀升，价格走势与 MACD 指标线的运行方向呈现背离，结合股价的位置区间来看，这是预示着底部将出现、趋势将反转上行的信号。

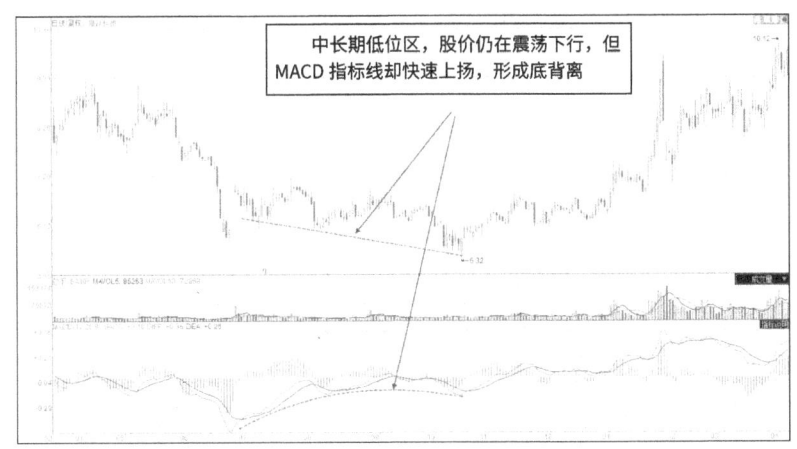

图 6-6 康跃科技 2018 年 3 月至 2019 年 4 月走势图

6.3.2 中长期顶背离反转

在个股价格累计涨幅较大、处于明显的高位区时，此时的股价虽然仍在震荡上扬、创出新高，但 MACD 指标线却由 0 轴上方较远的位置点持续下行、靠拢于 0 轴，这就是 MACD 指标的顶背离形态。我们研判顶背离要结合股价的累计涨幅及股价的趋势，如果股价总体涨幅并非巨大，而且 MACD 指标线始终运行于零轴上方，则这种顶背离并非趋势见顶的信号，最多只能预示中短期的调整。

图 6-7 为丽珠集团 2017 年 8 月至 2018 年 4 月走势图，此股价格在高位出现了长期的横向震荡，虽然在震荡期间股价再创新高，但同期的 MACD 指标线却不断下行。这是顶背离形态，预示着多方力量开始整体转弱，是顶部将出现、趋势将反转下行的信号，持股者宜逢高卖出，规避趋势转向后股价破位下行的风险。

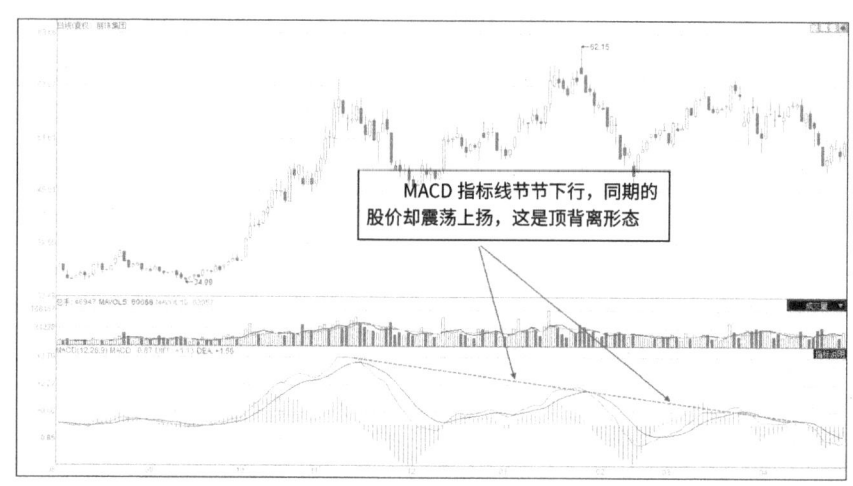

图 6-7　丽珠集团 2017 年 8 月至 2018 年 4 月走势图

6.3.3 冲高钝化中期转跌

冲高钝化，是一种预示着中期价格走向的 MACD 指标形态，它有着特定的组合特征：首先是股价的一波上扬，创出阶段性新高，这一波上扬走势或急或缓，并使得 MACD 指标线同步上扬；随后，价格走势出现整理，或小幅度回调，MACD 指标线也同步回落；最后，股价重拾升势且再度创出新高，但同期的 MACD 指标线却仅是小幅上扬，指标值远远低于第一波上扬时的值，这就是 MACD 指标在价格创新高走势中的钝化。这种组合形态的出现标志着中短期内的多方推升力量已明显减弱,是中期转向的信号。

图 6-8 为晨鸣纸业 2018 年 12 月至 2019 年 4 月走势图,在此股价格的两波明显上扬走势中,第二波上扬走势虽然形成了突破之势,但同期的 MACD 指标值却大幅下降。这是 MACD 指标对价格走势的一种钝化,也是中短期内多方力量明显减弱的标志之一,持股者此时应注意规避价格中期转向向下的风险。

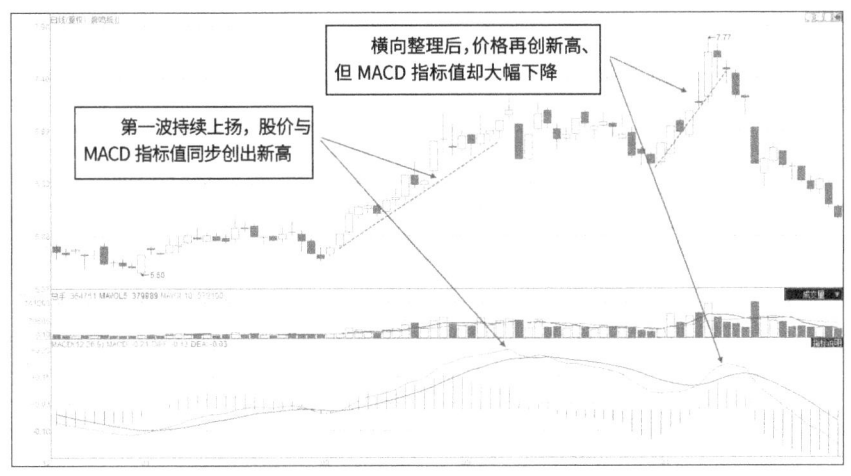

图 6-8　晨鸣纸业 2018 年 12 月至 2019 年 4 月走势图

6.3.4　探低扭转中期转升

探低扭转中期转升形态与冲高钝化中期转跌形态正好完全相反。首先是股价的一波下跌,创出阶段性新低,这一波下跌走势或急或缓,并使得 MACD 指标线同步下降;随后,价格走势出现整理,或小幅度反弹,MACD 指标线也同步回升;最后,股价再度出现破位下行、创出新低,但同期的 MACD 指标线却仅仅是小幅回落,指标值远远高于第一波下跌时的值,这就是 MACD 指标在价格创新低走势中提前出现扭转回升,也是中短期内的空方力量已明显减弱、价格走势有望迎来中级上涨的信号。

图 6-9 为创维数字 2017 年 11 月至 2018 年 4 月走势图,此股价格在持续下跌后的低位区又出现了一波下跌。此时的 MACD 指标线也同步下探,这表明空方力量依旧较强、占据主动;随后,价格走势开始横向整理、企稳,同期的 MACD 指标线开始回升;随后,股价再度破位下行、短线跌幅较大,但此波下

跌仅使得 MACD 指标线小幅回落，指标值远高于前一波下跌时的状态。这就是股价两波持续下跌背景下的 MACD 指标提前扭转回升的形态，标志着空方抛售虽然使得股价再度创新低，但空方力量却有转弱的倾向，是中期价格走向有望有回升的信号，也是投资者中线买股入场的信号之一。

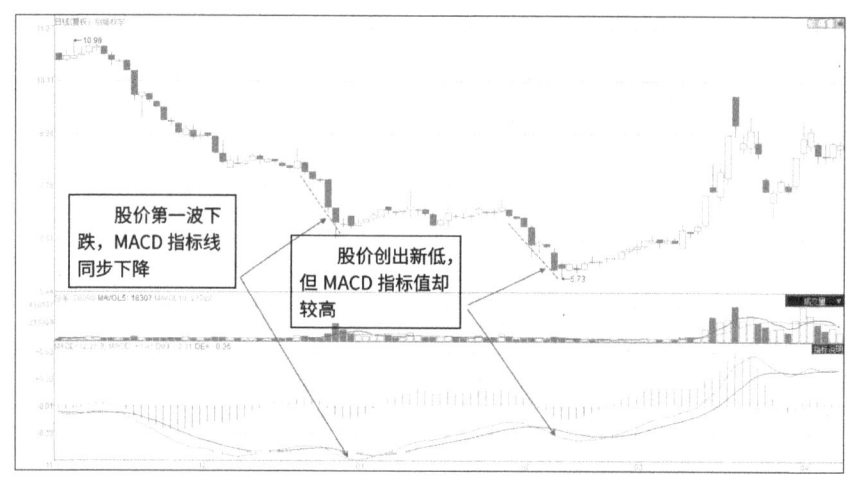

图 6-9　创维数字 2017 年 11 月至 2018 年 4 月走势图

6.4　柱线的收缩与指标线交叉

MACD 指标除了可以对价格走势中长期转向发出信号外，还可以有效地提示短期买卖点，特别是在股价短期剧烈、大幅波动的时候。MACD 指标的柱状线变化、两条指标线的交叉关系，可以及时地反映当前多空力量的变化情况。再结合股价的短期波动，我们就可以利用这些形态来指导交易。

6.4.1　急速下跌后绿柱线收缩

MACD 的柱线其实反映的是两根均线的位置关系及距离。当短期均线运行于中期均线上方，DIFF 线也运行于 DEA 线上方时，柱线的数值大于 0 柱线，位于 0 轴上方，此时的柱线一般用红色表示。这代表当前多方力量占优、买盘占据主动。当短期均线运行于中期均线下方，DIFF 线也运行于 DEA 线下方时，柱线的数值小于 0，柱线位于 0 轴下方，此时的柱线一般用绿色表示。这代表当前空方力量占优、卖盘占据主动。

DIFF 线与 DEA 线的位置关系至关重要。当 DIFF 线运行于 DEA 线下方且向下远离 DEA 线时，绿色柱状线不断变长，这表明空方力量正不断增强。同时，卖盘的涌出也使得个股价格快速下跌。此时，一旦绿柱线开始连续多日收缩，则标志着空方力量在减弱，由于个股价格短期跌幅较大，因而有望在当前市场处于超卖的状态下迎来反弹行情。

图 6-10 为珠海港 2017 年 12 月至 2018 年 3 月走势图，此股在价格短期快速下跌的过程中出现了绿柱线快速伸长的变化。这是空方力量不断增强的标志。但随着股价短期跌幅的加大，绿柱线出现了连续多日的收缩。柱线的这种变化是空方力量开始减弱的标志，结合股价短期的巨大跌幅及此股无利空消息的情形来看，技术面与基本面均支持反弹行情的出现。

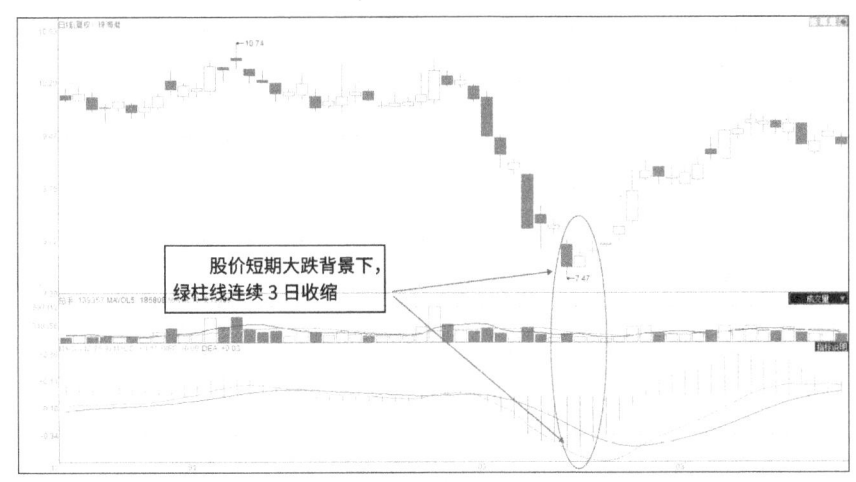

图 6-10　珠海港 2017 年 12 月至 2018 年 3 月走势图

6.4.2　急速上涨后红柱线收缩

当 DIFF 线运行于 DEA 线上方且向上远离 DEA 线时，红色柱状线不断变长。这表明多方力量正不断增强，同时，买盘的积极入场也使得价格走势持续上扬。此时，一旦出现红柱线连续多日收缩，则标志着多方力量开始减弱。由于个股价格短期涨幅较大，因而，在获利盘抛售与买盘入场力度减弱的情形下，价格走势或将出现明显回落。

图 6-11 为东方创业 2019 年 1 月至 5 月走势图，在个股价格短期涨幅较大的位置点，出现了红柱线连续多日收缩的形态。这是多方上攻力量减弱、短线见顶的信号之一。持股者此时宜减仓或清仓以规避股价短期大幅回落的风险。

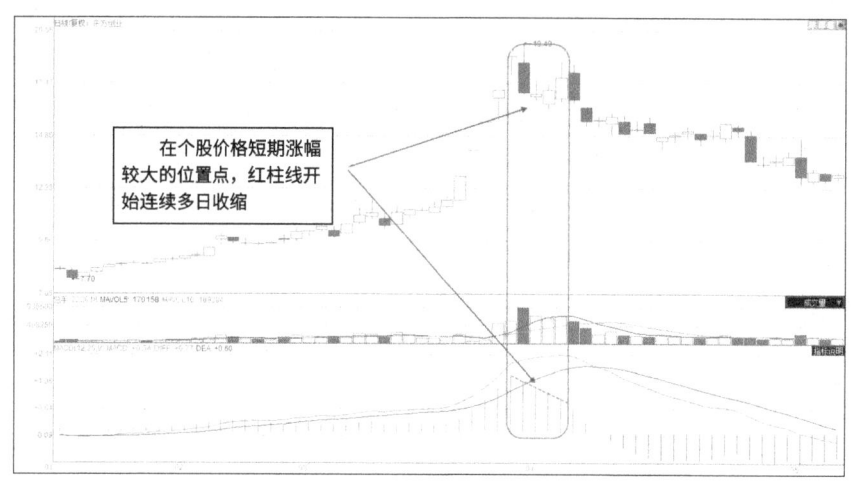

图 6-11　东方创业 2019 年 1 月至 5 月走势图

6.4.3　指标低位区二度金叉

MACD 指标的金叉形态常被视作短期内多方力量转强的信号之一。它是指相对灵敏的 DIFF 线由下向上地与相对平缓的 DEA 线相交叉。这是一种常见的交叉形态，如果不结合价格走势特点来加以运用，投资者很有可能陷入短线追涨被套的不利局面。

在实盘运用中，指标低位区的二度金叉是一种相对可靠的价格走势中期转向上行信号，它的形态特征包括：在指标的低位区，此时的个股价格也处于中短期低点，出现了 MACD 指标第一次金叉形态；随后，股价再度走低，MACD 指标线仍旧处于远离 0 轴的位置点；此时，如果再度出现 MACD 指标的金叉形态，则表明多方力量已得到了一定的积蓄，个股有望迎来超跌反弹行情，是投资者中短线入场的信号之一。

图 6-12 为天夏智慧 2018 年 11 月至 2019 年 3 月走势图，此股价格在低位区出现了震荡。此时的 MACD 指标线则在相对低点出现了二度金叉的形态。这种指标形态出现后，表明市场当前处于明显的超卖状态，且多方力量开始明显增强，中级反弹行情有望展开，投资者可适当参与，买股布局。

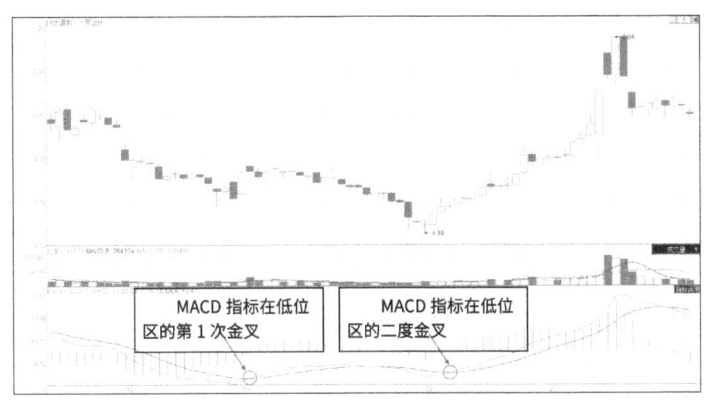

图 6-12 天夏智慧 2018 年 11 月至 2019 年 3 月走势图

6.4.4 指标高位区二度死叉

MACD 指标高位区的二度死叉是一种相对可靠的价格走势中期转向下行信号，它的形态特征包括：在指标的高位区，此时的个股价格也处于中短期高点，出现了 MACD 指标第一次死叉形态；随后，股价再度走高，MACD 指标线仍旧处于远离 0 轴的位置点；此时，如果再度出现 MACD 指标的死叉形态，则表明空方力量已得到了一定的积蓄，中级下跌走势有望出现，是持股者中短线离场的信号之一。

图 6-13 为太钢不锈 2017 年 11 月至 2018 年 3 月走势图，此股价格在两波震荡上行中，MACD 指标线一直运行于远离 0 轴的上方位置区。这时出现的指标二度死叉形态是空方力量显著增强、市场中短期内处于超买状态的标志，预示着随后出现中级调整行情的概率较大，持股者宜卖股离场、规避风险。

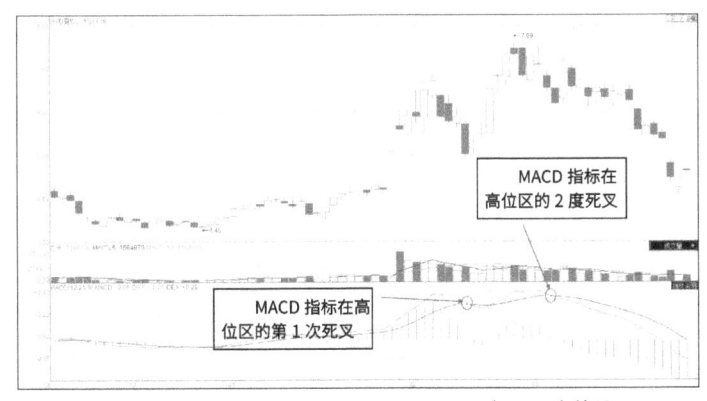

图 6-13 太钢不锈 2017 年 11 月至 2018 年 3 月走势图

第 7 章

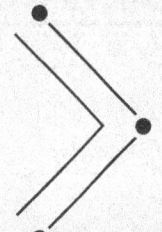

交易量的验证信号

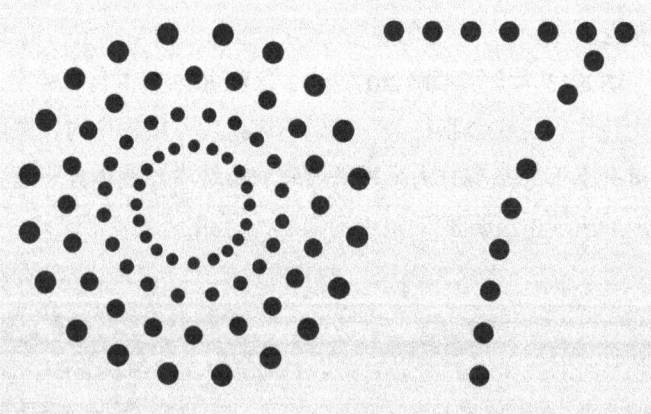

第 7 章 交易量的验证信号

"价、量、时、空"是技术分析的四大要素,价格走势的重要性是首位的,时间与空间是价格波动中的必备属性,成交量是仅次于价格走势的第二大技术要素。道氏理论也单独强调了成交量的重要性,指出成交量可以用于验证趋势,但这只是成交量的众多用法之一。成交量不仅可以帮助我们分析趋势,同样可以提示价格中短期走势中的转向点。而且,成交量是多空双方交锋结果最直接的一种体现方式,理解、运用成交量是技术分析者的必备能力之一。本章中,我们将结合一些经典与常见的量价组合来看看成交量在趋势运行、价格中短期走势中发挥的重要作用。

7.1 量能蕴含的信息

成交量虽然只是一种简单的盘面成交数量,它不能像价格波动那样影响持股者的盈亏。但在分析市场多空力量变化、预示价格走势中,成交量却能发挥重要作用。这是因为看似简单的成交量在结合价格运行的基础上,蕴含了丰富的市场信息。那么,对于技术分析派来说,成交量究竟蕴含了哪些市场信息呢?

7.1.1 量能蕴含的多空交锋强度

价格走势反映了多空双方的交锋,其中,收盘价是多空交锋结果的体现,但价格走势无法反映多空双方交锋强度。同样的收盘价,如果多空双方交锋的强度不同，则其中蕴含的市场信息也是完全不同的。

在分析多空双方交锋强度时，我们一定要结合股价的走势来分析。放大的成交量说明买卖盘都较为积极、多空交锋强度较大；缩小的成交量则说明买卖盘不是很积极，多空交锋强度较弱。同样的交锋强度在不同的价格走势中有着不同的含义，例如：缩量上涨出现在个股价格刚刚处于爬坡阶段时，它说明市场做多气氛较浓，是空方力量不足的表现；但是当同样的缩量形态出现在个股价格大幅上涨之后，则说明买盘跟进不积极，是趋势即将转向的信号。

7.1.2 量能蕴含的主力动向信息

主力是一个和散户投资者相对的概念，主力，也可被称为主要力量，由于其资金实力强大，买卖股票数额大，对股价的走势有着更强的引导力。主力的市场行为不同于散户的随意买卖，主力的参与一般可以分为建仓、拉升、整理、再度提升、出货等多个环节，每个环节的买卖方式往往都有着一定的特征。这不仅体现在较为独立的价格走势上，更体现在成交量的变化上，透过成交量与价格走势的配合，我们可以分析主力市场行为，从而实现跟随主力的操作。

7.1.3 量价配合是价格走势的先兆

"量在价先"是股票市场中的一句经典谚语，简单地说就是：量能的变化往往先于价格走势的变化。在价格走势提前做出反应时，成交量能提前变化、给出信号，这也是道氏理论重视成交量的原因之一。

成交量之所以可以提前反映股价的未来走势，是因为不同的量价组合形态蕴含了特定的多空信息。这些信息可以是多空力量转变的信息，可以是主力动向的信息，可以是市场对于消息反映的信息……只要我们善于解读，就能够从中获取重要的线索，进而掌握先机。

7.1.4 量价是动力与方向的分析

量价分析的实质就是动力与方向的分析：成交量是动力，价格走势是方向。成交量就是这种决定个股价格涨跌的力量，而价格走势不过是对成交量的进一

步反映罢了。根据量价分析的一般原理，价格上升，伴随而来的应是成交量放大。在牛市中，股价的上升常常伴随成交量的放大，股价回调时成交量随即减小。在熊市中，股价下跌时会出现恐慌性抛售的现象，成交量显著放大；股价反弹时，投资者对后市仍有疑虑，成交量并不增加。

7.1.5 量能蕴含的趋势运行信息

牛市与熊市虽然是价格走势的反映，但成交量却在其中扮演着关键的角色。牛市的持续一般源于买盘的大力涌出，因而，当股价处于上涨趋势中时，如果成交量可以在总体上保持持续放大的效果，这代表买盘力量可以持续增强，说明上涨势头仍将继续。当牛市临近尾声时，买盘入场力度明显减弱，一般会出现相对缩量。此时，虽然股价仍在创出新高，但成交量却不见放大，甚至会减少，这往往就是牛市将见顶的信号。

同理，熊市的持续多源于场外的买盘观望意愿较强。由于买盘入场力度小，成交量多表现平淡，一般即使有放量出现，这种放量也不会维持几日，下跌途中的整体性缩量是市场交投不活跃、市场人气极低的标志，也是熊市持续运行的信号。当熊市临近尾声时，由于抄底盘的力度加大，下跌轨迹的破坏，多空分歧也会出现，此时的放量多具有持续性，这也是熊市见底的重要信号。

7.2 新趋势出现的量价信号

如果价格走势处于长期震荡整理，或是上下反复波动的情形下，这是趋势运行处于不明朗阶段的体现。但是，这种趋势状态不明的运行格局终将被打破，价格走势要么步入升势，要么步入跌势。当一轮新的趋势将要展开时，成交量往往会出现明显的变化，结合价格走势的局部特征、整体位置区间，我们可以更好、更及时地把握新趋势的出现及行进方向。本节中，笔者结合实盘经验，总结了4种盘整后预示着升势出现的量价信号、4种盘整后预示着跌势出现的量价信号，以供读者参考。

7.2.1 升势起步时的活跃型量能

当个股价格在中长期低位区经长久整理而开始向上突破后,这可能仅是一波短暂的反弹,也可能预示着升势将步入持续上扬阶段。此时,投资者可以结合成交量是否出现了持续、温和的放大形态特征加以辨识。

个股价格在突破低位整理区后,股价重心呈缓慢的震荡上行状态,或是横向整理状态,这表明空方力量当前并不占优;如果期间的成交量持续保持着明显的温和放大形态,这可以看作是买盘积极入场、市场交投趋于活跃的信号。结合个股当前的位置区间来看,在买盘持续入场的情形下,多方力量得到了进一步增强,股价后期步入升势上扬阶段的概率大增,投资者可逢短线回落买入布局。

图 7-1 为雪人股份 2018 年 11 月至 2019 年 4 月走势图,此股价格在突破中长期低位区间后,股价重心在震荡中缓慢上移。这期间的成交量一直保持着极为活跃的温和放大状态,这是保证升势持续运行的"动力",透过量能的这种形态变化,上升趋势持续运行的基础将更加牢靠。

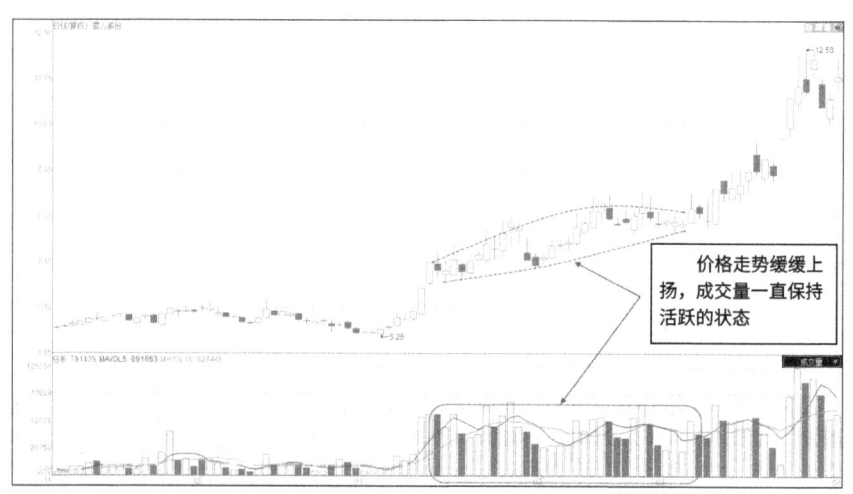

图 7-1 雪人股份 2018 年 11 月至 2019 年 4 月走势图

图 7-2 为鸿达兴业 2018 年 11 月至 2019 年 4 月走势图,此股价格在突破中长期低位区后并没有立即出现上扬走势。此时在突破点位置上保持较为强势的横向整理运行状态。这时成交量的活跃型状态是多方承接力较强、短期获利大

笔出货离场遇强支撑的标志，也彰显了多方力量的整体转强，是价格走势随后仍在继续向上的信号。

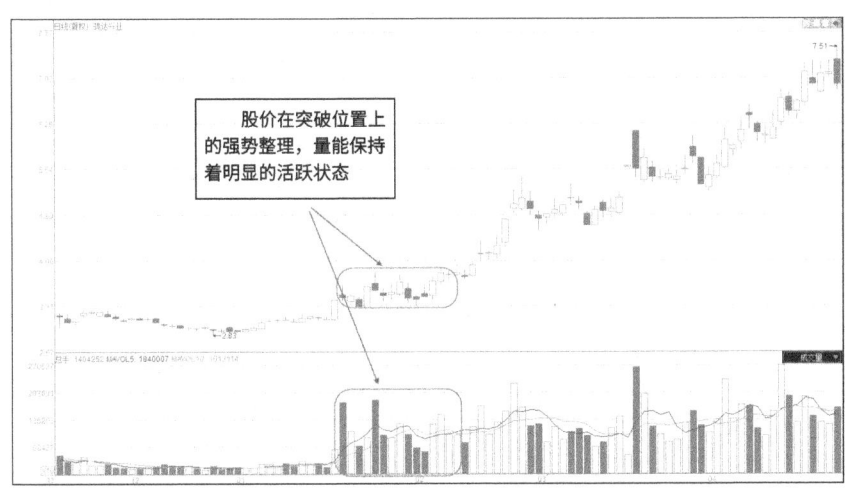

图 7-2　鸿达兴业 2018 年 11 月至 2019 年 4 月走势图

7.2.2　主升浪前积蓄式"山堆式"量能

"山堆式"量能是一种局部量能形态，它是指量能在价格一波上扬过程中出现了明显的放大，在随后的回落走势中则明显缩小，从形态上来看，如同一个"小山堆"。涨时放量、跌时缩量是正常的量价关系。如果山堆式量能的形态效果并不鲜明，如涨时只是略微放量，则它的实战意义不突出。但是，如果"山堆式"量能的形态特征较为鲜明，且个股价格正处于突破中长期低位区的一波上涨及回落走势中，则它往往是多方正快速积蓄能量的标志，也是个股随后有望迎来主升浪的信号。

图 7-3 为上实发展 2018 年 1 月至 2019 年 1 月走势图，此股在价格突破低位整理区的一波上扬及回落走势中出现了鲜明的"山堆式"放量形态。这是多方力量在迎来主升浪之前的一次能量积蓄信号，也预示着多方上攻行为的展开，在"山堆式"放量形态右侧的缩量回落波段，投资者可适当参与，买入布局。

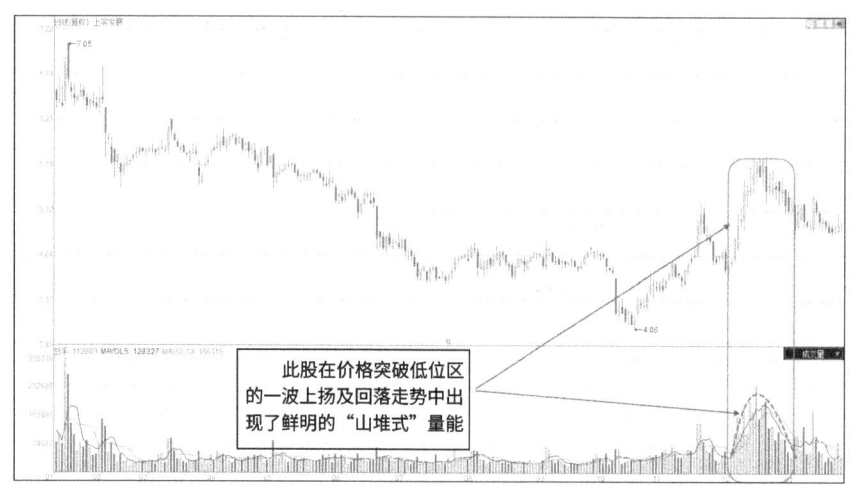

图 7-3　上实发展 2018 年 1 月至 2019 年 1 月走势图

7.2.3 低位反转中持续放量小阳线

在中长期的低位区，个股价格走势震荡下行或快速下探，股价再创新低。随后，价格走势出现短线上涨，如何判断这一波上扬是跌势中的短促反弹，还是预示着趋势快速转向的反转呢？我们可以结合量价关系进行分析。

如果这一波上扬以连续小阳线，且量能持续明显放大的配合关系呈现，则表明多方力量正快速转强，且优势明显，连续放量的小阳线既是场外资金加速流入的标志，也是趋势正快速转向的信号。实盘中，一般来说，个股的价格走势至少要出现 5 根连续、明显放量的小阳线，而且一定要是小阳线，否则，会造成股价的短期涨幅过大。此时，投资者在识别出这种形态后，就可于盘中逢回落时买股入场。

图 7-4 为傲农生物 2018 年 12 月至 2019 年 3 月走势图，此股价格在中长期的低位区再度出现了一波破位下行走势。随后的价格走势开始反向上扬，是以连续明显放量的小阳线组合形态呈现，这是原有下跌趋势正快速转向为升势的信号。此时的阶段性涨幅并不大，而这种形态出现后的价格回落幅度往往很小，投资者可以在识别出这种形态后的第一时间买股入场，但由于这是一种短线追涨操作，为了更好地控制风险，投资者宜严格控制仓位。

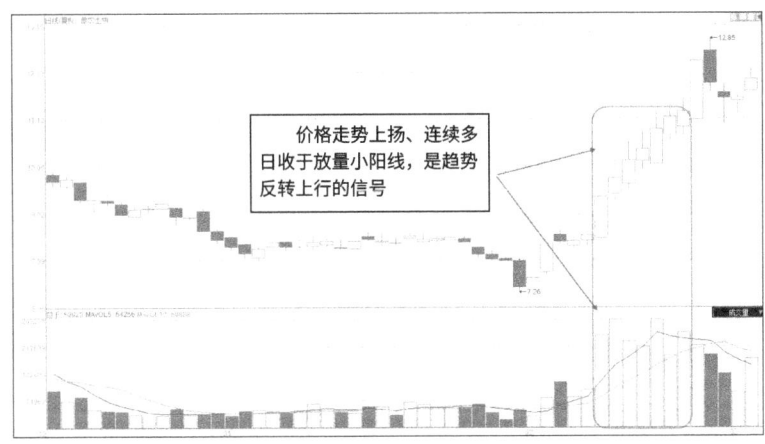

图 7-4　傲农生物 2018 年 12 月至 2019 年 3 月走势图

7.2.4　突破点支撑型三巨量

低位区长期整理后，个股的成交量在价格突破时出现了 3 日大幅放量的形态，这是突破时阻力较强的标志，同时也是买盘参与力度较大的信号。一般来说，价格走势随后会出现整理运行，如果这种整理呈相对强势的横向运行状态且能够保持三巨量的突破成果，则表明三巨量的突破形态彰显了多方力量整体占优的格局，升势有望在随后的整理阶段后继续展开，强势整理期间是投资者入场布局的好时机。

图 7-5 为上实发展 2018 年 11 月至 2019 年 2 月走势图，此股的成交量在价格突破时呈现了三巨量的形态。随后股价于突破位置强势整理、不明显回落，这表明突破时的三巨量起到了强力的支撑作用，一轮上升行情有望展开。

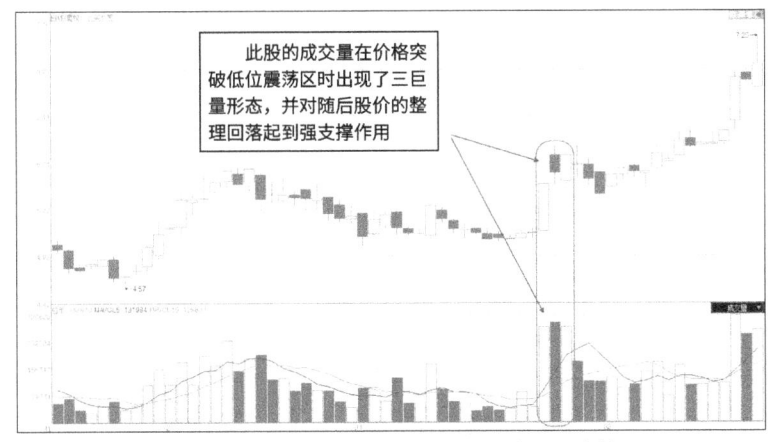

图 7-5　上实发展 2018 年 11 月至 2019 年 2 月走势图

7.2.5 低位长期整理后不放量破位

新趋势的出现，不仅体现在代表着机会的上升行情中，也体现在个股价格长期震荡整理之后步入的下跌走势中。虽然这个震荡区间位于中长期的低位区，但对于那些没有业绩支撑的个股来说，在市场较为低迷时，这种情况尤为普遍。

个股在低位区长期整理之后，若连续几日收于阴线且成交量没有放大，并使得收盘价跌破了整理区的下方支撑位，这表明市场的买盘承接力极弱，只需要少量的抛盘，股价就会降低，这是个股在整理之后空方取得主动权的标志，也是一轮破位下跌行情即将展开的信号。

图 7-6 为龙马环卫 2018 年 7 月至 9 月走势图，此股价格的横向整理走势是处于中长期低位区的，但随着震荡整理的持续却出现连续阴线、不放量向下跌破支撑位的形态。这是一轮下跌趋势即将展开的信号，对于盘整区买入的持股者来说，宜及时止损以规避股价破位下行风险。

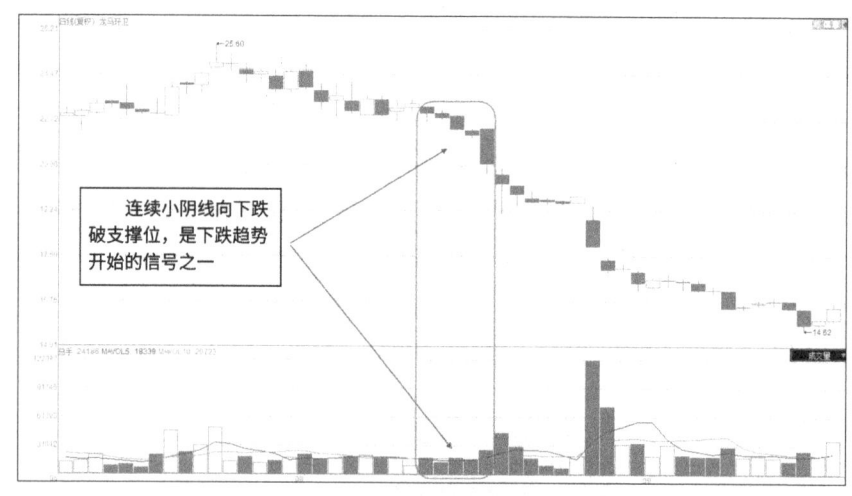

图 7-6 龙马环卫 2018 年 7 月至 9 月走势图

7.2.6 缩量式窄幅整理下滑

持续上扬走势中，个股出现横向的整理波段。如果在横向整理过程中，接连出现的小阴线、小阳线使得股价重心出现下移，且期间的成交量明显萎缩，这是多方上攻意愿明显减弱、空方力量开始增强的信号，也是原有的升势格局或将转向的信号，操作上，持股者宜减仓或清仓锁定利润，以规避趋势转向的风险。

图 7-7 为阳光股份 2019 年 2 月至 5 月走势图，此股一直处于稳健的牛市攀升格局中。随着股价累计涨幅的加大，高位区出现了这种缩量式窄幅整理下滑的局部形态，随着买盘入场力度的快速下降，持股者的抛售意愿也在逐步增强，随后出现股价破位下行的概率大增，投资者应注意规避风险。

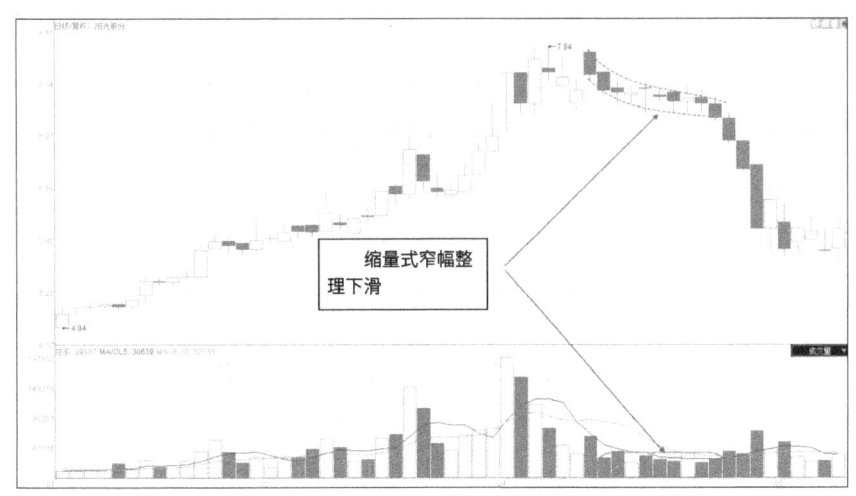

图 7-7　阳光股份 2019 年 2 月至 5 月走势图

7.2.7　震荡整理区断层式缩量

断层式缩量，是一种特殊的量价组合，它表现为先是价格走势的一波放量上扬（可以是突破创新走势，也可以是震荡区间内的一波反弹），平均成交量处于较高的状态；随后，价格走势开始震荡滑落，期间的均量水平远小于之前放量上扬波段的水平。上扬波段的放量与震荡滑落波段的缩量形成了一种断层式的缩量效果。

这种量价关系的出现，是多方力量快速减弱且具有持续性的信号。一般来说，经历了断层式缩量的震荡后，股价破位下行的概率大大增加，这预示着跌势将出现，是中短线的风险信号。

图 7-8 为沃格光电 2018 年 11 月至 2019 年 6 月走势图，此股在价格走势震荡上扬波段的成交量与随后震荡滑落波段的成交量形成了断层式缩减的对比效果，这就是典型的断层式缩量形态。虽然此时的股价处于中长期低位，但从中短期来看，股价已有一定的反弹幅度，而且这种量价关系是跌势将出现的信号。

操作中，持股者在识别这种量价形态后，宜及时卖出以规避风险。

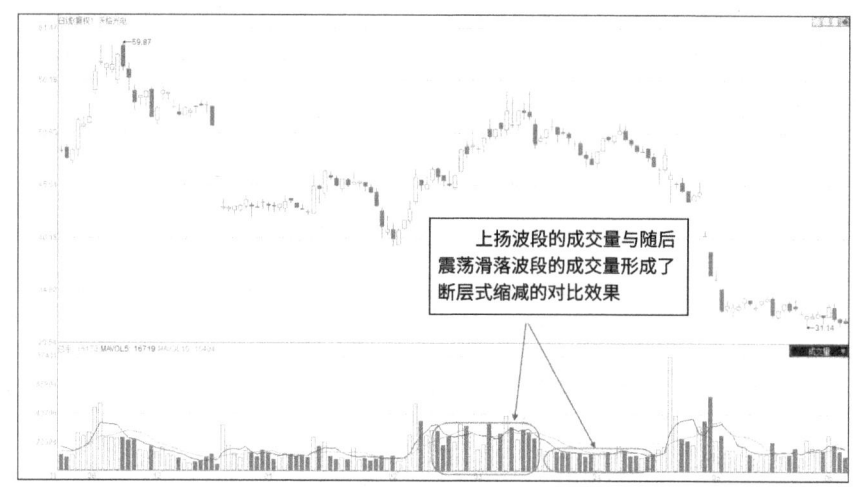

图 7-8　沃格光电 2018 年 11 月至 2019 年 6 月走势图

7.2.8　盘口一字型水平巨量

一字型水平巨量虽然是一种盘口量价形态，但它不只是短线涨跌的信号，这种形态特征显著的盘口量价形态往往还可以准确预示中期跌势的展开。其形态特征是：分时线几乎呈水平的一字型运行，而且往往是在盘中突然降低了几个百分点后的相对低位点，期间的分时量明显放大，通过查看日 K 线图，当日的成交量也会呈明显放大状态。

盘口呈一字线运行期间，如果我们查看期间的交易明细及买卖盘变化就会发现：委买委卖盘变得异常庞大，有大单压顶，也有大单托底，当原有的大单被打掉后（多数情况是上方的委卖单被买方主动打掉），新的大单会立刻挂出，似乎有永远也吃不完的卖单一样。

这是一种典型的盘口异动形态，与多空双方你来我往的交锋过程显著不同。它有着很高的辨识度，对于投资者来说，只要查看盘口分时图就很容易发现。但经验欠缺的投资者往往将其误看作是新老主力进行交接而形成的，然而真实的市场情况并非如此。

一般而言，这是中短线主力为急速出货而刻意制造的盘面假象，而且，主力全无拉升意愿，我们在对众多出现过这种盘口形态的个股进行总结后会发现：

它们几乎都预示了股价中短期内的大幅下跌走势,是新一轮下跌行情开启的信号之一,也预示着高风险的盘面形态。对于持股者来说,一旦发现手中个股出现了这种盘口形态,且个股又无业绩支撑(或是估值状态较高),即使股价当前处于中短期内的低点,持股者也宜控制好仓位或是清仓离场,以规避中短期大跌风险。

图 7-9 为秦安股份 2017 年 11 月 28 日分时图,从日 K 线图来看,当日处于此股价格走势中长期的低位区,短期内处于盘整后的突破点,但盘口出现的一字型水平巨量形态十分鲜明,并引发了当日的明显放量。由于此股的估值状态并不低,而这种形态又是主力资金快速出货的重要信号之一,中短期大跌风险较大,操作中,持股者宜第一时间卖出。

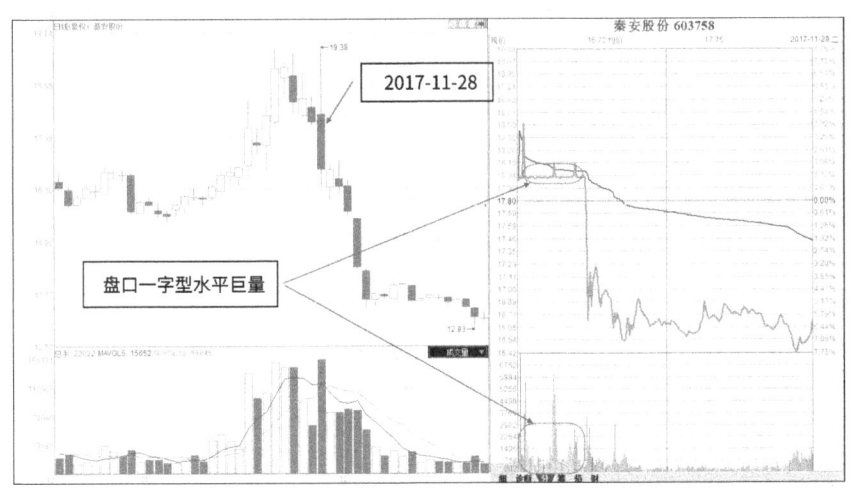

图 7-9　秦安股份 2017 年 11 月 28 日分时图

7.3　牛市行进中量能转向信号

熊市的持续下行使得市场人气极度低迷,市场交投持续萎缩,此时的量能特征不明显,一般来说,通过价格走势的企稳及估值优势,我们可以更好地判断熊市的见底。但牛市则不同,牛市的形成及发展虽然与经济面的好转有关,但最终要转化为市场上的资金驱动,而持股者在获利的情况下就有着较强的获利了结心态。因而，随着股价的上涨，多空分歧会较为明显，从而使得量能形态特征也更为鲜明。特别是牛市行进途中，我们很多时候仅依据均线、趋势线等纯粹的价格轨迹模式来把握趋势，往往会滞后于市场的变化，在价格波动相对迅急的情况下，投资者就极有可能错失牛市的大部分利润。

由于牛市中鲜明的量能形态特征，"量在价先"能够很好地分析牛市运行情况，从而在趋势将转向而未真正转向时给我们提供卖出信号。本节中，我们就来了解那些可能出现的、预示着牛市将转向的量价信号。

7.3.1 堆量式上涨后的缩量

堆量是指成交量连续数日大幅度放出，且这些交易日放量效果较为接近，使得量能呈现出一种堆积式放大的形态特征。这种量能形态驱动的上涨往往不具有持续性，个股价格很难站稳于短线大涨后的高点。一旦堆量效果消失、成交量开始缩小，中期顶部往往就会出现，对于持股者来说，应注意减仓以规避风险。

图 7-10 为跃岭股份 2018 年 5 月至 8 月走势图，在此股价格的一波上涨走势中，成交量呈堆积式放大状态。在随后的短期高点，如图标注，成交量突然缩减，这是一个短线回落信号；在一波回落再反弹的过程中，成交量一直呈缩小状态，这表明此股价格难以再拾升势，中期走势或将向下，此时的局部缩量形态就是较为明显的中线离场信号。

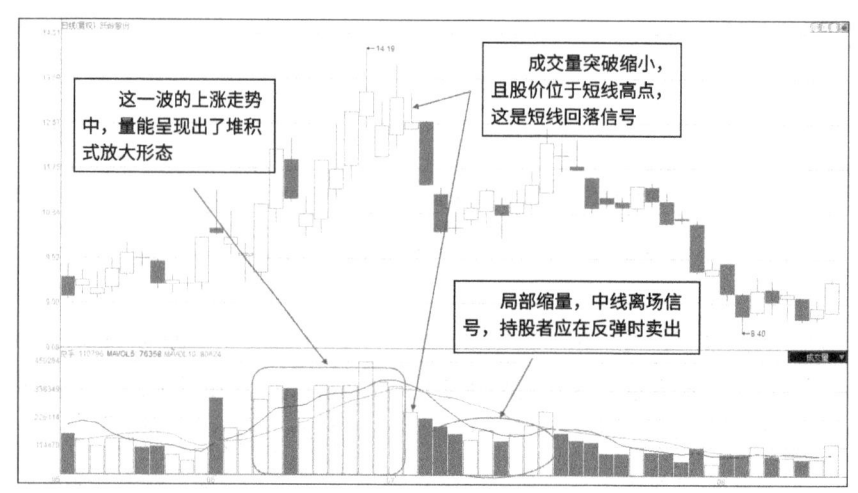

图 7-10　跃岭股份 2018 年 5 月至 8 月走势图

7.3.2 放量窜升后急速缩量止涨

这种量价形态是指个股成交量在一波放量上涨之后出现了急速的缩量回落（缩量整理），缩量的效果十分鲜明，仅经历数个交易日，成交量就回到了起涨前的均量水平。这种量价关系是上涨推动力量突然消失的标志。一般来说，在短暂的缩量整理之后，若股价重心无法上移，或出现长阳线突破的情形，则表明空方力量开始占据主动，是股价中期走势或将向下的信号。

图 7-11 为沧州大化 2019 年 2 月至 5 月走势图，此股在价格一波上涨时的量能放大效果较好，买盘入场积极，但市场多空力量的变化也十分迅速。随着短线回落时的成交量快速缩小及整理区的滞涨，空方力量已然开始占优，持股者此时应提防破位向下的风险，可提前减仓、锁定利润，当破位形态出现、趋势向下信号明确时，持股者则应清仓离场。

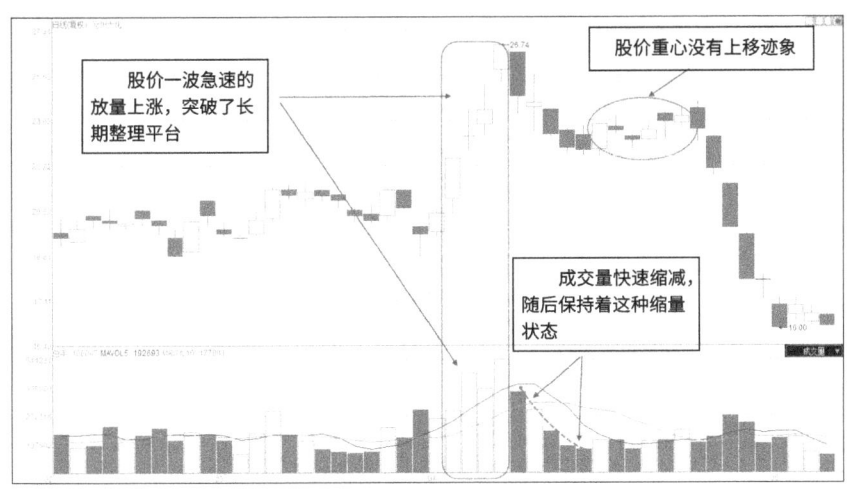

图 7-11　沧州大化 2019 年 2 月至 5 月走势图

7.3.3 二度突破上冲大幅缩量

个股价格在上升途中先是出现一波放量创新高的走势，随后开始强势的横向震荡整理，成交量开始缩减。当股价再度上涨至前期高点、欲形成突破之势时，量能却明显小于第一次到达此位置的水平。这种二度上冲、大幅缩量的形态表明市场上攻动力不足，新一轮上升行情很难展开，持股者宜逢高卖出。

在实盘操作中，为了避免与那些预示着中长线机会的主力参与能力较强、市场浮筹较少情况下的二度突破缩量形态混淆，持股者可以耐心观察此位置点的市场承接力度。如果于盘中出现实体相对较长的阴线，或是盘中大幅下探的长下影线的K线，则表明市场浮筹较多，缩量突破就难以展开；如果是较为稳健的小阳线、小阴线使得股价重心依旧上行，则投资者可以持股待涨、继续观察。

图7-12为海兰信2019年1月至5月走势图，此股在价格持续上扬的过程中就出现了这种二底突破上冲大幅缩量的盘面形态。当价格再度达到整理区高点时，连续中阴线的出现体现出了这个位置点的市场承接力较弱，也提示我们此时出现的二度缩量并不是源于主力参与力度不强，而是多方推动力量减弱的结果。这是多空力量对比格局转变的标志，也预示了股价中期走势或将转向向下，是风险的提示。

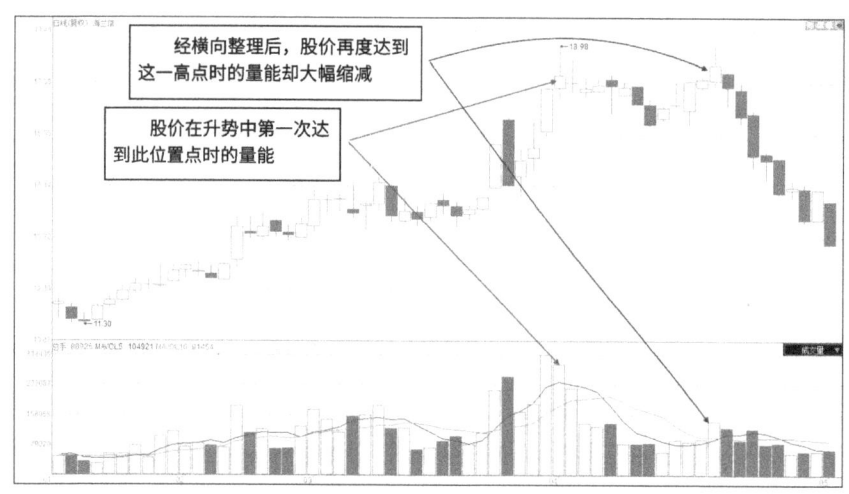

图7-12　海兰信2019年1月至5月走势图

7.3.4　缩量窄幅盘升后的放量剧震

一些个股在价格持续上涨的过程中并没有出现正常的"放量上涨"量价配合关系，但这不代表升势不成立。道氏理论提到"交易量可以验证趋势"，这是指成交量只是用于验证趋势的一种方法，并不是它决定着趋势的运行。个股在价格持续的上涨中并没有放量，而是呈现不放量或相对缩量的状态，它出现的原因可能有很多种：如持股者以机构为主、散户稀少，由于机构投资者多是中长线持有、并不会因为股价的一时涨跌而大量抛售，因而，个股的上涨就没有明显的阻力，可以呈现出相对缩量的状态；又或者是主力资金的大量持筹，这同样会导致散户持股数量较少，上涨时阻力较小，个股呈现出相对缩量状态。

如果个股在价格持续上涨的过程中没有明显的放量，那么，只要这种量价关系不被破坏，个股没有明显的利空消息，那么持股者就可以耐心持有；但是，由于这种走势没有足够的买盘入场支撑，一旦它出现卖盘大力抛售，往往就会导致价格走势的中短期急速转向，且价格走势不仅转向速度快，跌幅也是极大的。

图 7-13 为新莱应材 2018 年 4 月至 8 月走势图，此股价格在持续上涨的过程中一直呈相对缩量的状态。但随着股价上涨并进入高位区，出现了上下影线较长、大幅放量的单日剧震形态。这是场内资金开始大力抛售的信号，也预示了随后或将有价格走势急速转向的风险出现，持股者在看到这种形态后，宜第一时间卖出，锁定利润，规避风险。

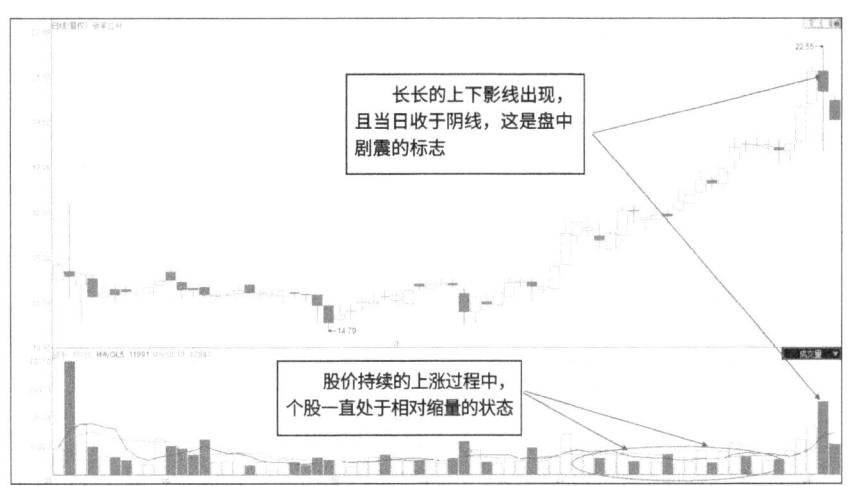

图 7-13　新莱应材 2018 年 4 月至 8 月走势图

7.3.5　堆量上涨波段探头式放量

探头式放量，多出现在堆量上涨走势背景下，它是在堆量效果基础上的进一步放量，呈现出向上探头的视觉效果。当这种量价形态出现后，由于成交量很难再进一步放大，而市场抛压又进一步增强（交易量是双向的，放量既代表着买盘，也代表卖盘），因而，个股价格走势随后在卖盘的压力下或将出现中期转向。一般来说，探头式放量当日若收于阳线，则当日的收盘价很有可能就是中短期内的最高点，特别是在股价短期涨幅较大的背景下。因而，持股者第一时间减仓或清仓是一种相对稳妥的选择。

图 7-14 为星湖科技 2019 年 3 月至 5 月走势图，此股在价格一波上涨中出现了堆量形态，随后成交量再度放大且当日收于阳线，呈现出探头式放量形态，这是中短期内价格上涨接近极限的信号，随后的价格走势震荡向下的概率大增，我们可以将其看作是原有牛市运行格局快速转向的信号。

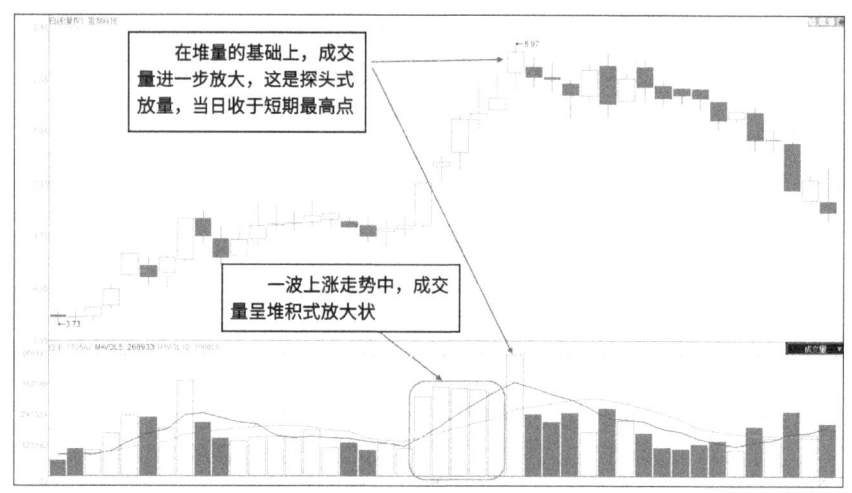

图 7-14　星湖科技 2019 年 3 月至 5 月走势图

7.3.6　递增式放量上扬形态

递增式放量上扬形态虽然是一种局部量价形态，但它却常常能预示价格走势的中期转向，特别是当递增上扬波段的涨幅较大时，这种量价形态特征包括：在连续多个交易日内，成交量呈现出了逐日放大的递增式变化，即后一交易日的成交量略大于上一交易日。(在实盘操作中，只要5日均量线保持持续上扬形态，则这种局部量能形态就可以被称为递增式放量。)

递增式放量上扬说明在个股的这一波价格上涨走势中，买盘的入场力度越来越大。但随着放量幅度的逐级递增，对于短期内市场多方力量的消耗速度也在加快；而且，由于交易是双向的，不断放大的量能也同时说明市场的获利抛压越来越重。因而，当成交量无法再度放大时，由于短线高点的买盘承接力度减弱，一波深幅调整走势的出现概率也将大大增加。

图 7-15 为龙建股份 2019 年 3 月至 5 月走势图，个股在价格突破盘整区的一波上涨走势中出现了成交量逐日放大的递增式放大形态。由于短线涨幅较大，且股价正处于向上突破波段，正是市场分歧加剧、短期抛压大增的运行环节。因而，当量能无法再度放大时，股价很难保持住突破成果，一波深幅回落、再度跌回盘整区的概率较大，持股者宜及时逢股价突破冲高之际卖出观望。

从实际走势来看，递增式量能中的成交量峰值处往往也就是个股价格阶段性高点的位置处。在实盘操作中，一旦个股无法维持这种递增放量的效果，我们就宜短线逢高卖股，以规避随后的股价下跌风险。

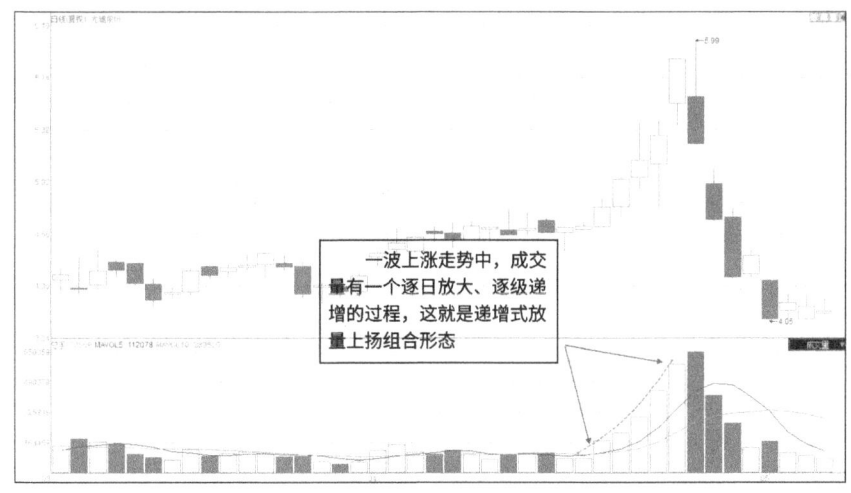

图 7-15　龙建股份 2019 年 3 月至 5 月走势图

7.4　格兰维尔交易法则与量价准则

美国股市分析家格兰维尔（Joseph E. Granville）在其著作《股票市场指标》中论述了成交量的重要作用，并指出："成交量是股市的元气与动力，成交量的变动，直接表现股市交易是否活跃，人气是否旺盛，而且体现了市场运作过程中供给与需求间的动态实现，没有成交量的发生，市场价格就不可能变动，也就无价格趋势可言，成交量的变化过程就是市场运行过程中供求关系的动态变化过程，成交量的增加或萎缩都反映了一定的价格运行趋势。"

基于对股票市场中的量价关系研究，格兰维尔总结了 8 种量价组合，这些量价组合有着很强的通用性且经过了时间的验证，因而在世界范围内获得了投资者的普遍认同，被称作经典量价准则，是技术派投资者应知应会的内容之一。本节中，我们以格兰维尔的交易法则为切入点，结合 A 股市场的案例来看看这 8 种具体的量价组合形态特征。

7.4.1 格兰维尔 3 种交易法则

1. 买入法则

买入法则是对买入行为的一种策略性指导，它主要包括两点内容：一是上升状态下的买入策略；二是趋势不明状态下的买入策略。格兰维尔指出：当市场处于牛市时，由于升势格局较为明朗，投资者应坚定持股，且股价每一次的回调整理都是买入的时机；如果市场的运行处于趋势不明朗的状态，比如在上升途中的震荡阶段，或是中长期低位区的持久企稳走势阶段，此时投资者依然可以实施逢短期回落时买入的策略。

2. 卖出法则

卖出法则是对卖出行为的一种策略性指导，它指出：当市场处于较为明朗的熊市运行格局时，投资者应坚定持币，且股价每一次的反弹都是卖出的时机；如果市场的上涨趋势并没有确立时，比如在中长期低位区出现了一波强势反弹、却没有发出趋势转向信号，此时投资者应在股价上涨时择机卖出。

3. 警告法则

警告法主要提醒投资者何时应该买，何时应该卖。它是一种提示机会与风险的策略性指导，主要包括 4 点：一是当市场并没有确立牛市格局时，投资者不应在股价短线回落时过早"抄底"买入；二是当市场已出现较为明确的熊市格局时，投资者应坚决持币观望，不宜入场买股；三是当市场并非处于明确的熊市格局时，如果股价出现上涨，投资者不必急于卖出，可以见势而行（特别是股价处于中长期低位区时）；四是当市场已确立为牛市格局时，投资者宜持股不动，不宜盲目卖出。

7.4.2 量价准则之量价齐升

量价齐升也被称为价升量增，是指伴随着股价的节节上升，成交量也同步地不断放大，即价格走势创出新高，成交量的均量水平也同步创出新高，也就是我们常说的"有价有市"。这种量价配合关系表明市场的上涨得到了充足买盘的推动，意味着上涨趋势仍将继续。

量价齐升是一种整体性量价关系，它并非指代局部上涨波段中出现的"放量上扬"，它是将后一波上涨时的量能水平与前一波上涨时的相比较而得出的，后一波上涨时由于股价创出新高，因而其均量水平也要相应地增加。

图 7-16 为云赛智联 2019 年 1 月至 4 月走势图，对比可见，后一波上涨时的均量水平高于前一波上涨时的水平，这就是量价齐升形态。在图中标注的第一波上涨走势中虽然也有放量上涨形态，但这只是一种局部量价形态，并不是我们在这里讲解的量价齐升关系。

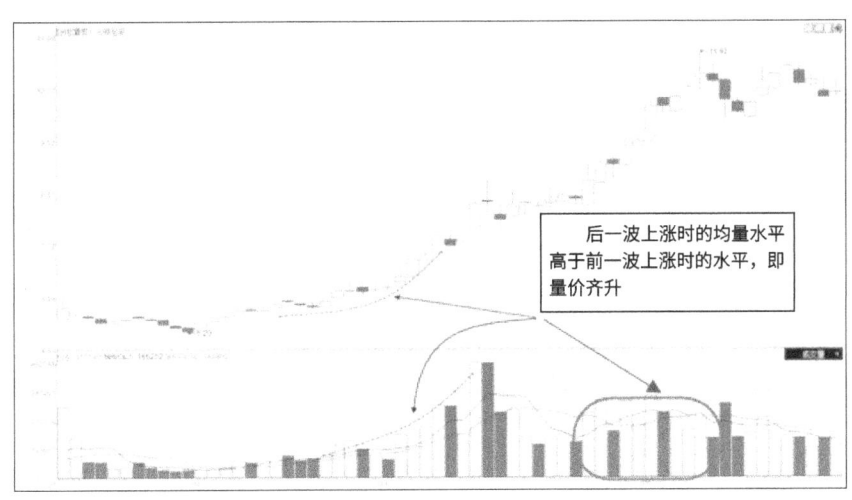

图 7-16　云赛智联 2019 年 1 月至 4 月走势图

7.4.3　量价准则之量价背离

量价背离形态与量价齐升正好相反，它是指后一波上涨时的价格虽然创出了新高，但这一波上涨过程中的均量水平不如之前一波上涨时的水平。

这种量价关系出现在累计涨幅较大的位置点是市场做多情绪减弱、买盘无法再继续放大的表现。虽然股价同期创出了新高，但这种创新高的走势是较为可疑的。股价之所以能再创新高，是因为获利盘并没有大量涌出。但这种上涨是不坚实的，随时可能因为个股短期滞涨或是市场回落而导致获利盘大量离场。

此时，投资者入场买盘的承接力度很小，就会导致趋势反转向下。

图 7-17 为江铃汽车 2018 年 12 月至 2019 年 5 月走势图，此股在价格一波创新高走势中的均量水平明显小于之前持续上扬波段的量能，将两个上涨波段的均量水平进行对比，再结合同期此股价格累计涨幅较大的事实，我们可以预判趋势见顶的概率大增。当这种量价背离形态出现后，持股者一般不必过早离场，因为基于良好的上涨形态，很多个股价格仍将持续上涨。一般来说，持股者可以等到量价背离形态较为鲜明、而个股价格在短期上涨走势中又遇阻力（如出现大阴线或是连续多日滞涨）时再卖出。

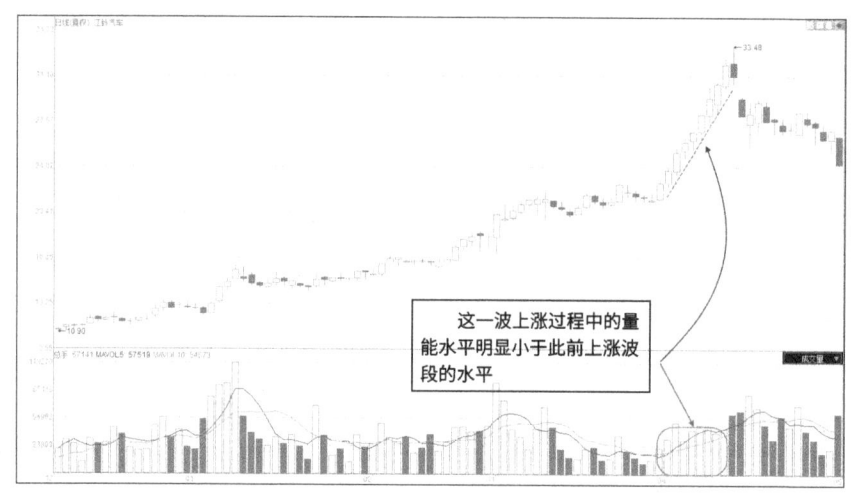

图 7-17　江铃汽车 2018 年 12 月至 2019 年 5 月走势图

7.4.4　量价准则之价升量减

量价齐升、量价背离均属于整体性量价形态，它们主要用于判断趋势运行。而价升量减则不同，它是一种局部量价形态，是一种仅预示股价短线回落的形态，这种形态特征包括：个股在价格的一波上涨走势中，上涨起步时的量能放大较为明显，但随着股价的节节上涨，成交量反而呈现逐步缩减的状态。

这种形态表明入场的买盘力度在不断减弱，它与常见的"涨时放量、跌时缩量"的配合关系不同。虽然这种形态较为少见，但是当这一形态出现时，我们就要做好阶段性逃顶的准备。

图 7-18 为华贸物流 2019 年 1 月至 3 月走势图，此股在一波价格创新高的走

势中就出现了明显的价升量减形态。由于此时中短期涨幅均较大，因而这一量价形态不仅预示了股价短期内难以站稳于上涨后的高点，也提示其进入中期顶部的概率较大，持股者宜逢高卖出。

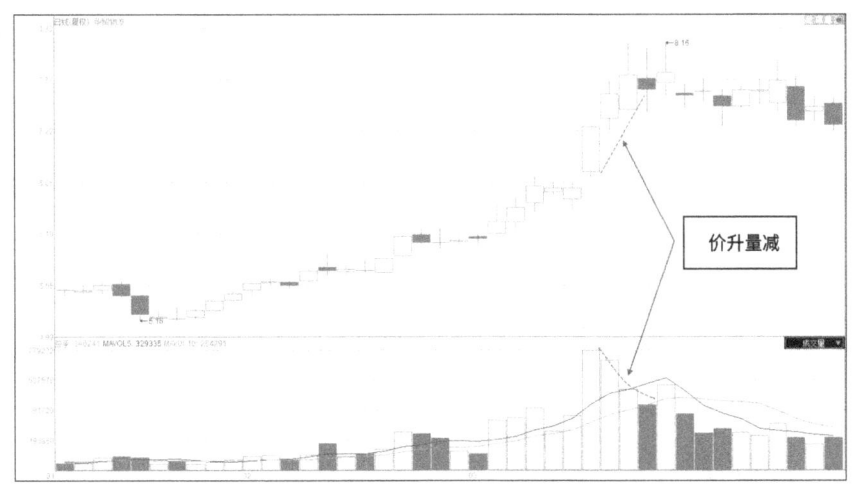

图 7-18　华贸物流 2019 年 1 月至 3 月走势图

7.4.5　量价准则之量价井喷

量价井喷，是指成交量剧增、价格走势直线上扬。这种组合形态出现在低位区，是升势或将出现的信号。但是，如果它出现在相对高位区，即个股之前已出现了较长时间的放量攀升走势，多表明个股价格的上涨趋势已接近尾声，是趋势即将反转的信号。

因为成交量急速放出势必导致多方力量的过快释放，而买盘力量又是有限的，物极必反，当买盘释放过快、过度后，趋势出现反转的概率自然大增。在量价井喷走势过后，我们往往能看到个股出现"成交量大幅萎缩，价格急速下跌"的走势特征，这正是市场已经没有较为充足的买盘来抵挡股价的大幅回调的标志。

图 7-19 为同为股份 2019 年 2 月至 4 月走势图，此股在价格上升的途中整理之后出现了一波量价井喷走势。由于有之前的放量攀升作铺垫，这一波量价井喷之后，股价的中短线涨幅已经较大，是中期走势见顶的信号。

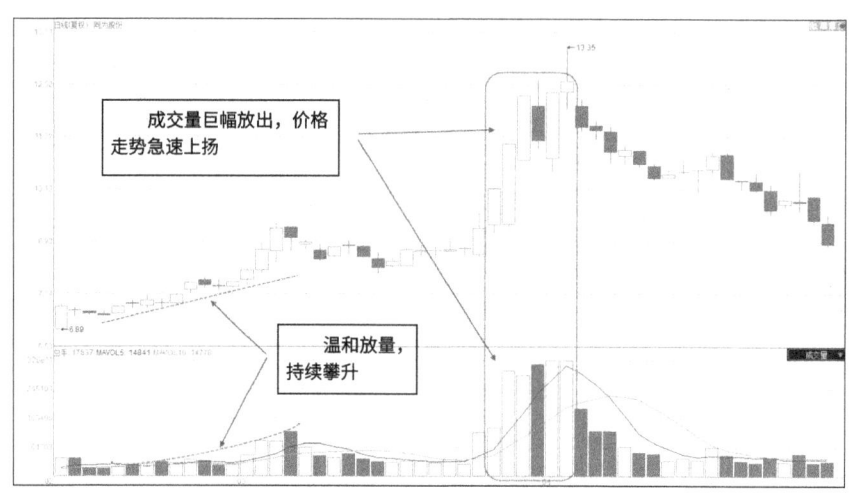

图 7-19　同为股份 2019 年 2 月至 4 月走势图

7.4.6　量价准则之巨量滞涨

巨量滞涨，也被称为放量滞涨，是指成交量大幅放出、而价格走势却呈横向滞涨的状态。这种量价形态一般预示着中短期顶部的出现，量能放大越明显，则个股价格随后的中短线跌幅往往越大。

从实际走势来看，巨量滞涨的形态常出现在短期高点，可能是一波上涨后的高点，也可能是盘整区的突破位置点。这种量价形态的市场含义往往难以解读，因为，在此期间的价格走势未见明显变化，常常以窄幅的横向整理为特征。但是，我们可以试想一下，当成交量剧增时，个股中一定涌入了大量的买盘，而在如此大量买盘涌入的情况下，股价都无法出现明显的上涨，那么在随后买盘跟不上的情况下，股价走势又会如何呢？而且，巨幅放出的成交量是否有主力参与其中呢？如果主力资金在巨量中都无法推升股价上涨，那主力的真实市场行为是否是出货呢？因而，综合来看，这是一个中短线的警示信号，预示着价格走向或将转向。

图 7-20 为同德化工 2017 年 9 月至 12 月走势图，在盘整区的突破位置区，此股价格走势虽然呈现出强势的横向整理特征，但同期的成交量却异常放大，这是巨量滞涨形态，表明此股在突破位置区遇到了大量抛盘，此时还没有立刻转向是因为股价的短线涨幅不大，且呈现出突破的形态特征。但随着滞涨走势

的持续，持股者的耐心会越来越低，并导致价格走势调头向下，对于持股者来说，宜减仓或清仓。

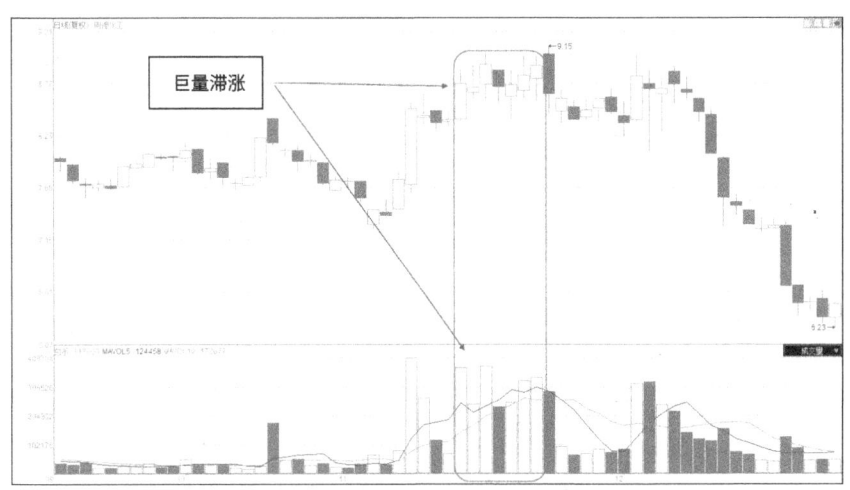

图 7-20　同德化工 2017 年 9 月至 12 月走势图

7.4.7　量价准则之回探缩量

底部的构筑往往是一个反复的过程，这与多空双方力量均于平衡，且多空分歧明显的市况有关。当股价第一次探底时，一般来说，由于恐慌盘的抛售或是看空情绪的加重，常会出现大量下跌。在抄底盘参与后，个股价格开始企稳震荡，此时，当股价再度下探至前期低点而个股呈现相对缩量状态（相对于第一次下探至此位置区时的量能），则表明空方抛压已在大幅减弱，随后在买盘再度抄底入场及持股者锁仓的情况下，股价触底反弹的概率将大增，并有望筑底成功。

从量能形态上来看，股价第二次探至低点时的量能要小于第一次下探时的量能，这属于二次探底相对缩量，我们称之为回探缩量，它预示了底部的出现及股价后期的上涨。

图 7-21 为恒顺醋业 2017 年 12 月至 2018 年 5 月走势图，在中长期的低位区，图中标注了此股价格两次下探至最低位置区时的量能大小。对比可见，第二次下探至低点时的量能明显地相应缩小，这种二次探底缩量形态是中短期走势见底的信号之一，结合股价前期的巨大累计跌幅来看，投资者此时可适当参与，

实施中线布局操作。

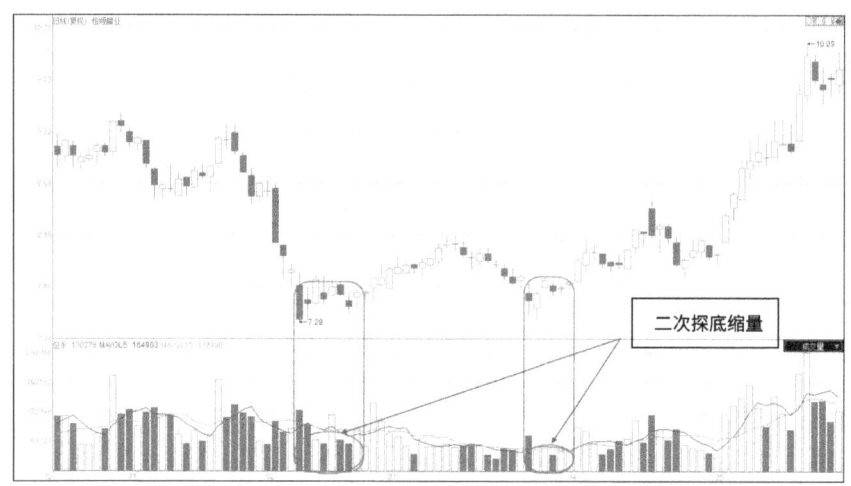

图 7-21　恒顺醋业 2017 年 12 月至 2018 年 5 月走势图

7.4.8　量价准则之放量探底

股价持续下跌使得市场的恐慌情绪加重，如果个股在价格累计跌幅本就较大的位置区再度出现了放量下跌形态，在个股没有明显利空消息的情况下，这种下跌多源于非理性的市场抛售行为，是空方力量的一次相对集中释放，也将使得空方力量在中短期内大大减弱。这一波放量下跌所创的低点往往在短时间内很难被突破，并很有可能引发趋势的反转，我们可以预期价格走势随后有望反转。

这种量价关系与我们前面讲到的量价井喷恰好相反，量价井喷反映了升势末期多方力量的集中释放导致了上涨趋势的反转；而我们这里所讲的量价关系则是跌势末期空方力量的集中释放导致了下跌趋势的反转。我们在学习经典量价关系时，可以对比参照，这样更容易加深理解。

图 7-22 为晨光生物 2018 年 6 月至 11 月走势图，此股在中长期的低位区出现了股价重心持续下移、但跌速很缓慢的走势格局，并使得空方力量得到了一定程度的积累。随着市场的低迷及大市的波动，一波放量破位走势随之出现，价格短期跌幅大、量能放大明显，这是对空方力量的集中释放。结合当前的位置区来看，空方力量过度释放后，在抄底盘的涌入及持股者的锁仓双重驱动下，

趋势有望迎来反转。

对于投资者来说，在放量下跌后的企稳阶段可适当参与，买股布局。但是，由于这是一种抄底行为，而跌势的幅度往往是超出预期的，个股即使有业绩支撑，在低估的状态也仍然能够继续下行，正所谓"牛市不言顶，熊市不言底"，因而，投资者在布局时应尽量控制好仓位，并设定好止损价位。

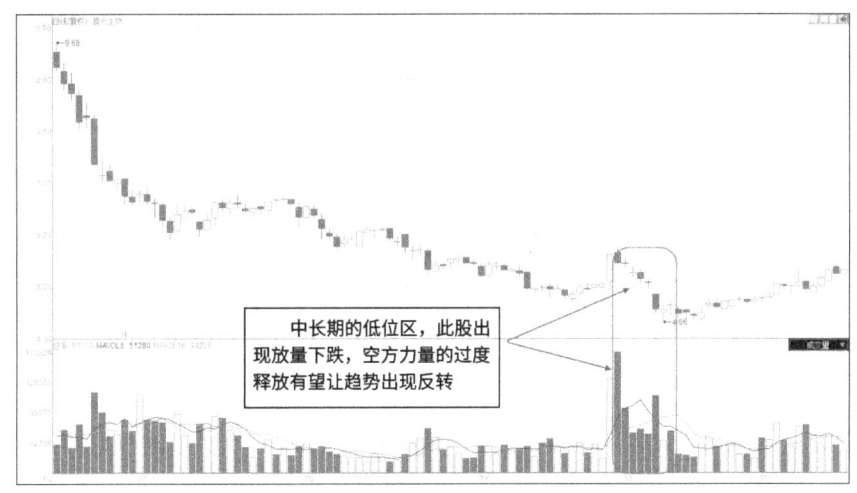

图 7-22　晨光生物 2018 年 6 月至 11 月走势图

7.4.9　量价准则之破位放量

对于上升趋势来说，我们可以借助前面讲到的画线法则来画出趋势的支撑位。在上升途中，偶然性的波动使得价格向下跌破支撑位并不意味着趋势的转向；但在顶部区，价格向下跌破支撑位却是反转信号。那么，如何区分"上升途中的偶然波动跌破支撑位"与"预示着趋势反转的顶部区跌破支撑位"呢？我们除了关注累计涨幅与估值状态外，利用交易量这个技术辅助工具也是十分有效的。

在这种量价关系中，我们是将成交量与趋势线或移动均线综合起来进行考虑的，移动均线与趋势线都可以直观清晰地反映出趋势运行的状态。再把成交量的因素考虑进来后，我们不仅可以更为准确地应用移动均线与趋势线判断趋势，同时我们还可以利用量价分析法，即综合考虑成交量与其他技术指标，以此来预测股价的运行。

在相对的高位区，甚至是长期横向整理、趋势不明朗的相对低位区，如果个股出现了放量跌破中期移动均线或是上升趋势线（即支撑线）的现象，则表明空方力量已开始占据明显主动，且市场抛压沉重，趋势运行方向开始调头向下的概率大增。对于移动均线来说，一般以 MA30 或 MA20 来代表，其中，MA20 由于兼顾了均线的灵敏性与趋势性，因而能更及时地提示卖出时机。

图 7-23 为海越能源 2019 年 2 月至 5 月走势图，图中的均线为 MA20，此股价格在持续上涨后于相对高位区横向震荡，期间虽偶有震荡跌破 MA20，但量能未见变化，且股价也能迅速收复失地，因而这不是趋势转向信号。

但随着震荡的持续，在图中标注的位置，此股价格以成交量相对放大的方式跌破 MA20 的形态，就说明获利盘已经开始大量抛售了，它是一个信号，是买盘无法抵挡获利盘抛出的信号，同时也是趋势反转的信号。结合同期市场整体走势较弱、人气低迷的情况来看，在股价跌破 MA20 后或将引发更多的资金离场并导致跌势加速，因而，对于持股者来说，宜在第一时间卖出，以规避趋势快速转向的中短期风险。

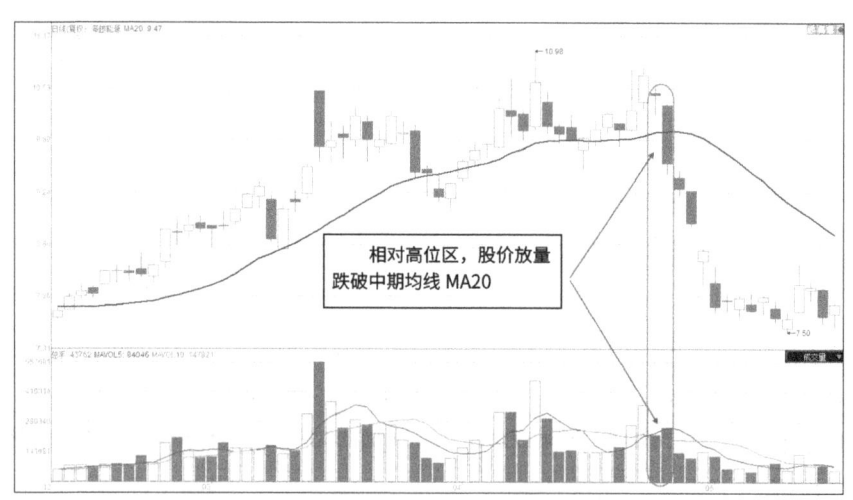

图 7-23　海越能源 2019 年 2 月至 5 月走势图

第 8 章

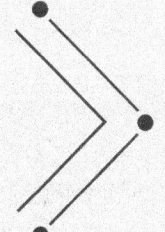

道氏次级运动转向信号

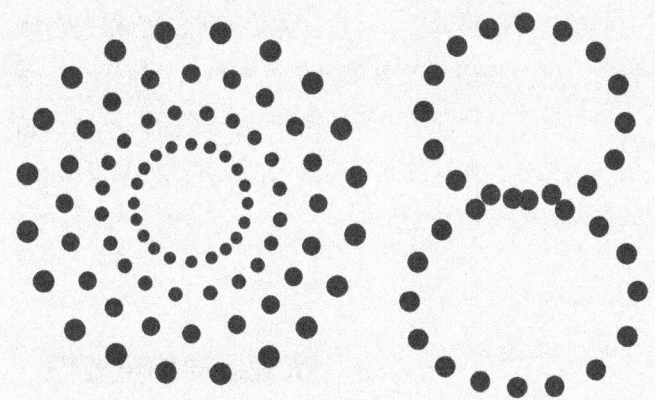

前面的章节中，我们主要学习了分析、判断基本趋势的方法与技术手段，本章开始，我们将继续深入道氏理论提及的次级运动的学习中。

次级运动也可以称为折返走势、次级走势、次要趋势，它出现在基本趋势的运行过程中。与短期波动相比，次级运行有着明确的方向性，且幅度较大。基于价格走势的不确定性与趋势判断的难度，投资者如果不能及时识别次级运动的出现，就会使得账户资金骤增骤减，这对于实盘交易来说，是十分被动的。只有能够较好地辨识次级运动才能更好地实现账户资金的稳步增长。在前面关于移动均线、MACD、交易量的专题讲解中，我们已经在讲解趋势分析的基础上，进一步论述了它们提示中级转向的一些常见形态，它们都可以被看作是次级运动的转向信号。本章我们继续深入，从实战的角度出发，来看看如何利用更多的方法预测次级运动的出现。

8.1 次级运动的重要性

次级运动以两种方式呈现。在上升趋势中，它是中级回调波段；在下跌趋势中，它是中级反弹波段。当折返走势出现后，价格常常可以回撤这一波涨跌幅度的 1/3 或 2/3。可以说，其幅度极大，因而正确地判断这种级别的运动是保障一笔交易成功的关键因素。

8.1.1 次级运动的取代性

次级运行在道氏理论中的地位虽然不及主要趋势，但在实盘交易中，对次级运动的判断准确与否往往直接决定着一笔交易的成败，即使这笔交易是以主要趋势为基础的中长线交易。这是因为，实际的股票市场运行，特别是个股价格走势，其趋势运行周期往往大幅短于道氏理论给出的结论，而且次级运动的波动幅度极大，我们往往很难从牛熊交替的宏观趋势角度来实施"逃顶抄底"长线操作。

在股市并非处于十分低迷的状态时，个股价格走势具有较强的独立性，震荡反复的行情取代整体升势格局。此时，如果不能及时地辨识次级运动的出现，投资者就有可能被趋势运行"牵着走"，一时认为当前为升势格局，一时又认为当前为跌势格局，那我们的交易也将是极为被动的。

次级运动在市场的波动幅度加大，或是受消息面影响的时候，它甚至能够取代原有的基本趋势，特别是当原有趋势运行力度不够强的时候。例如：在上升趋势相对明朗的状态下，此时的个股价格可以画出明确的支撑线，均线也呈多头排列，但就是在这样的背景下，基本趋势也可能随时转向，由原来的升势直接过渡到跌势中。这可以说是次级运动演变为趋势转向，而这种演变是随着价格走势的不断发展才呈现出来的，也就是说我们很难在次级运动形成之初发现这种演变。而当次级运动完成演变、跌势相对明确的时候，我们已然错失了最好的卖出时机。此时很可能就是中期底部，卖出则利润全无，持有则变成逆势操作。对于不熟悉股市这种剧烈波动特征的投资者来说，如果仅秉持着简单的"顺势交易"原则，将很可能坐一次"过山车"并陷入两难困境。

所以说分析次级运动是交易成败的核心要素之一，次级运动体现在盘面形态上，就是那些预示着中短期走势变盘的转向信号，它们可能是K线的形态变化，也可能是量价的特定组合，或分时图的特征形态，等等。

道氏理论没有提及次级运行的这种取代性，是因为道氏理论是一个相对理想化的趋势运行模型。如果实际走势中出现了次级运动的这种取代性，那么，在道氏理论中，次级运动之前的走势便不能被称为基本趋势，而应将其归结为无趋势的震荡形态。但对于广大投资者来说，这种理想化的分析模型具有明显的滞后性，因而，在实盘中，理解次级运动的这种取代性有着重要的指导意义，也将使我们在交易中有着更强的主动性，而不是被可能快速转向的趋势"牵着走"。

8.1.2 实例解读次级运动演变

图 8-1 为陕鼓动力 2018 年 12 月 17 日至 2019 年 4 月 23 日走势图，我们来看一下此股价格的运动过程。

首先，股价突破了中长期的低位平台区，随后股价节节攀升、量能放大，这是其步入升势的标志。此时，我们可以画出一条上升趋势线以显示其支撑位。

随后，股价在累计涨幅不大的位置点出现了横向整理形态，但股价重心略有上移，这是升势仍在持续的标志。

当股价经一波快速调整而短期跌破支撑线时，由于量能未见明显异动，股价前期累计涨幅较小且升势形态稳健，依据趋势运行规律，我们可以将这一波调整看作是次级运动，它是升势中出现的一次短期调整。如果我们判断这仅只是一次相对短暂、幅度适中的次级回调走势，则此时买入无疑是升势中的一种正确交易方法。但是，2019 年 4 月 23 日这个时间点真的适合逢低买入么？

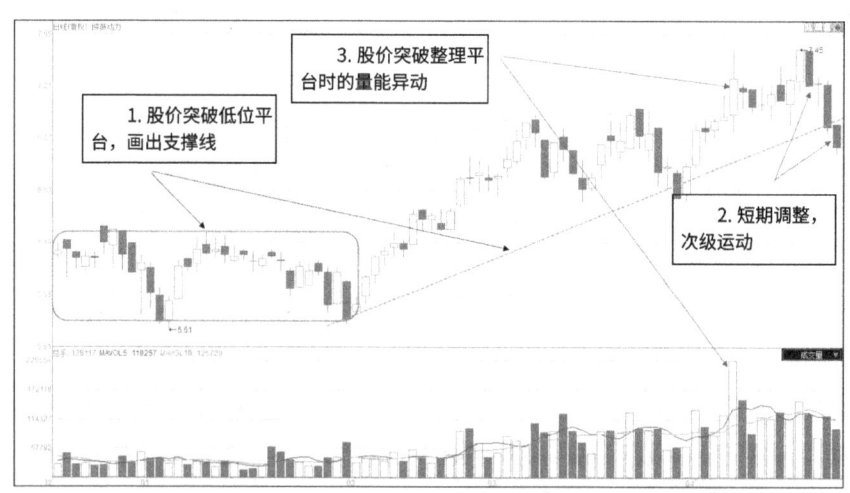

图 8-1 陕鼓动力 2018 年 12 月 17 日至 2019 年 4 月 23 日走势图

图 8-2 标示了此股价格在 2019 年 4 月 23 日之后的运行情况，从此股随后的价格走势来看，这一波起初看似为次级调整的走势已然逐步演变成了一轮深幅下跌行情，如果我们在 4 月 23 日逢回调买入，中短期内将出现较大幅度的亏损，而这还是在参与绩优股的过程中且非追涨行为交易下出现的亏损。

如果我们仔细查看就会发现一个线索：在升势整理后的突破过程中，出现了单日巨量的形态，如图 8-1 中的 "3" 所标示。在随后的小节中，我们将讲到这是一种可称之为 "脉冲式放量" 的形态，它多预示着个股价格难以站稳于短期突破后的位置点，是深幅调整或将展开的信号。如果我们能够正确辨识这一形态，就能很好地提前预判这一轮中级下跌走势，而不是将其看作短期内幅度相对较小的次级回调走势，从而也就避免了我们在上升途中逢回调买入的被套风险。

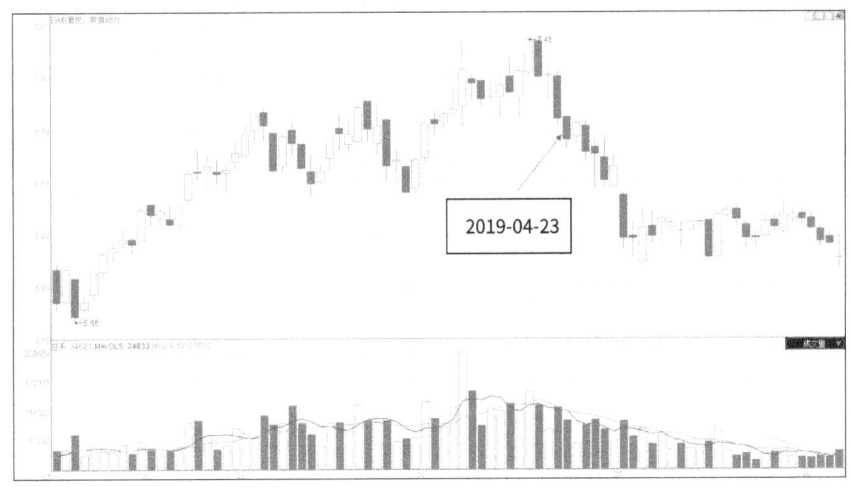

图 8-2　陕鼓动力 2019 年 1 月至 6 月走势图

8.2　单根 K 线次级转向信号

K 线表面上只是记录价格走势的一种工具，然而，它也是市场多空双方力量对比转变情况的外在体现。单根 K 线虽然只代表了一个交易日的多空双方交锋情况，但是在很多时候，一些形态特征鲜明的单根 K 线却能够向我们提示多空力量的快速变化，进而指示次级运动的出现。

8.2.1　影线转向信号

影线，指单根 K 线出现了较长的上影线或下影线，且影线比 K 线的矩形实体要长。实盘中,有两种影线的实战性较强,一是长上影线,二是长下影线。

长上影线主要用于短线高点,它常常是一波次级回落走势出现的信号。此时长上影线的出现反映了多空双方在盘中交锋过程较激烈,且多方在盘中发起的进攻最终被空方压制,无功而返,彰显了市场短期内的逢高抛压沉重,短期股价出现回落走势的概率大增。

图 8-3 为文一科技 2017 年 12 月至 2018 年 5 月走势图,此股在持续运行过程中多次出现长上影线形态,有阳线也有阴线,有出现在反弹位置点的,也有出现在低位区突破位置点的。从趋势运行的角度来看,反弹位置点(箭头指示的最左侧)的长上影线固然可以提示反弹遇阻,是新一轮跌势将要展开的信号。但对于低位区突破点的长上影线,如果我们从趋势运行的角度忽略了它提示的次级回落走势将出现的信号,而继续选择持股不动,则将在交易上十分被动,因为个股价格随后便步入了震荡下跌的走势格局,再度步入趋势不明朗的状态。利用长上影线提示的信号,我们能够及时地调整仓位,在交易上也将占据主动。

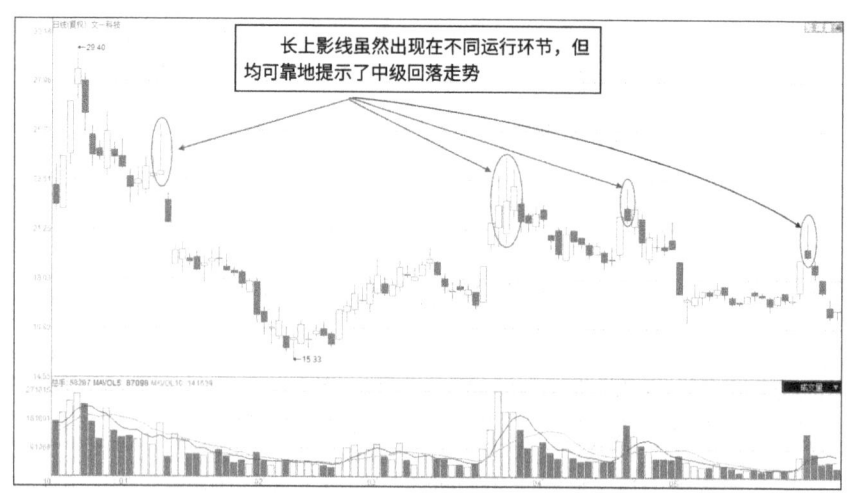

图 8-3 文一科技 2017 年 12 月至 2018 年 5 月走势图

长下影线形态刚好相反,它主要用于阶段性低点,是空方盘中抛售过程中遇到了强有力承接的标志,一般来说,它是中短期内触底回升的信号。

图 8-4 为金自天正 2018 年 10 月至 2019 年 1 月走势图,此股在相对低位区

的窄幅平台震荡过程中，出现了一个盘中破位，但收盘前强力收复的长下影线形态表明此位置点的支撑力强，股价随后有望震荡上行，是中短期内的买股信号。

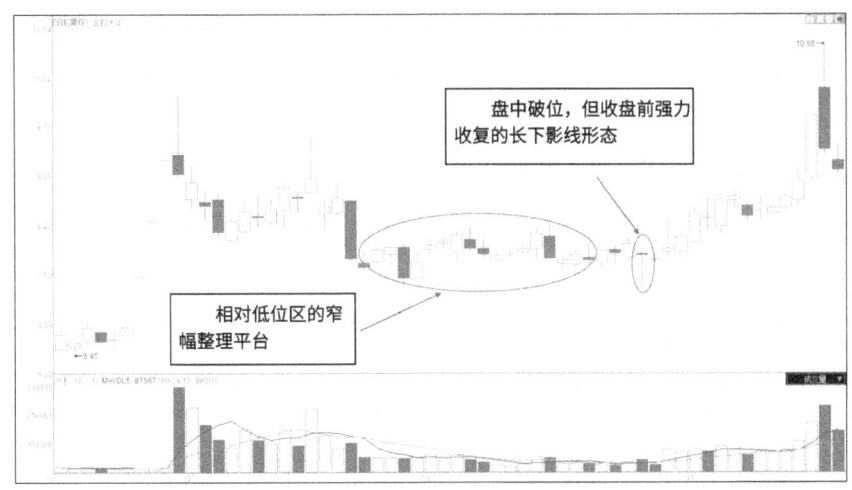

图 8-4　金自天正 2018 年 10 月至 2019 年 1 月走势图

8.2.2　折反信号分析关键

在利用长影线分析判断时，我们一定要关注价格的局部走势。只有出现在阶段高点的长上影线才是相对可靠的回落信号。同样，只有出现在阶段低点的长下影线才是相对可靠的回升信号。如果长上影线出现在阶段低点，那它的市场含义将会改变，此时的长上影线反映了多方力量盘中上攻遇阻，它更多的是一个提示信号，即多方有意推升价格。虽然短期内的实力依然不占明显优势，但是随着走势的持续，多方很可能会再次占据主动，所以这可以说是一个回升信号，并非回落信号。

图 8-5 为国轩高科 2018 年 10 月至 2019 年 2 月走势图，此股交替出现了长上影线与长下影线。长下影线表明此位置点支撑力强，长上影线表明多方上攻遇阻。结合股价当前的位置区间，长上影线蕴含的空头信息较弱，随着走势的持续，多方力量逐步增强的概率更大。因而，此时的长上影线非但不是回落信号，反而预示了多方蠢蠢欲动的市场行为，是股价有望突破这个整理区向上运行的信号。

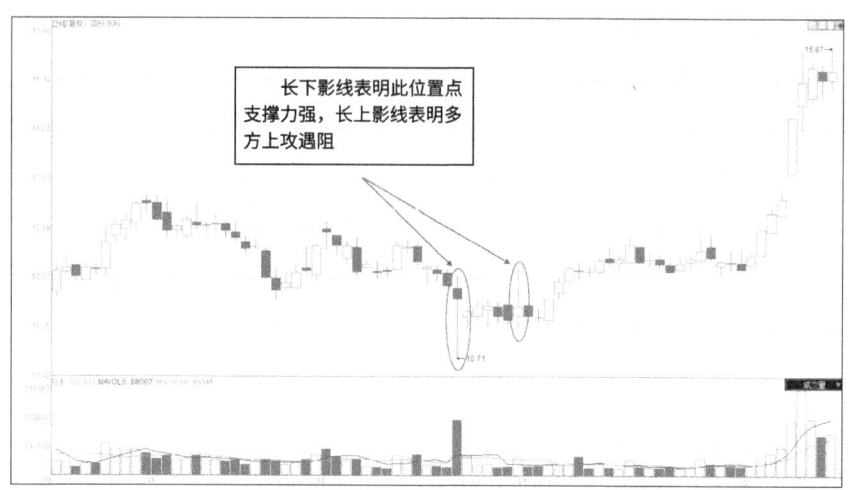

图 8-5　国轩高科 2018 年 10 月至 2019 年 2 月走势图

值得注意的是，以长影线为代表的这些次级运行提示信号（包括本章随后将要讲到的信号），在实际运用时，它们都有一个具体的适用环境。在不特别说明的情况下，提示次级回落走势的形态出现在短期高点，或者提示次级回升走势的形态出现在短期低点时，这样它们才是更为可靠的折返信号。

8.2.3　十字星转向信号

十字星是带上下影线、几乎没有矩形实体的单根 K 线，上下影线的长度接近，且当日的盘中振幅一般不小于 5%。十字星可以看作是多空力量趋于均衡的信号，当其出现在一波上涨后的高点时，此时的多空格局由原来的多方力量占优转为多空均衡，提示价格走势有调整的需要；当其出现在一波下跌后的低点时，则提示价格走势有反弹的需要。

图 8-6 为贵航股份 2019 年 3 月至 5 月走势图，此股在价格持续上涨后的高点出现了十字星形态，提示中短期内或将有回落走势出现，持股者宜减仓以规避风险。

图 8-7 为游族网络 2019 年 1 月至 4 月走势图，图中标注了两个十字星形态。其中一个十字星形态出现在横向窄幅整理走势中，这个十字星并不是短线调整的信号，它的实战意义不突出；第二个十字星则出现在短线大幅回落之后的低点，这个十字星就是提示短期内价格走势有反弹需要的信号。

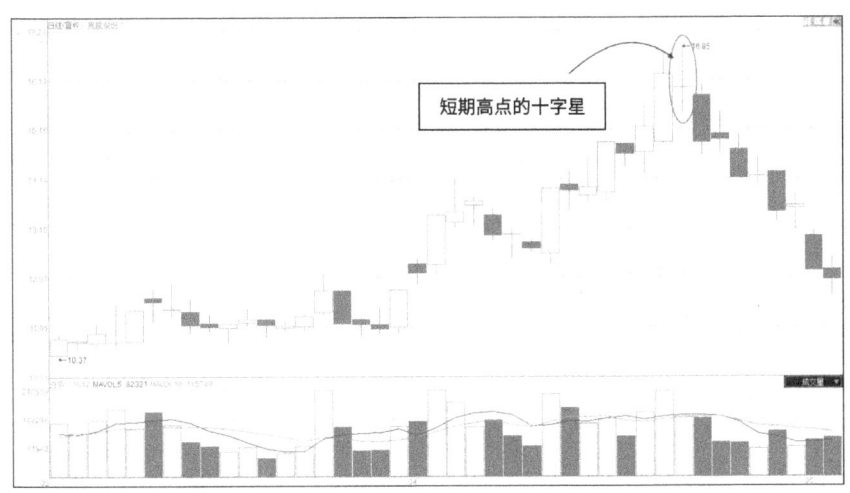

图 8-6　贵航股份 2019 年 3 月至 5 月走势图

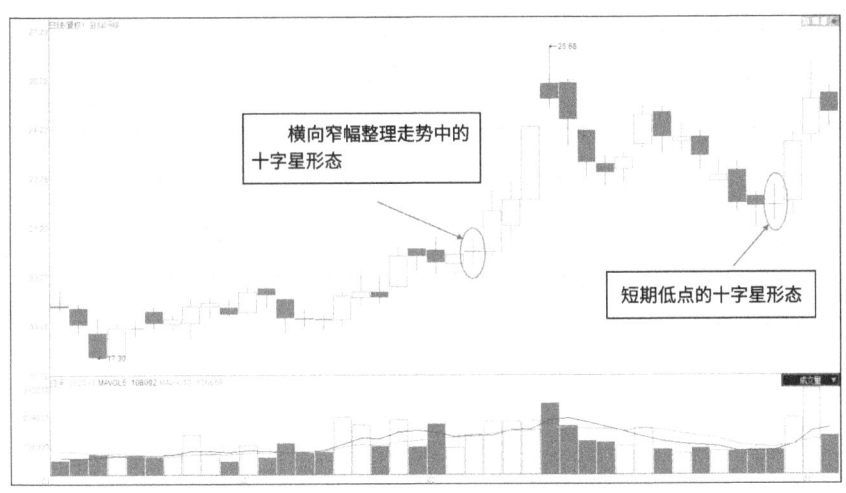

图 8-7　游族网络 2019 年 1 月至 4 月走势图

8.2.4　宽振线转向信号

宽振线是一种带有长上影线或长下影线，且有矩形实体的单根 K 线，当日盘中振幅至少超过 10%。这种形态，无论出现在短线高点，还是横向的整理平台区域，一般来说，都代表着中短期将出现深幅调整，是次级回落走势将出现的信号。当日的盘中振幅越大，则它所预示的次级回落走势信号越明确。

图 8-8 为莫高股份 2019 年 2 月至 5 月走势图，此股在价格一波上冲后的高

点出现了宽振线的形态，表现为长长的下影线和矩形实体，表明当日的盘中振幅极大，这是多空分歧十分明显、此股短线抛压沉重的信号。一般来说，宽振线出现当日会有成交量的大幅放出，这正是市场抛压沉重的标志，它也预示了个股价格将出现次级回落走势，是提示我们中短期内宜卖股离场的信号。

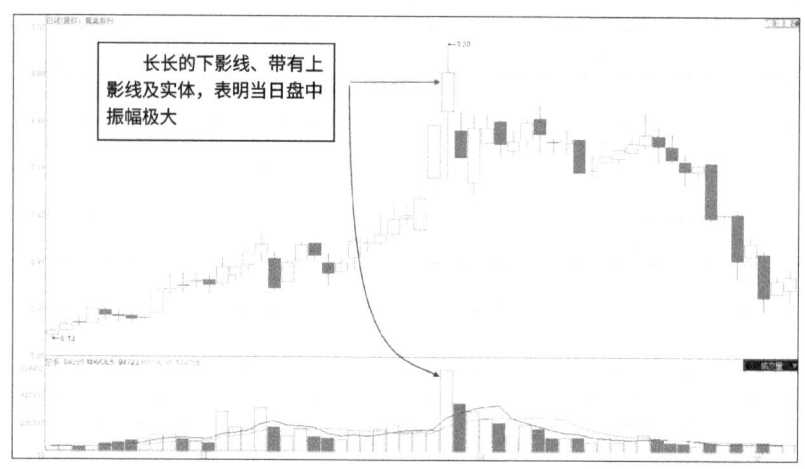

图 8-8　莫高股份 2019 年 2 月至 5 月走势图

图 8-9 为博深工具 2018 年 10 月至 2019 年 1 月走势图，此股在横向的窄幅整理走势中出现了宽振线形态，虽然整体运行形态似乎处升势中，但十分鲜明的宽振线却提示我们股价中短期内难拾升势，随后向下跌破窄幅平台区的概率则较大，操作中，持股者宜减仓或清仓以控制风险。

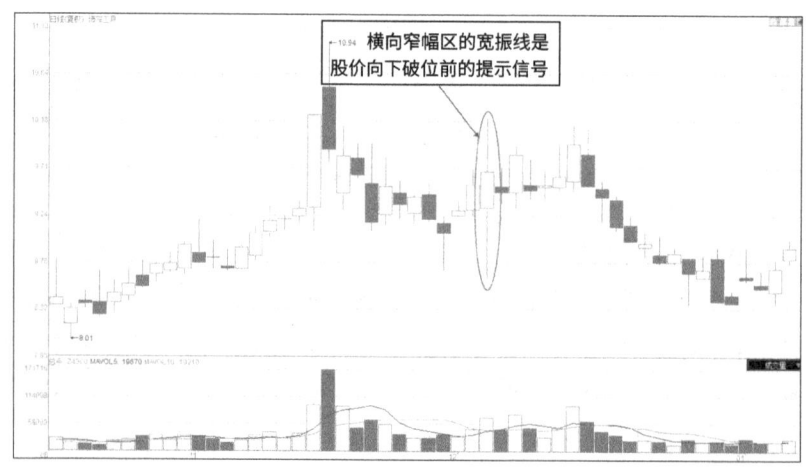

图 8-9　博深工具 2018 年 10 月至 2019 年 1 月走势图

8.3 组合 K 线次级转向信号

组合 K 线由至少两根 K 线组合而成，他们有着鲜明的形态特征，当其出现在特定的位置点时，如短线高点或短线低点，或者是盘整区的突破位置点，往往能够准确地提示次级折返走势的出现。本节我们就来看看这些组合 K 线形态。

8.3.1 抱线转向信号

抱线由两根 K 线组合而成，这两根 K 线是"前短后长"的组合方式，前面的短 K 线的最高价低于后面长 K 线的最高价，短 K 线的最低价则高于长 K 线的最低价，这使得后面的长 K 线犹如"抱住"了前面的短 K 线一样。

抱线组合可以分为两种，前面为短阳线，后面为长阴线，这被称为看跌抱线。当其出现在短期高点时，提示价格走势或将转向向下；前面为短阴线，后面为长阳线，这被称为看涨抱线，当其出现在短期低点时，提示价格走势或将转向向上。抱线是一种多空力量转变较为迅急的信号，对于投资者来说，宜在其出现后的第一时间展开操作，特别是对于形态特征十分鲜明的抱线组合。

图 8-10 为华海药业 2018 年 2 月至 4 月走势图，在此股在价格震荡回落的低点出现了看涨抱线组合。结合整体的上升趋势形态特征来看，这是短期内调整结束的信号，股价有望重拾升势。

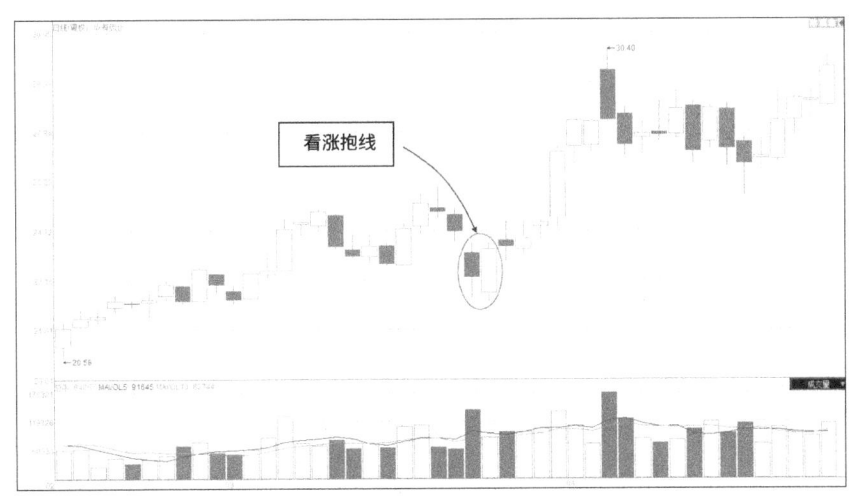

图 8-10 华海药业 2018 年 2 月至 4 月走势图

图 8-11 为金螳螂 2019 年 1 月至 5 月走势图，此股在价格持续上扬后的中短期高点出现了看跌抱线组合，结合股价前期的巨大累计涨幅及短期上涨节奏来看，这是中短期顶部将出现的信号。

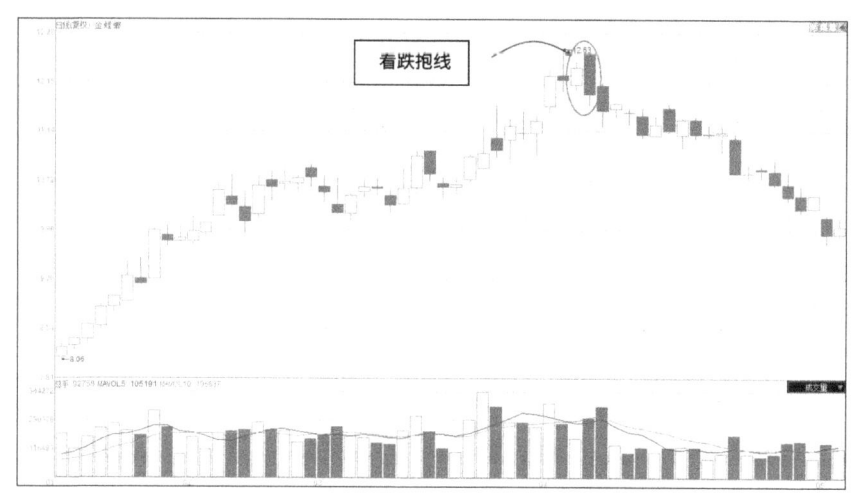

图 8-11　金螳螂 2019 年 1 月至 5 月走势图

8.3.2　孕线转向信号

孕线由两根 K 线组合而成，这两根 K 线是"前长后短"的组合方式，前面的长 K 线的最高价高于后面短 K 线的最高价，长 K 线的最低价则低于后面短 K 线的最低价，这使得后面的短 K 线犹如"孕"于前面的长 K 线之中。

孕线组合可以分为两种，前面为长阳线，后面为短阴线，这被称为阴孕线。当其出现在短期高点时，提示价格走势或将转向向下；前面为长阴线，后面为短阳线，这被称为阳孕线，当其出现在短期低点时，提示价格走势或将转向向上。

图 8-12 为苏州固得 2018 年 12 月至 2019 年 3 月走势图，在股价一波深幅回落的低点，此股出现了阳孕线组合，这是多方力量增强的信号，预示着股价短期回落的见底，也是股价上升途中的逢低入场信号。

图 8-13 为宏达矿业 2019 年 2 月至 5 月走势图，此股在价格短线一波快速上扬后的高点出现了阴孕线的组合，这是空方力量明显增强的信号，预示着短线

的见顶，是次级回落走势将展开的信号，持股者宜卖出。

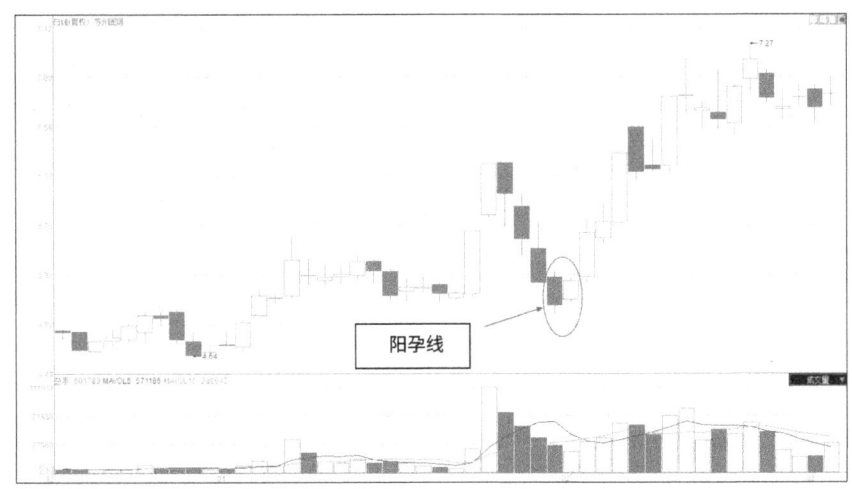

图 8-12　苏州固得 2018 年 12 月至 2019 年 3 月走势图

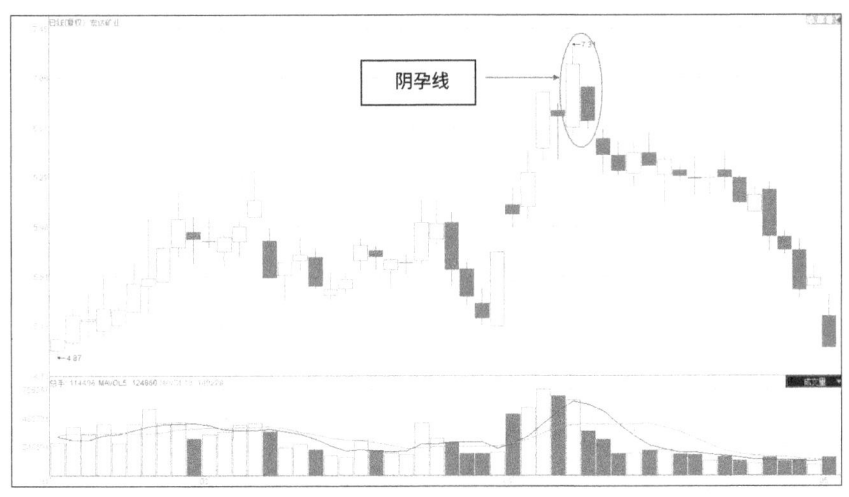

图 8-13　宏达矿业 2019 年 2 月至 5 月走势图

8.3.3　错位线转向信号

错位线常出现在较为迅急的短期波动走势中，它也预示了价格走势的急速反转。错位线可以分为两种：向上错位线、向下错位线。

向上错位线为前阴后阳的组合，后面一根大阳线高开高走，收盘价明显高于上一交易的日开盘价,形成了一种"向上错位"的效果。当它出现短线急速下跌且跌幅较大情形时,常会引发股价的急速反弹,是短线抄底信号之一。

向下错位线为前阳后阴的组合,后面一根大阴线低开低走,收盘价明显低于上一交易日的开盘价,形成了一种"向下错位"的效果。当它出现短线急速上涨情形时,往往预示了价格走势或将快速地转向向下,持股者宜第一时间卖出,锁定利润。

图8-14为保变电气2018年8月至2019年3月走势图,此股在出现价格向下跳空的缺口后,股价短期内的跌幅极大。此时出现了向上错位线的双日组合形态,它是一个提示信号,对于参与博取反弹行情的投资者来说,可以作为短线抄底的一个参考。

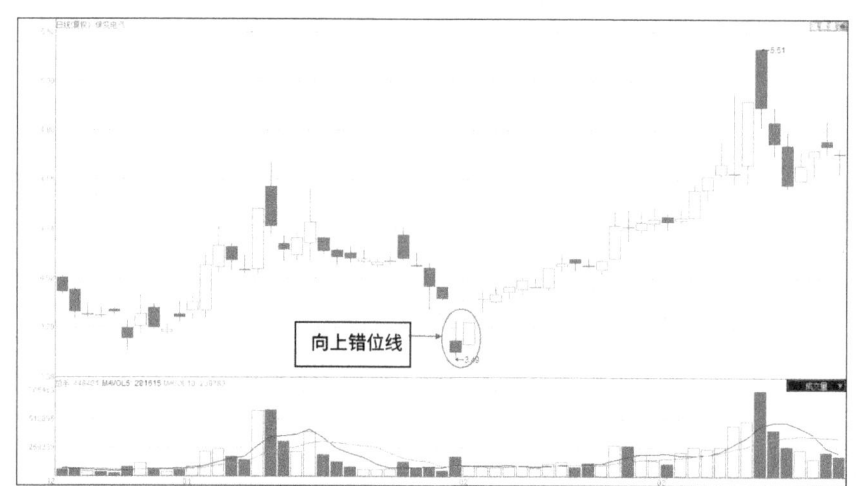

图8-14 保变电气2018年8月至2019年3月走势图

图8-15为豫光金铅2019年1月至3月走势图,此股在价格中短线涨幅较大的背景下,出现了向下错位线的组合,这表明空方力量突然大幅度增强。结合股价的位置区间来看,它不仅是次级折返走势出现的信号,同样也提示了中期顶部的出现,对于持股者来说,宜卖出。

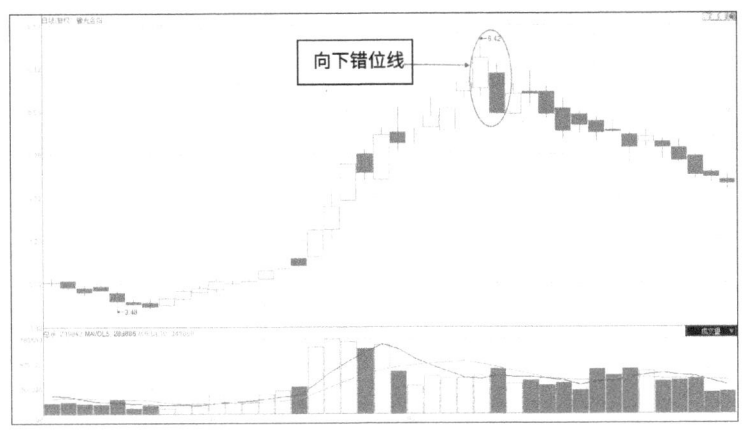

图 8-15　豫光金铅 2019 年 1 月至 3 月走势图

8.3.4　补缺线转向信号

补缺线是一种双日组合形态，它有两种表现形态。当其出现在短线低点时，是前阴线、后阳线的组合，且后面的阳线为低开高走型，收盘价嵌入阴线的实体内部，我们可以称之为插入线，它是股价短线回升信号；当其出现在短线高点时，是前阳线、后阴线的组合，且后面阴线为高开低走型，收盘价嵌入阳线的实体内部，我们可以称之为乌云盖顶，它是股价短线回落信号。

图 8-16 为江西长运 2018 年 9 月至 11 月走势图，此股在价格短期深幅下跌后的低点出现了插入线的双日组合，它预示了随后或将有一波股价的折返回升走势出现，是短线入场信号之一。

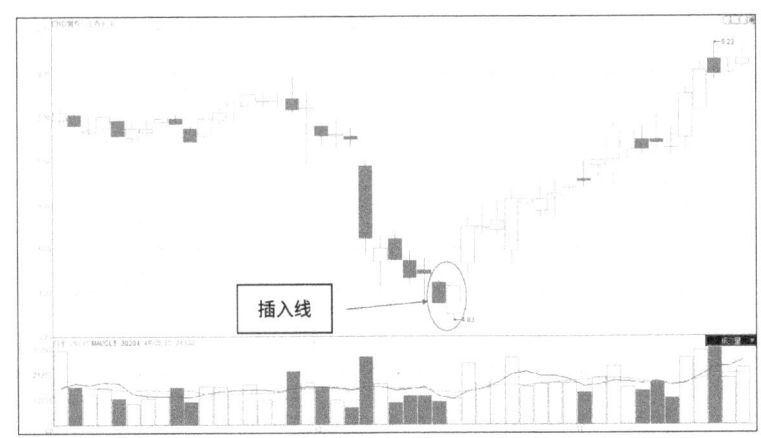

图 8-16　江西长运 2018 年 9 月至 11 月走势图

图 8-17 为栖霞建设 2019 年 2 月至 4 月走势图,此股在盘整突破位置点出现了乌云盖顶的双日组合,这提示我们:股价突破时遇到了较强阻力,且空方占据优势局面,是盘整突破或将折返回落的信号。

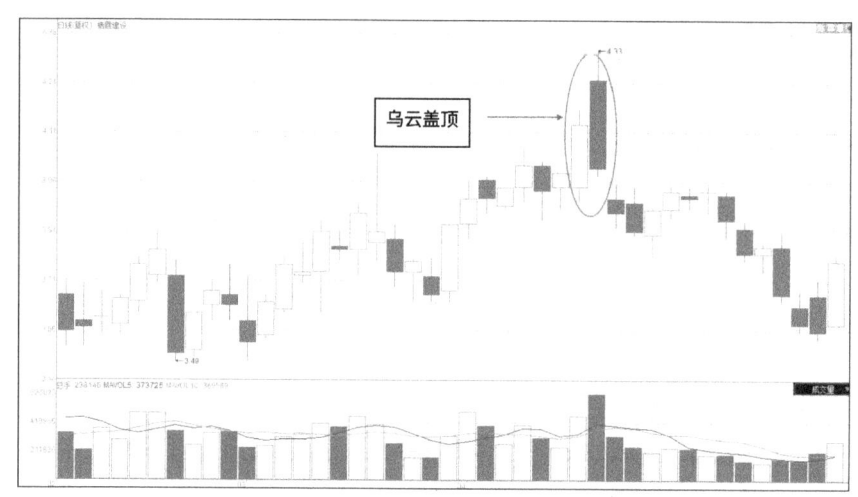

图 8-17　栖霞建设 2019 年 2 月至 4 月走势图

8.3.5　并线转向信号

并线由两根 K 线组合而成,可以具体分并阴线、并阳线。并阴线由两根阴线组合而成,后面一根阴线为高开低走型,从形态上来看,两根阴线呈并排状。并阴线常见于短线高点,是市场抛压较重、股价上冲遇阻的信号,也是次级回落走势将展开的信号之一。

并阳线由两根阳线组合而成,后面一根阳线为低开高走型,从形态上来看,两根阳线呈并排状。并阳线常见于短线低点,是市场承接力较强、股价难以破位向下的信号,也是次级回升走势将展开的信号之一。

图 8-18 为莱茵生物 2019 年 3 月至 5 月走势图,此股在价格的一波快速、深幅下跌后出现了并阳线的组合,这表明空方抛盘遇到了强有力的承接,结合股价短期内的巨大跌幅来看,在技术面有折返回升的形态修正需要,这可以作为短线抄底的参考信号。

图 8-19 为游族网络 2019 年 1 月至 5 月走势图,此股两次出现并阴线,一次是在短线冲高波段,一次是盘整回升波段。两次的并阴线组合均是多方上攻无力、

空方抛压较强的标志，也预示了次级回落走势的出现，持股者宜卖出以规避风险。

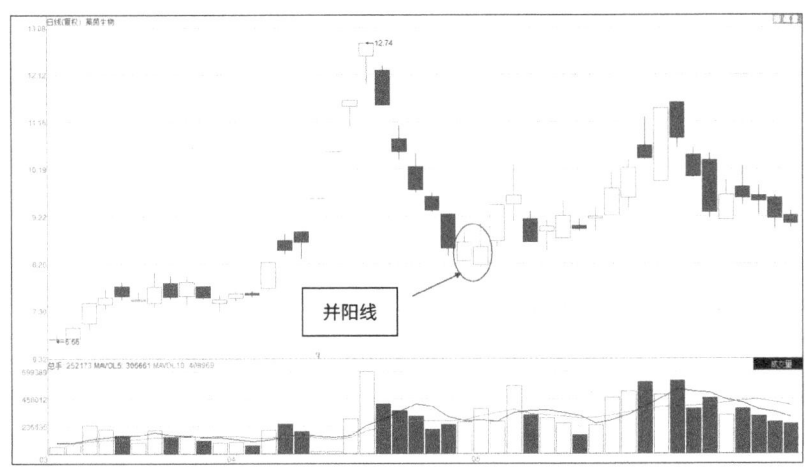

图 8-18　莱茵生物 2019 年 3 月至 5 月走势图

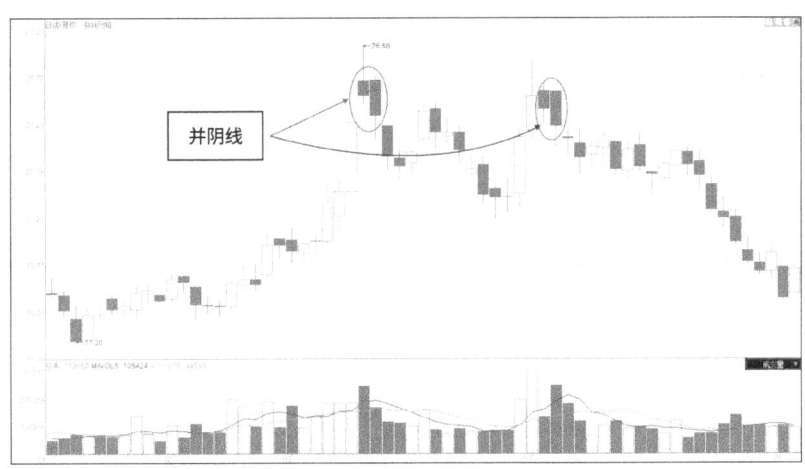

图 8-19　游族网络 2019 年 1 月至 5 月走势图

8.4　单日异动量次级转向信号

在预示次级回落走势的形态中，还有一种十分有效的工具，它的形态特征鲜明、易于辨识，这就是单日异动量价形态，一种是巨量阳线，一种是巨量阴线。

它们往往预示着股价短线见顶或盘整后的破位将出现,可以有效指导我们的中短线卖股操作。

8.4.1 巨量阴线——下影阴线

巨量的下影阴线出现在股价短线上涨后的高点,是获利抛压沉重、多方力度不足的标志。一般来说,如果股价次日不能高开高走收复失地,则随后出现深幅回落的概率极大。

图 8-20 为长荣股份 2019 年 1 月至 3 月走势图,此股在价格短期连续涨停后出现了巨量下影阴线的形态,这是中短期见顶的信号,但也有一些股价短期飙升的个股是以这种方式快速整理的。辨识整理型与出货型巨量下影阴线的关键是看次日的开盘。

如果个股价格次日能够高开高走、收复失地,则短期内仍有进一步上涨空间;反之,则应及时卖出,因为它预示了短期内股价或将深幅回落。对于本例来说,股价次日的跳空低开就表明巨量下影阴线是中短期见顶回落的信号,持股者应及时卖出。实盘中,为了规避这种形态可能触发的短期快速回落风险,一般来说,在巨量下影阴线当日收盘前持股者可以减仓、锁定利润,若次日盘中走势不理想则宜清仓。

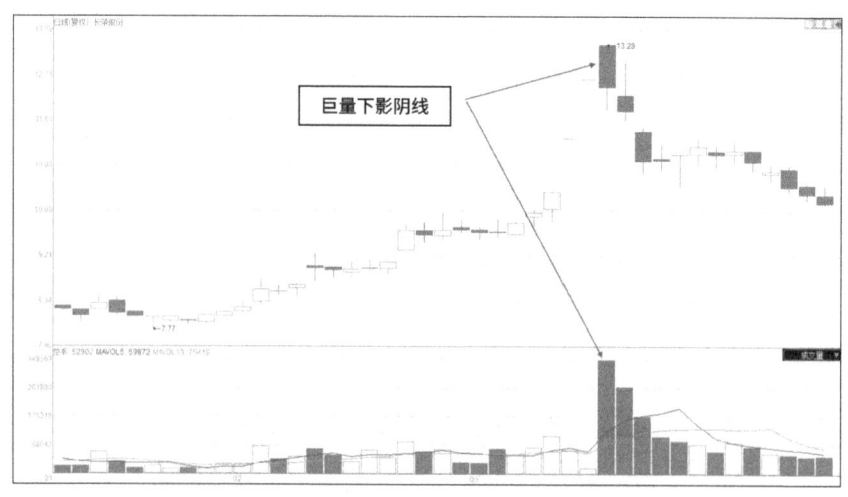

图 8-20 长荣股份 2019 年 1 月至 3 月走势图

8.4.2 巨量阴线——上影阴线

巨量上影阴线代表空方的盘中抛售力度强,且多方无力承接,是多空力量急速转变的标志,当它出现在短期高点时,是次级折返走势将出现的信号。与巨量下影阴线不同,极少有价格短线飙升的个股是以这种形态整理的。

因而,如果我们发现个股价格当日在盘中冲高后就节节向下,多方承接力度极弱,形态上有收于巨量上影阴线的倾向时,可于当日盘中第一时间卖出。

图 8-21 为清源股份 2018 年 12 月至 2019 年 1 月走势图,此股在价格短线急速上涨中突然收出了一个巨量上影阴线形态,这是价格走势急速反转的信号,持股者宜卖股离场。

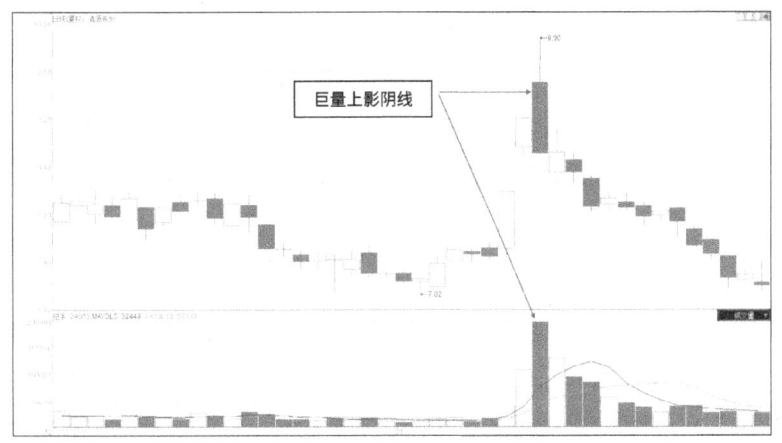

图 8-21　清源股份 2018 年 12 月至 2019 年 1 月走势图

8.4.3 巨量阴线——破位阴线

在横向的震荡整理过程中,如果出现了实体较长、量能明显放大的阴线形态,整理走势有向下破位倾向时,则股价随后会加速下跌,是盘整走势将被快速打破的信号。

图 8-22 为森源电气 2019 年 1 月至 3 月走势图,在盘整突破位置点,股价连续多日横向震荡,期间阴线与阳线交替出现,股价重心横向移动。但随后一个巨量的长阴线出现,此时的股价走势虽未呈破位状态,但巨量阴线却是一个明确的信号,操作中,持股者在当日收盘前就宜卖出以规避风险。因为整理区的巨量阴线出现后,此股价格次日大幅低开破位的概率较大。

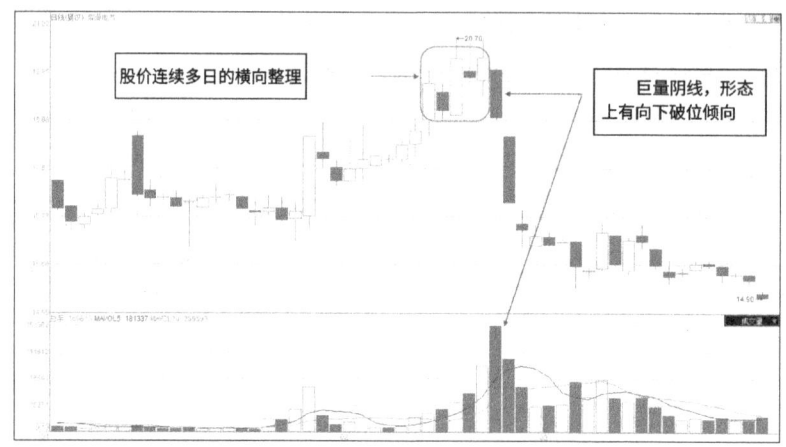

图 8-22 森源电气 2019 年 1 月至 3 月走势图

8.4.4 脉冲放量——短促反弹型

脉冲式放量，也被称为间歇式放量，它是成交量在单日（或连续两日）内突然异常放大的形态，放量效果至少达到之前均量的 3 倍以上，在随后的交易日中，量能水平又快速恢复如初。

脉冲式放量是量能的明显异动，它的出现或者是与主力的参与行为相关，或者是源于消息面的刺激。但无论是哪种情况，这种形态所蕴含的下跌信息都很强烈，特别是脉冲式放量当日收于阳线的情况。

由于股价正处于短期高点，放量大阳线的形态特征给人一种股价上涨动力充足的感觉。其实，脉冲式放量上涨并不是真正意义上的放量上涨形态，因为当日的量能放大幅度过大，且没有之前量能不断放大的过渡环节，它蕴含更多的信息是：当日多空双方交锋过于激烈，如果当日收于大阳线，则表明多方力量释放过度，单日过大的量能是对多方力量的一种快速消耗；在随后的交易日中，量能大幅度萎缩，这说明短期内的买盘入场力度明显减弱；此时，价格仍然处于阶性的高位，获利盘仍有较强的抛售意愿，所以，易引发次级折返回落走势。

脉冲式放量上涨形态可以出现在反弹波动、盘整突破点，或是股价短线大涨后的高点，当其出现时，个股价格短期内有着较强的回落倾向。下面，我们结合案例来看看这几种情形下的脉冲式放量上涨形态。

图 8-23 为九州通 2019 年 3 月至 5 月走势图，此股在价格缓慢震荡滑落的走势格局中出现了连续两日大涨的反弹走势，这两日的成交量是突然放大的，且远高于之前的均量水平，随后的第 3 个交易日的成交量又突然大幅萎缩。这是双日脉冲型的放量组合，预示着反弹行情将较为短促，持股者宜及时逢反弹卖出，规避随后可能出现的新一轮下跌行情。

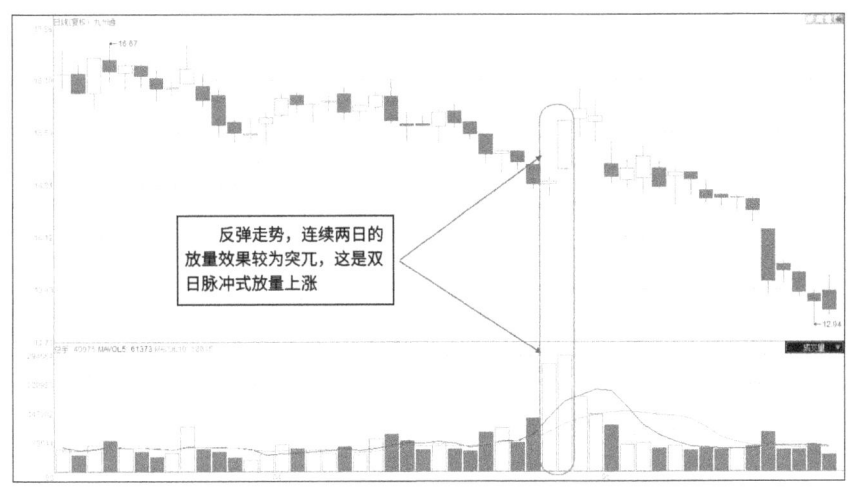

图 8-23　九州通 2019 年 3 月至 5 月走势图

8.4.5　脉冲放量——盘整突破型

图 8-24 为北京城乡 2019 年 2 月至 4 月走势图，此股价格以一个向上跳空缺口的方式实现了对盘整区的突破，股价当日收于阳线。从形态来看，这是脉冲式放量，预示着突破行情短线遇阻，操作上，投资者不宜追涨。

图 8-25 为宁波中百 2019 年 1 月至 5 月走势图，此股价格以连续两根大阳线突破盘整区，但这两日的放量效果较为突兀，成交量的前后变化没有连续性，属于双日脉冲式放量。虽然仅从形态上来看，股价中线走势较好，又刚刚突破平台区，但脉冲式放量则提示我们股价或有深幅的中级折返走势出现，操作中，持股者还是宜减仓或清仓以控制风险。

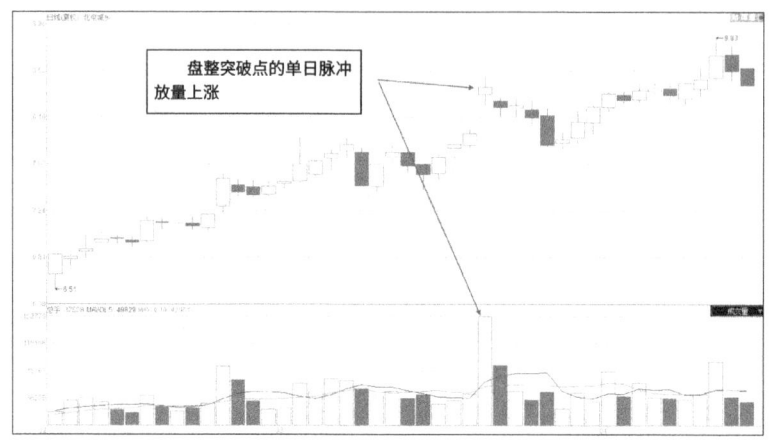

图 8-24　北京城乡 2019 年 2 月至 4 月走势图

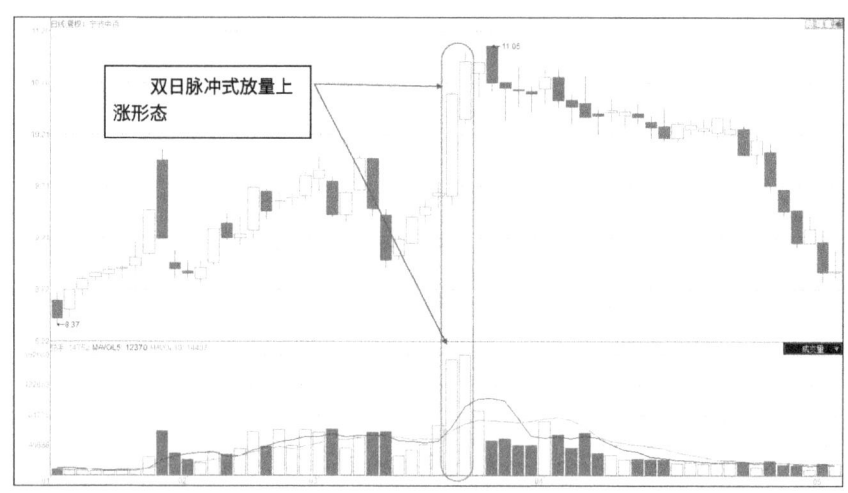

图 8-25　宁波中百 2019 年 1 月至 5 月走势图

8.4.6　脉冲放量——短期冲高型

图 8-26 为青海春天 2019 年 2 月至 4 月走势图，此股在价格的一波短线冲高走势中出现脉冲式放量上涨形态。由于当日的放量效果过于突兀，且短期涨幅较大，我们可以预计这种程度的放量效果是难以持续下去的，而短期上升空间也不大，因而，实盘中，持股者宜在当日收盘前卖出此股，以规避短线剧烈波动的风险。

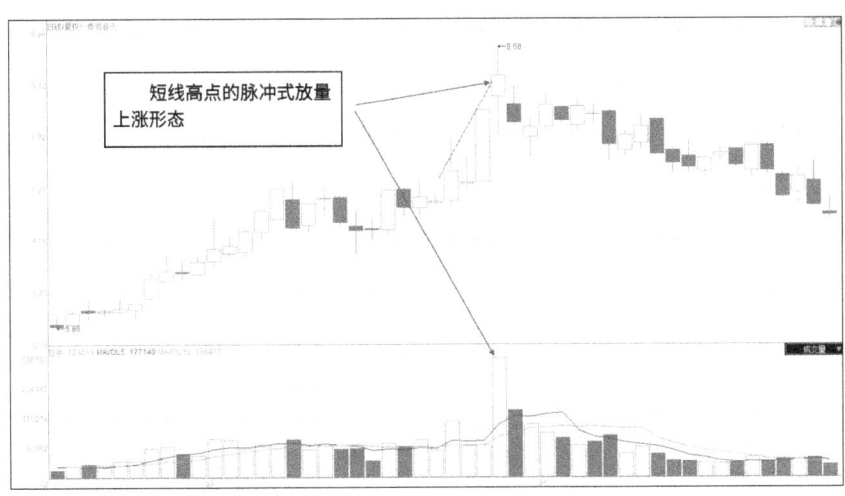

图 8-26 青海春天 2019 年 2 月至 4 月走势图

第 9 章

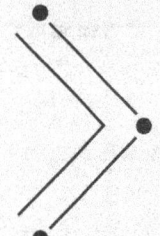

价格形态经典反转信号

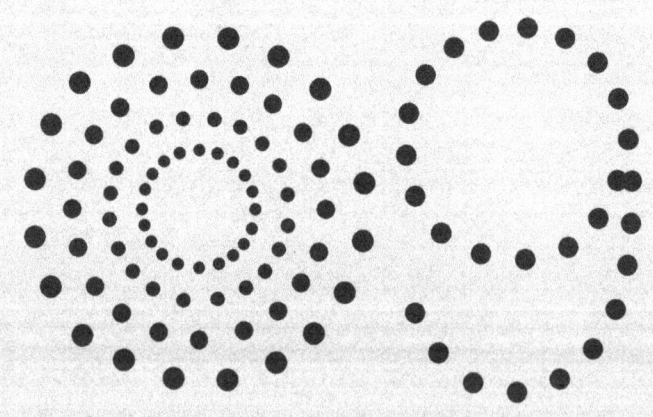

在道氏理论中，汉密尔顿曾指出：从双重顶和双重底中得出的结论，意义不大。但是，大众投资者往往将双重顶与双重底看作是道氏理论不可分割的一部分。之所以出现这种分歧，有两方面的原因：一是道氏理论并非研究具体的反转形态，仅指出了趋势转向时会有反转信号出现；二是双重顶与双重底的出现频率较高，因而大众投资者常将其看作是趋势转向时的明确信号。

可以说，分歧的存在仅仅源于我们研究问题的角度不同，并不是关于正确结论与谬误的二分法。依此延伸，除了双重顶与双重底之外，一系列的经典反转形态成为了历代技术分析者的市场经验结晶，它们也成为了道氏理论在纯粹理论体系之外的一个实战性延伸。本章我们就来看看这些相对经典的趋势反转形态。

9.1　一次探顶型反转形态

一次探顶是指个股价格在上升到最高点后，没有反复上探最高点的震荡过程，仅在最高点停留了一次，其中一次并不是指一日，它是一个上探波段。一次上探过程可能在最高点停留一两个交易日，也可能持续多个交易日，这与价格短期波动或急或缓相关。本节我们就来看看几种较为常见，且预示了升势见顶的一次探顶形态。

9.1.1　尖型筑顶

尖型筑顶是一种相对迅急的升势转跌势的形态，其形态特征如同一个倒写的大写英文字母"V",也可以称为倒 V 型反转。

其形成过程一般会经历股价急速地短期飙升,市场获利骤然增加,而高点的买盘承接力度又较弱,从而导致了大量获利盘涌出,股价急速转向下行。形成尖顶型一般需要两个条件:一是价格短期内涨幅巨大;二是股价在之前的上涨途中基本没有出现较大幅度的调整,这积累了大量的获利盘。

尖顶形态是一种急速上升、急速下降的股价运动方式,这往往会使得短期内的多空分歧明显加剧,因而,上升和下降都常伴有较大的成交量。由于转向速度过快,股价触顶很可能只需要一个交易日,次日就开始调头向下。对于投资者来说,提前预测尖顶位置点是很难的。实盘中,我们可以结合前面讲解的预示次级转向运动的一些提示性信号来加以把握,如长上影线、宽振线、脉冲式放量,等等。这样再结合个股价格的短线运动方式,我们就可以相对及时地把握尖型筑顶的出现,进而及时卖出离场,以规避风险。

图 9-1 为方盛制药 2019 年 3 月至 5 月走势图,此股价格在中短期涨幅巨大,这与利好消息驱动有关。但利好消息只是一种预期,过大的短期涨幅势必快速积累大量的获利盘,在图中标注的尖顶位置点,我们可以看到一个上影阴线的出现。前面讲到过,短线高点的上影线阴线虽然不是趋势转向的明确信号,但却预示了中级折返走势,结合个股价格短期内的巨大涨幅来看,这是一个共振点。上影阴线既提示了中级折返走势,也提示了尖顶的快速构筑,持股者宜依据信号及时卖出。

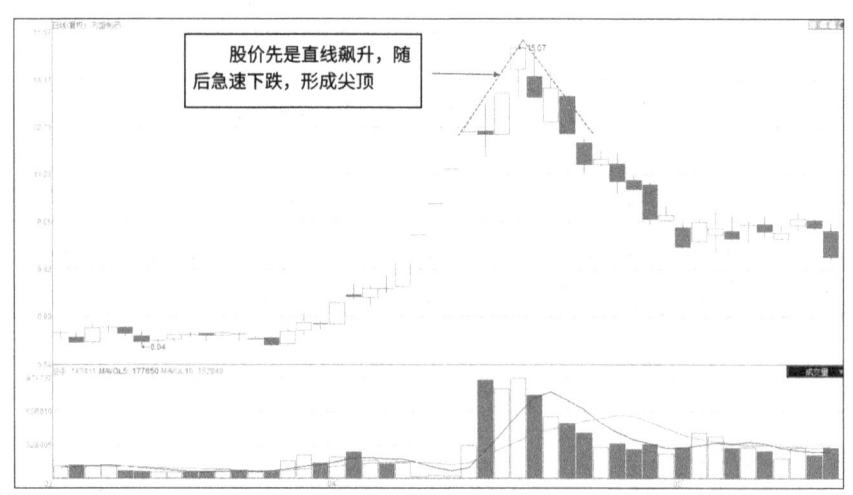

图 9-1　方盛制药 2019 年 3 月至 5 月走势图

9.1.2 圆弧型筑顶

圆弧顶，形似圆弧，弧面朝上，是一种相对缓和的筑顶形态，它清晰地呈现了多空双方力量此消彼长的全过程。在圆弧顶的整个运动过程中，股价运行形态多是以小阳线、小阴线为主，左侧的上涨波段是股价重心缓慢上推，随后的高点则是股价呈横向滞涨，右侧的下跌波段则是股价重心缓慢下行。

圆弧顶形态一般出现在股价中长线累计涨幅较大、但短线涨幅相对有限的位置点。由于短期涨幅不是很大，且升势形态依旧明朗，因而在筑顶过程中并没有引发持股者的大量离场。但此时的多空力量却已然发生转变，从而导致股价重心上移缓慢（多方力量不足的原因）、下降也缓慢（空方力量尚未汇聚），这种市场况最终演变成了价格运行轨迹中的圆弧顶形态。

图 9-2 为襄阳轴承 2019 年 2 月至 6 月走势图，此股价格在中长期高点出现了近似圆弧型的运行轨迹，这是圆弧顶形态。

我们可以画一条水平支撑线，左侧起点为涨速明显减缓的位置点，右侧终点为下降速度开始加快的位置点，它是圆弧顶形态的颈线。一旦股价在右侧向下跌破了这条颈线，就标志着圆弧顶形态的构筑完毕，随后下跌趋势加速的概率大增，这条颈线也是中长线持股者卖股离场的提示信号。

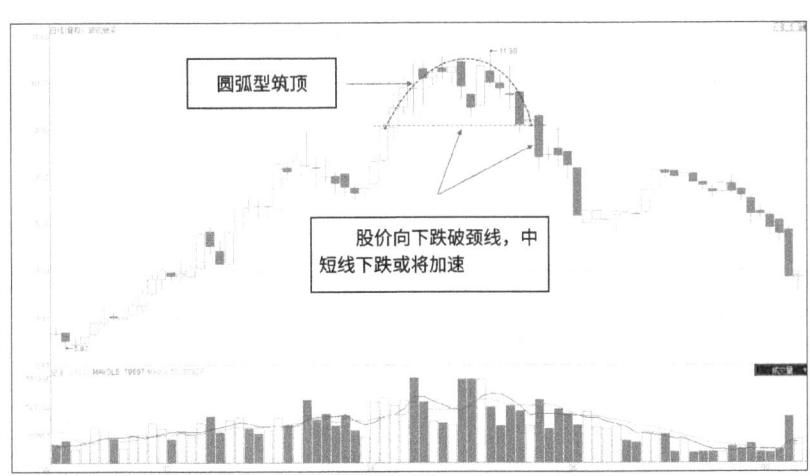

图 9-2　襄阳轴承 2019 年 2 月至 6 月走势图

9.1.3 半弧型筑顶

半弧型筑顶可以看作是圆弧顶形态的一种延伸，股价重心在左侧上涨过程中并非是缓慢向上推进的,而是以大阳线直接推升股价;随后股价在高点出现滞涨与整理,并在右侧开始缓慢滑落。从形态上来看,上方的滞涨区和右侧的缓慢滑落区构筑了一个半弧型。这种形态与圆弧顶形态的市场含义相近,当其出现在中长期的高位区时,多预示了上升趋势的见顶。

图9-3为信达地产2019年2月至5月走势图,此股价格在高位区出现了半弧型筑顶走势,我们可以在左侧大阳线的中间位置画出颈线。随后,当股价在右侧向下跌破颈线支撑位时,则标志着筑顶过程的结束,股价的中短期走势或迎来加速向下,操作中,持股者宜卖出以规避风险。

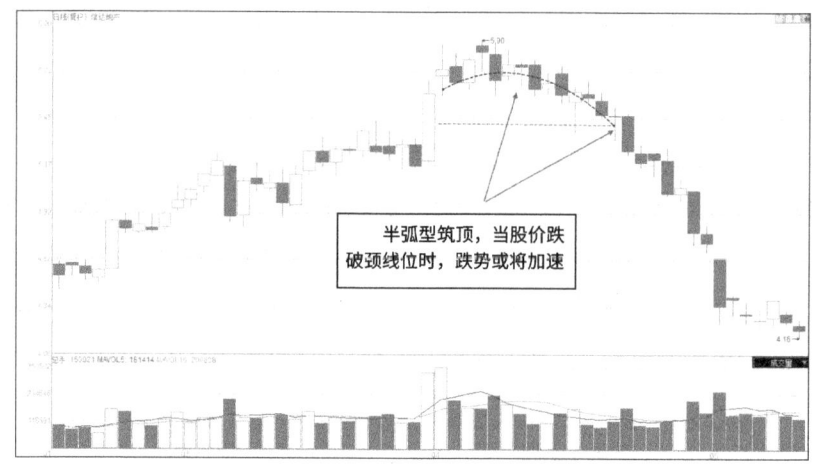

图9-3 信达地产2019年2月至5月走势图

9.1.4 头肩型筑顶

头肩型筑顶是一种出现频率较高的筑顶形态,它也是一种十分经典的顶部反转形态,其形态越开阔,则预示着顶部的出现概率越大。

如图9-4所示,头肩顶形态由左肩、头部、右肩3部分组合而成。此时,颈线所在位置充当了整个头肩顶形态的支撑位,头部的出现是源于股价持续上涨后多方力量的最后一次集中释放,而右肩的出现则因为多方在高位区承接力度不够。

对于头肩顶形态来说,我们一般可以结合成交量进行分析,特别是形态宽阔的头肩顶形态。在最后一波上探(即构筑头部的一波上涨)走势中,成交量往往会相对缩小(即成交量小于之前主升浪时的量能),这是量价背离形态,它的出现说明场外买盘已不是很充足,预示着升势已难以强势运行下去。随后,股价的震荡回落并构筑右肩的过程就彰显了多空力量对比格局已开始出现转变。当颈线被跌破时，整个头肩顶形态构筑完成，如果股价前期累计涨幅较大，则随后的下跌空间往往也是极大的。

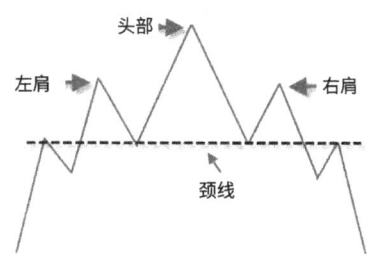

图9-4　标准的头肩顶形态示意图

图9-5为深高速2019年2月至5月走势图，此股价格走势在高位震荡中形成了一个近似于头肩型的筑顶形态。对于头肩顶形态来说，如果头部创新高的一波上涨走势幅度较小，未出现量价背离形态，投资者往往很难提前预计头部的出现。

此时，投资者可以借助于构筑右肩过程中出现的震荡滞涨进行判断。这时的多方推升力量明显减弱，而空方力量在慢慢增强，当股价反弹无力、构筑出右肩时，这是第1卖出时机；当股价向下跌破颈线，头肩顶整体形态呈破位之势时，这是第2卖出时机。第2个卖点虽然处在阶段低点，但此时头肩顶形态构筑完毕，趋势反转明确，且此时卖出可以较好地保住牛市利润，它不失为一个顺势而为操作下的折中卖点。

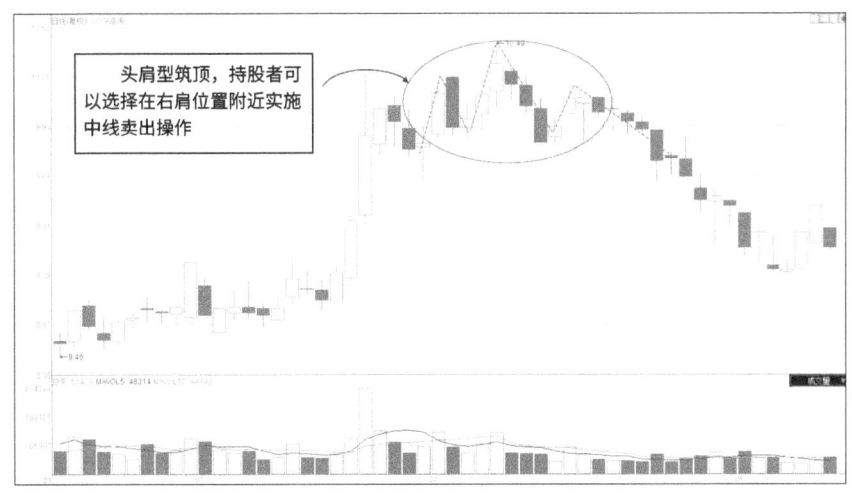

图9-5　深高速2019年2月至5月走势图

9.1.5 收敛三角形筑顶

收敛三角形筑顶也是一种极为常见的筑顶形态，它与上升途中的整理形态有着明显的不同点：上升途中的整理形态多呈现出股价重心震荡上行的状态，而收敛三角形态则是股价重心水平移动或震荡下行的状态。

收敛三角形筑顶的形态特征是：个股价格的震荡高点（或是窄幅整理过程的每日高点）呈逐渐下滑状，此时，我们将这些高点连接，可以得到一条倾斜向下的直线；而震荡（或是窄幅整理）走势中的低点则逐渐上行（或是呈水平状），此时，我们将这些低点相连接，可以得到一条倾斜向上（或是水平）的直线。这两条直线呈现为收敛、汇聚于一点的特征，将两条直线延伸，高位区就出现了一个锐角三角形。当股价以大阴线或连续小阴线的方式向下跌破了这个三角形态区域时，收敛型顶部构筑完成，也预示着跌势或将加速向下。

在收敛三角形的构筑过程中，随着震荡幅度的减少，市场交易量也会下降，价格运行方向待选择。由于价格走势的滞涨及多方推升的无力，当三角形出现后，越来越多的持股者意识到了顶部的出现，此时，只需要少量的卖盘涌出，就可以轻易打破这种短暂的多空均衡状态，从而促使股价重心加速下移。

图9-6为国创高新2019年2月至5月走势图，此股价格走势在高位区形成了一个收敛三角形。随后，一根大阴线跌破了这个三角形区域，标志着顶部构筑完成。这也是一个相对明确的中线离场信号，持股者应及时依据此信号展开操作，规避可能出现的中短线加速下跌风险。

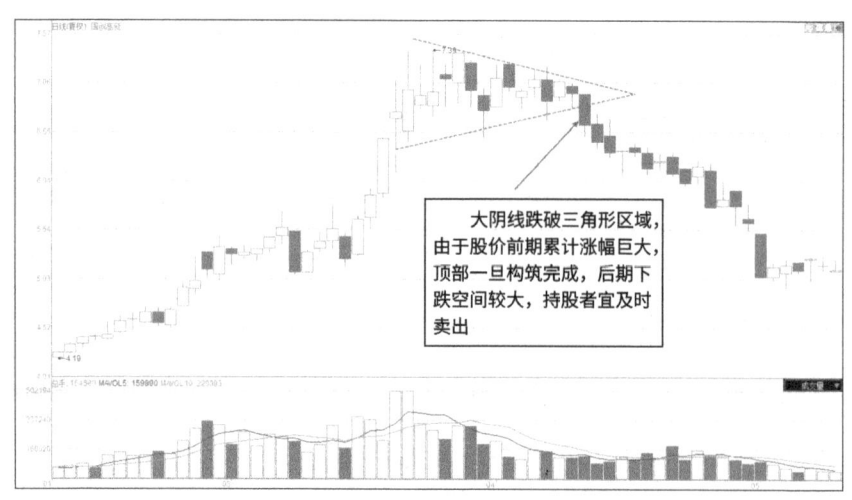

图9-6 国创高新2019年2月至5月走势图

9.2 二三次探顶型反转形态

二三次探顶与一次探顶不同，它是价格走势至少有两波上扬、向上探顶的运行方式，两波上探的最高位置点可以十分接近，也可以略有差距。这种筑顶形态强调的是至少出现两波上探运动，而道氏理论提及的双重顶就是一种两次探顶形态。

9.2.1 M 型筑顶

双重顶是价格走势两次上探，且最高点几乎相同的筑顶形态，由于其运动形态似大写的英文字母"M"，故也称为 M 顶。

一般来说，双重顶的两个高点形成的时间间隔超过一个月，如果间隔时间过短，则该形态可能不成立。此时出现的类似于 M 型的运动只宜被看作中短期的震荡，至于是否预示了趋势反转，我们更宜结合股价累计涨幅及短线走势来综合分析。

图 9-7 为银鸽投资 2019 年 1 月至 5 月走势图，此股价格在持续上涨后的高点出现宽幅震荡，震荡中股价两次上探最高点，随即回落，这就构筑了双重顶形态。股价第 2 次上探高点时，我们可以看到量能的明显缩减（较第 1 次上探时），这是多方推升力量不足的标志。而且，股价在达到最高点后，接连出现的星字线、上影线，使得突破速度放缓，并造成股价下滑，这都表明了多方力量的整体减弱，也提前预示了双重顶形态的出现。操作中，我们不必等到双重顶构筑完成后再采取行动，那时已错失了最佳离场时机，我们可以结合技术分析手段，逢高减仓，以更好地锁定牛市利润。

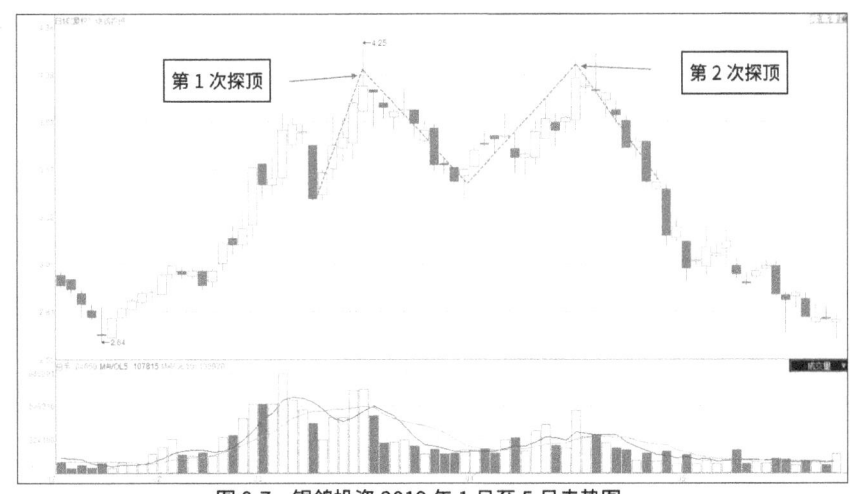

图 9-7 银鸽投资 2019 年 1 月至 5 月走势图

9.2.2　3次上探筑顶

3次上探筑顶，也称为三重顶，我们可以将其看作双重顶的演变，它一般出现在股票市场整体运行较好的背景下。由于有相对强势的市场运行为背景，个股价格虽然在高位区已出现多方力量的整体减弱，但仍能够维持震荡格局，并在双重顶的基础上出现第三次探顶。但股价3次上探高点而无力突破也彰显了多空力量对比格局很难扭转，除非市场的牛市特征十分明确且继续保持，否则个股在价格3次探顶后将会累积更强的空方力量，并导致股价随后向下跌破三重顶构筑的顶部区域。

图9-8为奥拓电子2019年1月至5月走势图，此股价格在中期涨幅较大的位置点出现了3次上探最高点的震荡格局，股价3次上探最高点而无力突破。古语云"事不过三"，这预示了当前的位置区或将成为趋势转向的顶部区，而股价走势随后出现三重顶形态并导致趋势转向下行的概率也是极大的。操作中，持股者宜逢高卖出，以规避风险。

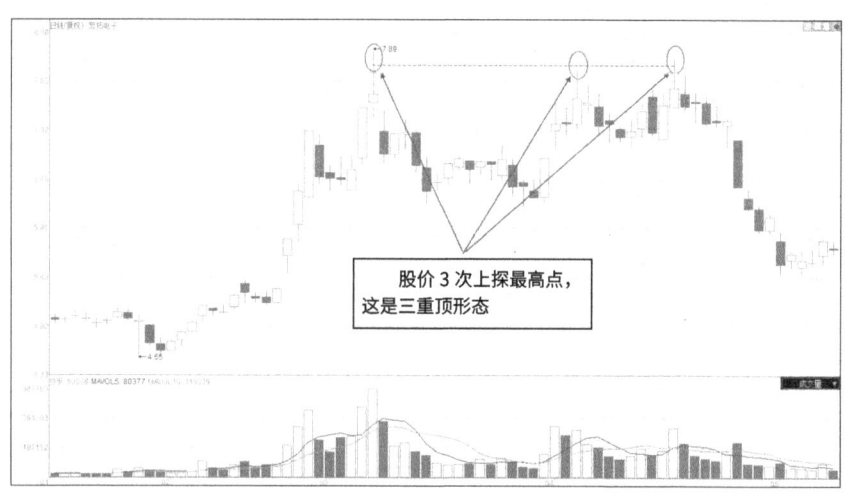

图9-8　奥拓电子2019年1月至5月走势图

9.2.3　前浪压后浪型筑顶

前浪压后浪型筑顶，是个股价格在上升途中出现的两个较大的、波浪式的上涨及回落形态。第2浪虽然有向上运行的倾向，但高度明显不及前面的一个浪，从而形成了前浪压后浪的形态特征。这是一种持续时间较长、形态特征开阔的筑顶形态，后一浪高度的明显下降表明多方力量虽有意推升，但力量却明显不足，宽阔的形态特征也能够很好地体现多空力量的对比格局，因而，当其出现在股价中长期上涨后的相对高位区时，它是上升趋势或将转向、筑顶阶段或将形成的提示信号。

图 9-9 为海峡股份 2019 年 1 月至 5 月走势图，此股价格在运行过程中，出现了形态开阔的前浪压后浪的走势，后一浪的高度明显下降，彰显了多方力量的快速减弱。随着这种多空格局被更多投资者辨识，顶部构筑完成、跌势加速的时间点也越来越近。实盘操作中，当股价走势反弹到第 2 浪的高点时，一般会有短期内的滞涨走势，这时就是一个相对明确的且持股者能够逢高卖出的好时机。

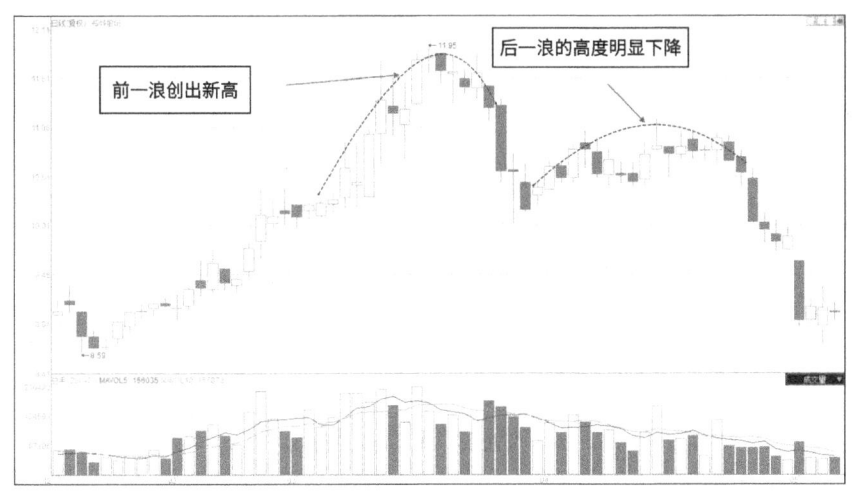

图 9-9　海峡股份 2019 年 1 月至 5 月走势图

9.2.4　后浪新高滞涨型筑顶

后浪新高滞涨型筑顶与上面讲到的"前浪压后浪型筑顶"正好相反，它的后一浪虽然创出了新高，但涨幅较小、与前一浪的浪顶相距较近，我们可以将其看作一种滞涨形态。

由于前一浪的调整较为充分，且持续时间较长，如果多方力量依旧占据完全主导地位，那么后一浪的爆发力度应该较大。但实际情况却并非如此，这表明了多方力量虽然当前仍然占有一定优势，但优势不明显。而随着后一浪的构筑及滞涨走势的出现，多空力量强弱对比格局就会扭转，顶部也将开始构筑。

图 9-10 为亚厦股份 2019 年 1 月至 5 月走势图，此股价格在持续上涨过程中

出现了后浪新高却滞涨的运动形态，后一浪仅是略微高于前一浪，多方推升力量明显减弱，预示着顶部的出现。在后一浪的滞涨过程中，持股者宜及时卖出，以规避股价滞涨后的反转下跌风险。

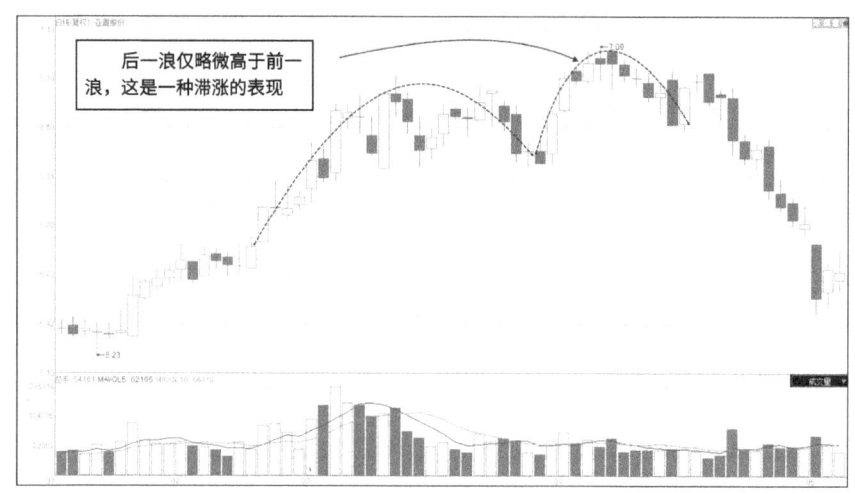

图 9-10　亚厦股份 2019 年 1 月至 5 月走势图

9.3　一次探底型反转形态

一次探底是指个股价格在下跌到最低点后，没有反复下探最低点的震荡过程，仅在最低点停留了一次。其中，一次并不是指一日，它是一个下跌波段。这个下跌波段可能在最高点停留的时间为一两个交易日，也可能持续多个交易日，这与价格短期波动或急或缓相关。本节我们就来看看几种较为常见的、且预示了跌势见底的一次探底形态。

9.3.1　V 型筑底

V 型筑底，它是一种相对迅急的跌势转升势的形态，其形态特征如同一个大写英文字母"V"，也可以称为 V 型反转。

V 型筑底的形成过程一般先是股价快速地短线下跌，然后引发了强势反弹，股价连续收于大阳线，并收复了快速下跌波段的大部分跌幅。在快速下跌及随后的快速上涨过程中，一般伴随量能的相对放大，但量能放大并不是必要条件。

而且，由于股价处于中长期低点，市场较为低迷，从而使得量能特征形态往往并不明显。实盘中，我们主要结合个股价格的前期累计跌幅及 V 型反转时的短线上涨力度来判断这种形态是否预示了底部的出现。

一般来说，如果个股价格在快速下探之前就已出现了较大的累计跌幅，而且，这种下跌多是源于低迷的市场环境，而非个股有重大利空消息，则此波再度下跌多会使个股进入中短期超卖状态。随后出现的快速、强势收复失地可以看作买盘开始加速入场，多空力量急速扭转的一个信号，也是 V 型反转预示底部将出现的信号。

图 9-11 为威创股份 2018 年 12 月至 2019 年 3 月走势图，此股价格在中长期的低位区先是小幅回升，然后出现长时间整理，随后继续破位下行，且短线跌幅巨大，这一波下跌有成交量的温和放大支撑，空方力量得到了进一步释放；随后，股价连续收出三根中阳线，向上快速收复失地，这就构成了一个 V 型反转形态。

结合此股当前的位置区以及连续三根中阳线的买盘入场力度来看，多空力量对比格局出现快速扭转的概率极大。由于此时的 V 型反转刚刚出现，虽然股价在短线有一定涨幅，但回调幅度一般不会太大。实盘操作中，投资者可以结合股价随后的具体运行方式把握入场点。

对此股走势特点进行分析，在三根中阳线之后，股价又连续三日强势整理不回落。这表明短期高点的买盘承接力度较强，短期内回调概率不大，投资者可以适当买入参与。虽然投资者买在局部高点，但由于 V 型反转形态相对明确，且短线高点相对强势，此时的追涨风险也相对较小。

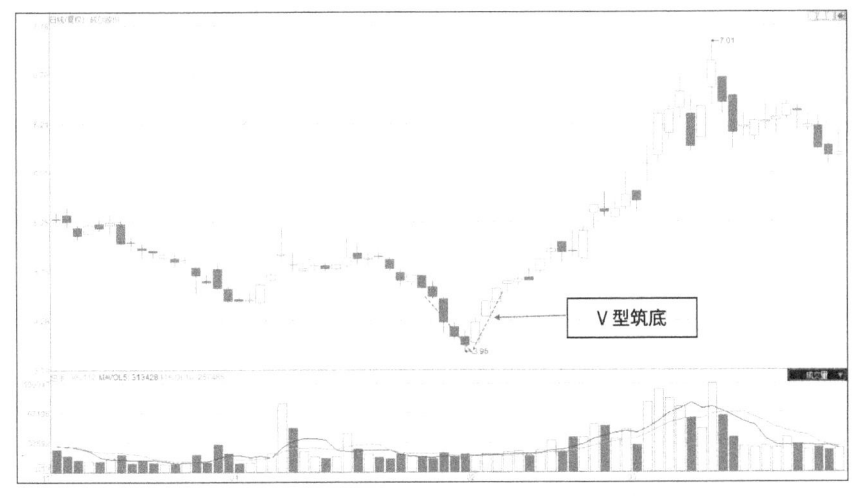

图 9-11　威创股份 2018 年 12 月至 2019 年 3 月走势图

9.3.2 圆弧型筑底

圆弧底，形似圆弧，弧面朝下，是一种相对缓和的筑底形态，它清晰地呈现了多空双方力量此消彼长的全过程。圆弧底形态一般出现在股价中长线累计跌幅较大、但短线跌幅相对有限的位置点。在圆弧底的整个运动过程中，股价运行形态多是以小阳线、小阴线为主，左侧的下跌波段是股价重心在缓慢下移，随后的低点则是股价在横向企稳，右侧的上涨波段则是股价重心在缓慢推升。

图 9-12 为奥飞娱乐 2018 年 8 月至 12 月走势图，此股价格在中长期低点出现了近似圆弧的运行轨迹，这是圆弧底形态。

我们可以画一条水平支撑线，左侧起点为跌速明显减缓的位置点，右侧终点为上涨速度开始加快的位置点，它是圆弧底形态的颈线。一旦股价在右侧向上突破了这条颈线，就标志着圆弧底形态的构筑完毕，随后上升趋势出现加速的概率大增，这条颈线也是投资者中长线买股布局的提示信号。

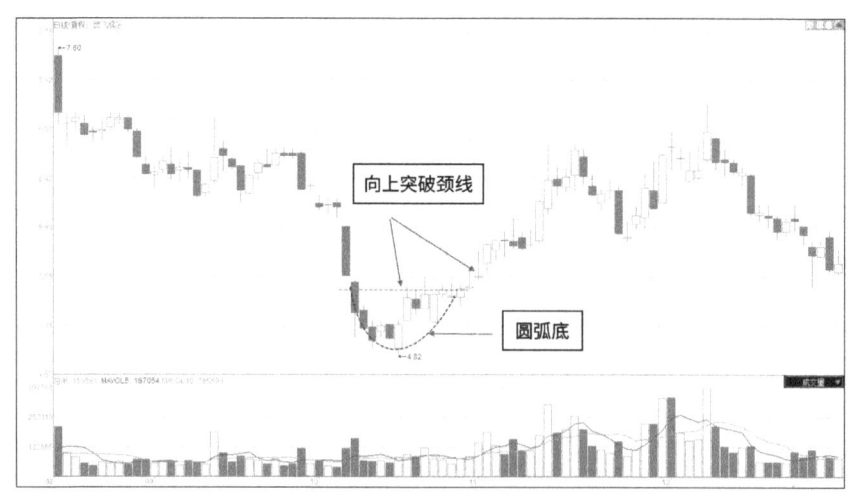

图 9-12 奥飞娱乐 2018 年 8 月至 12 月走势图

9.3.3 头肩型筑底

头肩型筑底是一种出现频率较高的筑底形态，它也是一种十分经典的底部反转形态，其形态越开阔，则预示着底部出现的概率越大。

如图 9-13 所示，头肩底形态由左肩、头部、右肩 3 部分组合而成。此时，颈线所在位置充当了整个头肩底形态的阻力位，头部的出现是源于股价持续下跌后空方力量的最后一次集中释放，而右肩的出现则因为抄底盘入场力度加大，使得多方在股价反弹后的短线高点承接力度增强。当颈线被突破时，整个头肩底形态构筑完成，如果个股价格前期累计跌幅较大，则随后的上升空间往往也是极大的。

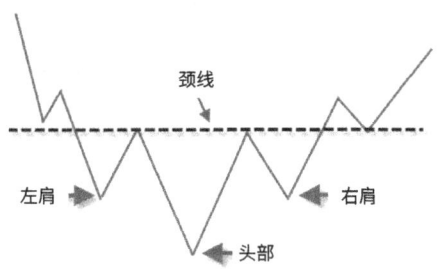

图 9-13　标准的头肩底形态示意图

对于头肩底形态来说，我们一般可以结合成交量来分析，在构筑右肩的一波涨跌过程中，如果涨时放量、跌时缩量的对比效果越明显，则头肩底提示的底部信号往往越准确。但对于形态不够开阔的头肩底形态来说，量能的变化一般并不明显，此时，投资者更宜结合个股价格的前期累计跌幅及头肩底的价格形态特征来把握。

图 9-14 为罗莱生活 2018 年 11 月至 2019 年 3 月走势图，此股价格走势在中长期低位区出现了头肩底的形态。右肩附近的强势整理阶段表明了短期内多方较强的承接力度，以及空方力量的整体转弱，此时也是投资者中线买股布局的时机。

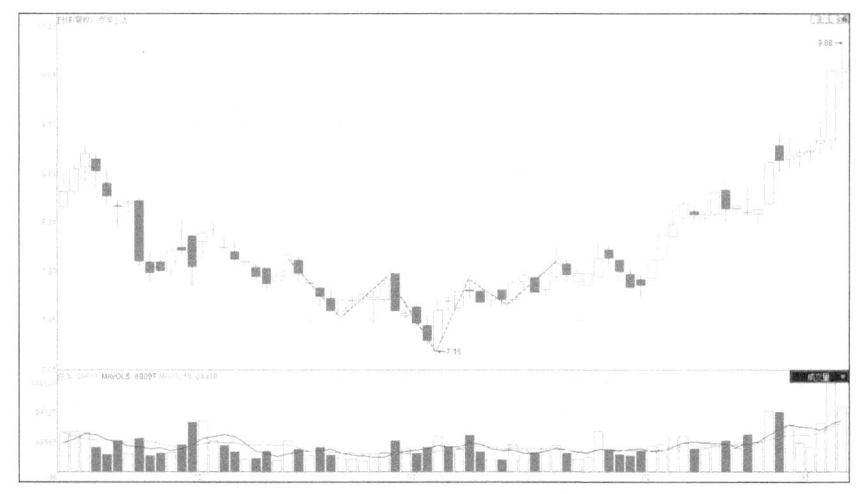

图 9-14　罗莱生活 2018 年 11 月至 2019 年 3 月走势图

9.4　二三次探底型反转形态

二三次探底是价格走势至少有两波下跌、向下探底的运行方式。两波下跌的最低位置点可以十分接近，也可以略有差距。这种筑底形态强调的是至少出现两波下探运动，而道氏理论提及的双重底就是一种两次探底形态。

9.4.1　W 型筑底

双重底是价格走势两次下探，且最低点几乎相同的筑底形态，由于其运动形态似大写的英文字母"W"，故也被称为 W 底。

一般来说，双重底的两个低点形成的时间间隔超过一个月，如果时间间隔过短，则该形态可能不成立，此时出现的类似于 W 型的运动只宜被看作中短期的震荡，至于是否预示了趋势反转，我们更宜结合股价累计跌幅及短线走势来综合分析。

图 9-15 为永安药业 2018 年 12 月至 2019 年 3 月走势图，此股价格在持续下跌后的中长期低位区出现横向震荡，震荡中股价两次下探最低点，随即回升，这就构筑了双重底形态。股价第 2 次下探低点后，其回升波段有量能的持续温和放大形态出现，这是买盘陆续入场、多方力量开始占据主动的信号之一，结合股价当前的低位区特征及双重底提示的趋势反转信号来看，筑底成功的概率较大，投资者宜及时买入布局。

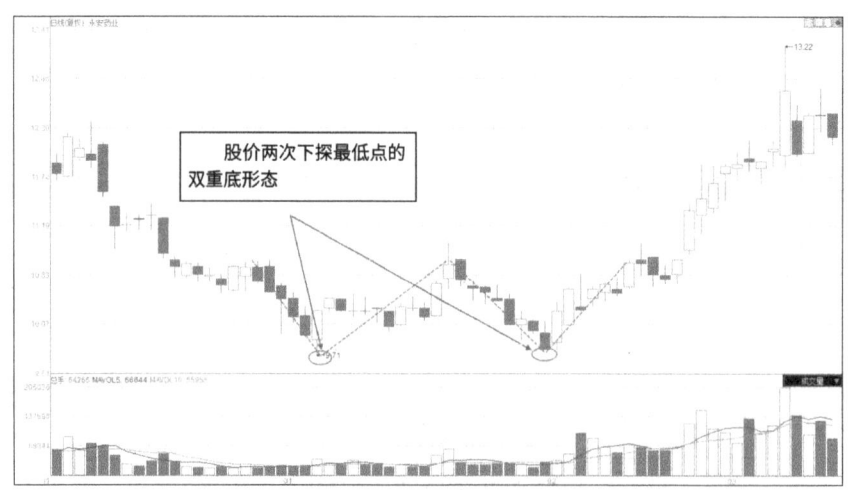

图 9-15　永安药业 2018 年 12 月至 2019 年 3 月走势图

9.4.2　3次下探筑底

3次下探筑底，也称为三重底，它可以被看作是双重底的演变，一般出现在股票市场整体呈相对弱势、但同期并没有大幅下跌的背景下。由于个股的买盘承接力度相对较强，从而规避了市场的震荡下跌，每一次股价回落到最低点附近时都会引发抄底盘的入场，进而在这个位置点形成较强的支撑。

3次探底形态出现后，若同期的股票市场能够摆脱震荡下跌的格局，则个股价格随后步入上升通道的概率极大，对于投资者来说，可以适当买入布局。

图9-16为华天酒店2018年7月至2019年2月走势图，此股价格在中长期低位区出现了长时间的横向震荡，上下震荡幅度较大。虽然股价反弹高点一浪低于一浪，但每一次达到最低点时都能够获得强支撑，并最终形成三重底形态。这表明多方在这一低点的承接力度较强，只待大盘走势回暖，股价便有望步入上升通道。结合同期的市场环境来看，大盘已处于低位，市场回暖概率增大，因而，股价3次探底而破之时，是投资者较好的逢低布局时机。

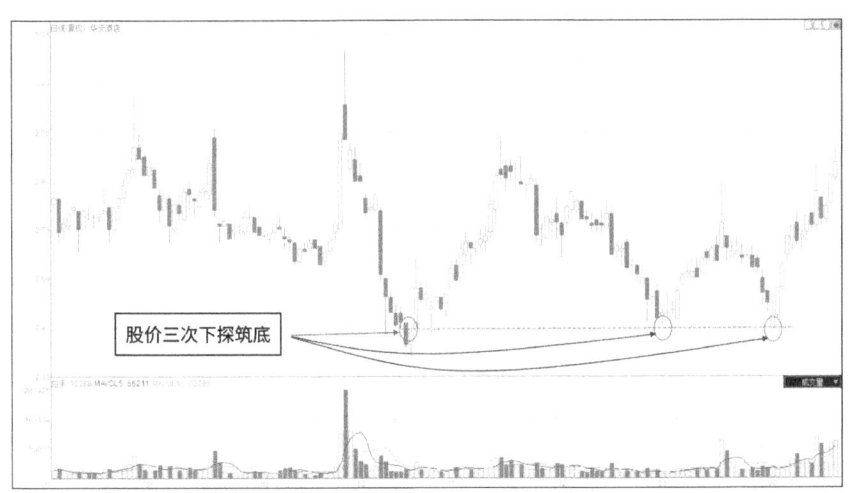

图9-16　华天酒店2018年7月至2019年2月走势图

9.4.3　低点上移型圆弧筑底

低点上移型圆弧筑底，是指个股价格在低位区的一波涨跌回落走势中，呈弧面朝上的圆弧形，但右侧回落的低点则要相应高于左侧的起涨点。我们将两个低点相连接，可以得到一条倾斜向上的直线。

这是一种弧形的反弹形态，在股价下跌途中反弹波段也会偶尔出现，区分底部反转与跌途反弹有两个要点，一是结合股价的累计跌幅，如果跌势刚刚形成、仅经历了一波深幅下跌，则此时出现的圆弧形运动多是反弹信号；二是结合弧形右侧低点的局部走势，当股价回落至右侧低点时，如果能出现连续三根小阳线的组合，则表明筑底的概率更大。因为如果这仅是一次反弹，考虑到右侧下跌波段的幅度并不大，若空方力量仍整体占优，则很难出现这种连续三日收于小阳线的组合。

图 9-17 为中航电测 2018 年 7 月至 2019 年 3 月走势图，此股价格在中长期的低位区出现了低点上移的圆弧形运行形态，且在右侧回落的低点出现了连续 3 日收于小阳线的组合。综合来看，这是多方力量整体转强的反转形态，而不是跌途中的一次反弹，投资者可适当买股布局。

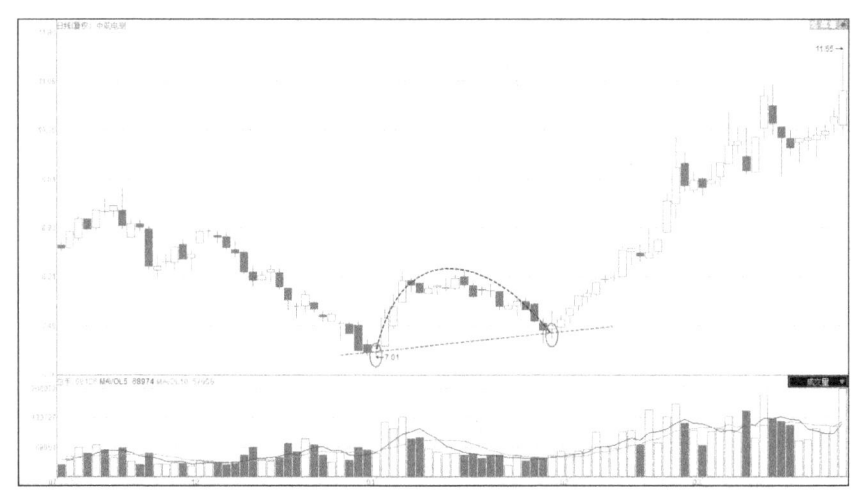

图 9-17　中航电测 2018 年 7 月至 2019 年 3 月走势图

9.4.4　小浪随大浪企稳

小浪随大浪企稳，是指股价在低位先出现了一波幅度较大的涨跌走势，形成了一个大波浪，随后股价再度反弹，但反弹力度较小并再次回落，形成了一个小波浪，小波浪的低点不低于大波浪的低点。

第一个大波浪形态彰显了买盘入场的力度，但由于空方力量依旧较强，从而造成了较大的波动幅度，但这个过程也积蓄了多方力量并消耗了空方力量。

随后的小波浪虽然幅度较小，但在回落时的低点并没有破位，即没有跌破大波浪的回调低点，这表明这个低点仍然有强力支撑，大波浪构筑过程中入场的买盘仍起着支撑作用，也为随后的趋势转向上行做好了铺垫。

图 9-18 为张家界 2018 年 6 月至 2019 年 3 月走势图，股价在中长期低位区出现了这种小浪随大浪企稳的组合形态，小浪的低点未跌破大浪低点。这是判断小浪随大浪企稳形态成立的一个重要条件，小浪回调后的低点也是投资者逢低布局的时机。

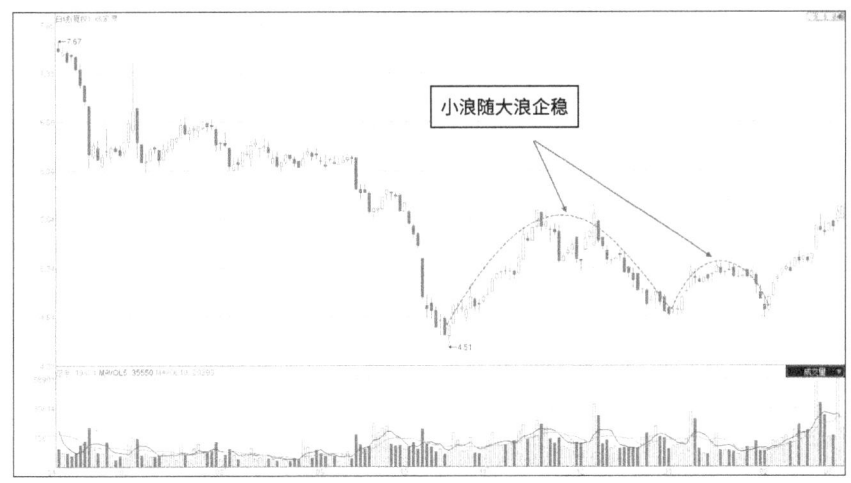

图 9-18　张家界 2018 年 6 月至 2019 年 3 月走势图

第 10 章

以道氏为基础的经典理论体系

道氏理论是技术分析大厦的基础。道氏理论为技术分析指明了方向,但并没有详述分析方法与过程。在此基础上,很多技术理论铺展开来,它们有的侧重于实盘交易,有的侧重于阐述规律,从不同的视角论述了股票交易之道,其中不乏一些思想深刻、影响深远的经典理论,比如我们前面讲到过的波浪理论,它们与道氏理论一起构筑了相对完善的技术分析理论体系。本章我们就结合这些经典理论的实盘运用方法来看看它们蕴含了哪些技术思想。

10.1 实战趋势的箱体理论

箱体理论是由达韦斯·尼古拉(Darvas Nicola)创造的。尼古拉可以说是证券市场的传奇人物,在20世纪50年代初期,他用最初入市的3000美元从事股票投资交易,仅经过3年就净赚了200万美元。《时代》杂志对他做了特别报道,他把自己的交易模式、经验、交易过程编写成书,在短短8周的时间里就销售了近20万册,而书中提到的核心思想就是箱体运动模式。

10.1.1 箱体理论的顺势思想

尼古拉刚刚入市后的交易也并非一帆风顺,在经历了多次挫折后,他敏锐地意识到了一种新的交易模式,那就是箱体交易模式。这一理论最初出现在他本人所著的《我如何在股市赚了200万》。

很多投资者看到"箱体"这个词，就会自然而然地联想到高抛低吸的波段操作，但"箱顶卖、箱底买"并非箱体理论的内容，它只宜被看作是箱体理论结合具体市场波动时的一种演变，箱体理论的核心是一种顺势交易的思想，并不是高抛低吸的波段操作。

箱体理论认为价格走势是以一个个箱体的方式呈现出来的，箱体就是价格波动的一定范围，它有上沿和下沿，上沿具有阻挡作用，下沿具有支撑作用。当价格走势在箱体内部波动时，这是趋势不明的信号，此时投资者不宜操作；当价格走势突破箱体上沿时，预示着一波升势的展开，随后的价格走势将进入一个位置更高的箱体中，原箱体的上沿由原来的阻力作用转变成为支撑作用；反之，当价格走势跌破箱体下沿时，预示着一波跌势的展开，随后的价格走势将进入一个位置更低的箱体中，原箱体下沿的支撑作用转变为阻力作用。以上所述即为箱体理论的主要内容。

箱体理论的内容虽然很简单，但却十分有效，而且，它是以道氏理论的趋势思想为指导的。价格走势突破上沿位置进入更高的箱体中，标志着上升趋势的展开，而原箱体内的波动则是趋势不明朗的体现；反之，价格走势跌破下沿位置进入更低的箱体中，标志着下跌趋势的展开，而原箱体内的波动同样是趋势不明朗的体现。

10.1.2　箱体运动的两种交易方法

依据箱体理论的内容，很明显投资者应该按照"箱顶买入，随后在更高的箱顶卖出"的原则来操作，是以突破的模式来实现的。这是箱体运动的第1种交易方法，也是一种十分实用的交易方法。因为对于市场来说，箱体区被突破，预示着多方力量开始上攻且占据主动；对于个股来说，能够实现箱体突破的个股多属于强势股，这类个股的中短期涨势往往更为凌厉。可以说，箱体理论也是一种选择强势股的交易模式，基于股票市场"强者恒强"的运行格局，这种交易方法对于技术分析能力较强的投资者来说确是十分有效的。

但在实盘操作中，我们还应关注箱体区的震荡幅度，因为从短线波动的角度来看，如果箱体幅度过大，则当个股价格达到箱顶（或箱底）时，短期内的多方（或空方）力量也将出现较大的消耗。此时若再实施顶买（或底卖）的顺势操作,很有可能面临着中级折返走势出现的风险,因而投资者更适宜实施低吸高抛的波段操作,这是箱体运动的第 2 种交易的方法。

一般来说,如果箱体区的波动幅度较大,我们就可以结合箱体特征展开"顶卖底买"的波段操作。而且还应结合价格所处的中长期位置点以及反复震荡次数来综合把握。如果在高位区,反复震荡的次数越多,则价格再度下跌至箱体下沿时的破位概率越大,此时我们就不宜展开"箱体底"买入的操作了;反之,如果在低位区,反复震荡的次数越多,则价格再度上涨至箱体上沿时的突破概率越大,此时我们就不宜展开"箱体顶"卖出的操作了。

10.1.3 低位箱体平台的突破

在中长期的低位区出现了横向震荡箱体运行格局,若随后出现价格向上突破,则价格走势进入更高箱体的概率极大,此时投资者可以在箱体被突破后积极地买入布局。

图 10-1 为和而泰 2018 年 8 月至 2019 年 3 月走势图,此股价格在向上突破低位区箱体区间后,连续数日站于箱体上沿之上,这是价格走势进入更高箱体的信号,原箱体的上沿位置点就由阻力作用转变为支撑作用。此时,投资者宜顺应升势的发展,积极买入布局,分享牛市果实。

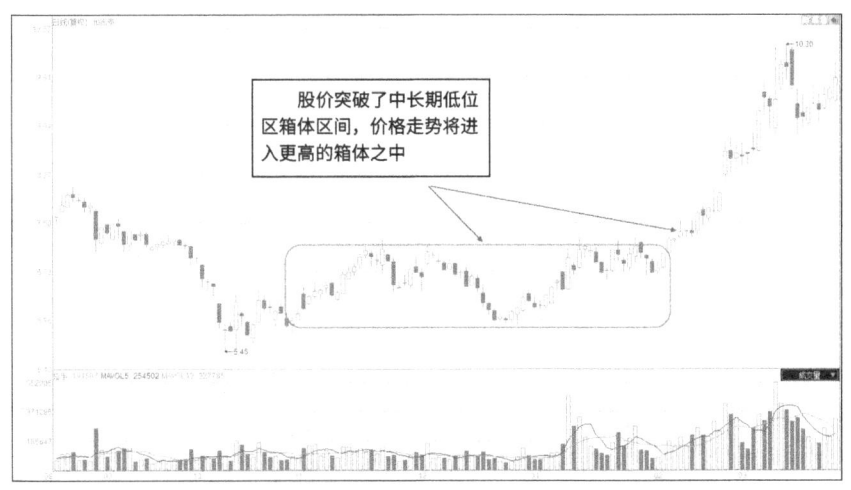

图 10-1 和而泰 2018 年 8 月至 2019 年 3 月走势图

10.1.4　跌势整理区箱体特征

在箱体运动格局中，投资者是实施第一种顺势交易的方法，还是实施第二种波段操作的方法，需要他们对整体趋势的运行有清晰的判断。对于原有趋势运行途中，代表着整理震荡的箱体运动，投资者应严格依据箱体理论提出的顺势交易方法进行操作，这样才能更好地把握牛市机会，规避熊市风险。下面我们就结合价格波动的模式特征，来看看如何判断这种"途中整理"性质的箱体运动。

图 10-2 为远东传动 2017 年 9 月至 2018 年 2 月走势图，在股价下跌后的低点，此股价格走势呈横向震荡，股价重心完全横向移动，构筑了一个水平箱体。这种上下波动幅度较小、股价重心水平移动的箱体，一般来说，标志着多空力量对比格局并未发生转变，这个箱体构筑完成后股价破位向下的概率更大，投资者应严格实施顺势交易的操作方法。

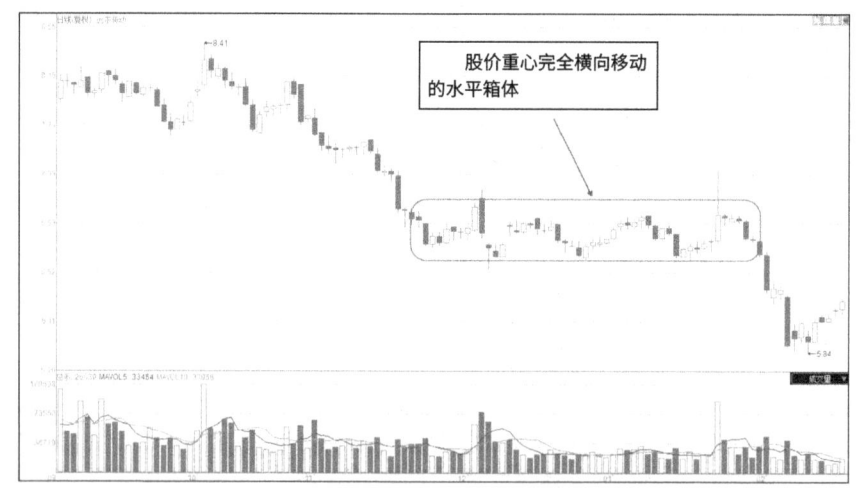

图 10-2　远东传动 2017 年 9 月至 2018 年 2 月走势图

图 10-3 为多氟多 2017 年 11 月至 2018 年 8 月走势图，在股价下跌后的低位区，股价的反弹力度一波弱于一波，虽然股价每次回落时都在相同位置区获得强支撑，但这并不表示多方力量转强，而这种"股价反弹一波低于一波"的箱体运动形态也多预示了跌势仍未见底。操作中，投资者不宜在箱体低点实施"底买"操作。

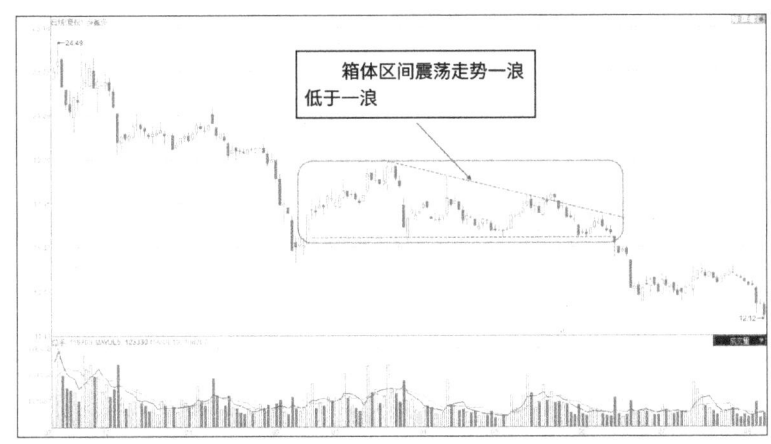

图 10-3　多氟多 2017 年 11 月至 2018 年 8 月走势图

10.1.5　升势整理区箱体特征

在箱体波动过程中，如果股价重心有缓慢上移的倾向，股价震荡幅度相对较小，且波动中的收盘价呈上移状态，则表明多方力量依旧整体占优，个股价格在箱体震荡结束后，有望突破上行。

图 10-4 为高德红外 2018 年 9 月至 2019 年 4 月走势图，此股处于整体上扬走势格局中，在幅度相对较小的横向震荡过程中，我们可以看到股价重心呈缓慢上移的状态，这是多方力量依旧占据主动的标志。随后，当价格走势向上突破阻力位时，预示着新一轮上涨走势的展开，投资者可以积极地实施箱体理论，提出"箱顶"买入操作。

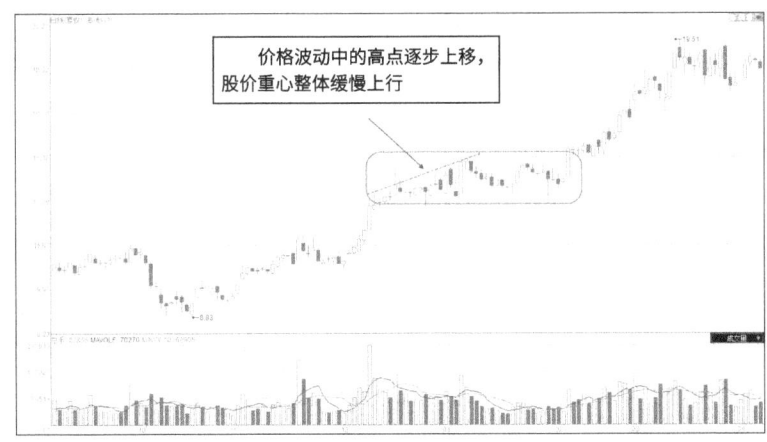

图 10-4　高德红外 2018 年 9 月至 2019 年 4 月走势图

10.1.6 结合折返信号的箱体操作

也有一些横向的箱体运动出现在中长期的低位区间，或是中长期的高位区间，此时的箱体运行持续时间较长，打破了原有的趋势运行节奏，而且箱体的构筑形态并没有体现明显的多方占优或空方占优的形态特征。这个时候，我们更应关注箱顶、箱底是否出现了明确的中级折返信号，这些折返信号既可以是单日、双日 K 线，也可以是特定的量价形态。当这些形态特征明显的折返信号出现时，我们更适宜展开高抛低吸的波段操作，而不是"顶买底卖"的趋势操作。

图 10-5 为嘉欣丝绸 2017 年 9 月至 2018 年 6 月走势图，此股价格走势在累计跌幅较大的位置区出现了长时间的横向震荡，期间的价格走势上下波动、幅度不大，股价重心没有明显的上移或下移。这种震荡形态既可能预示着跌势趋势末期的企稳，也可能是跌势中的一次阶段整理，此时投资者可以结合箱顶及箱底位置点是否有明确的折返信号出现来指导操作。

图 10-5 标注的两个交易日均在箱顶位置点出现了折返信号，第 1 个是我们在 8.2.4 中讲到的"宽振线转向信号"，第 2 个是在 8.2.1 中讲到的"影线转向信号"。两个折返信号的形态特征十分明显。虽然在这两个交易日内股价均突破了箱体区上沿位置点，但由于折返信号的出现，表明这种突破是很难持续的，股价再度折返回落至箱体区的概率更大，持股者此时应逢高卖出，而不是追涨买入。

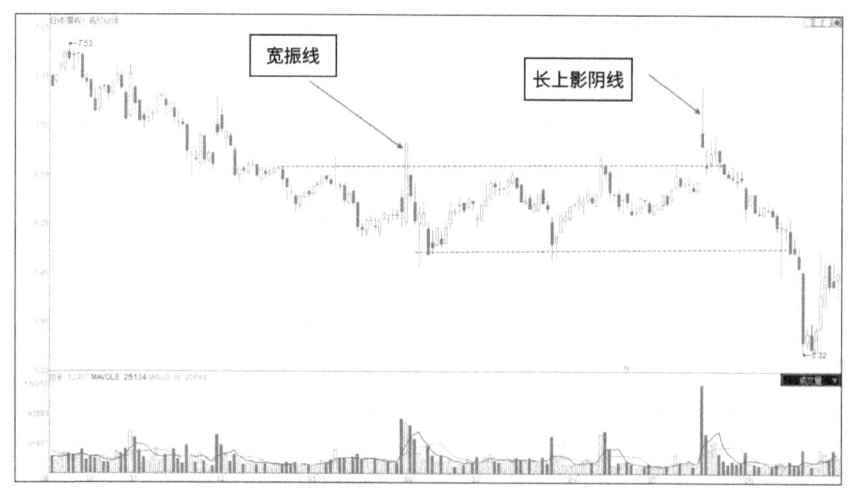

图 10-5　嘉欣丝绸 2017 年 9 月至 2018 年 6 月走势图

10.1.7 注意箱体平台的反复性

箱体理论指出：当个股的价格走势突破原有箱体后，会进入一个更高的箱体中运行。一般来说，后一个箱体应明显高于前一个箱体，后一个箱体的下沿位置点也应相应地高于前一个箱体的上沿。之所以有这样的要求，是因为对于上升趋势来说，这种运动格局体现了多方力量较强的推动力。

如果在个股价格的实际运行中，后一箱体的下沿要低于前一箱体的上沿，这代表着箱体平台在相近的位置区反复出现，是多方力量优势不明的标志。如果此时的股价又正处于中长期的高点，则多预示了顶部的出现。

对于下跌趋势来说，也有类似的情形。如果后一箱体的上沿要高于前一箱体的下沿，且价格位于中长期的低位区，则表明空方力量的优势不明显，跌势很可能已进入尾声，投资者可以逢箱体区震荡回调时买股布局。

图 10-6 为四维图新 2018 年 12 月至 2019 年 5 月走势图，在股价持续上涨后的高位区，如图标注所示，后一箱体仅略高于前一箱体，投资者此时更应留意趋势的反转，即股价回落至箱体下沿位置点时出现破位的概率较大。操作中，我们可以提前预判，在箱体区的上沿附近提前卖出离场，规避相近两个箱体所表明的多方力量不足而导致的趋势反转风险。

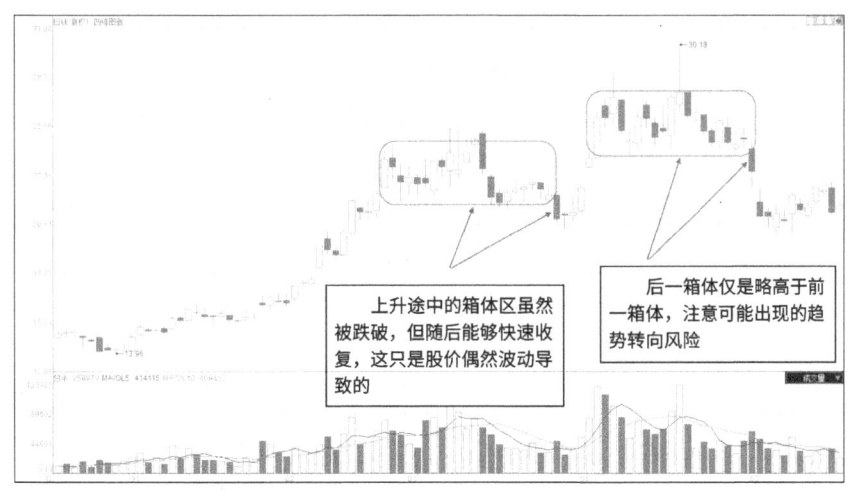

图 10-6　四维图新 2018 年 12 月至 2019 年 5 月走势图

10.2 神秘的黄金分割率

黄金分割率是一个充满神秘色彩的数字,自然界中的种种事物都与之有联系。它并非是在证券市场中被发明创造出来的,证券市场仅是借助了这一数字展开研究,由此产生了黄金分割率理论。

10.2.1 什么是黄金分割率?

著名的数学家法布兰斯在13世纪曾列出了一些奇异数字的排序组合,它们的顺序依次为:1、1、2、3、5、8、13、21、34、55、89、144、233……对于这一系列数字来说,从第3个数字开始,每一个数都是前两个数之和,例如:2=1+1,3=2+1,……,34=21+13,……,依次类推,这个数列的任何两个相邻数的前后比值是相同的,例如:55/89=0.618,89/144 = 0.618,144/233 = 0.618。这个数值就是黄金分割率,但当时并没有人发现这个数值的魅力。随着对事物的深入研究,人们才发现与此相关的"巧合"太多了,也渐渐地使得这个数值趋于神秘化,很多人将其当作未解之谜。

0.618这个数值比例在绘画、雕塑、音乐、建筑等艺术领域,以及管理、工程设计等方面都有着不可忽视的作用。例如:古希腊帕特农神庙是举世闻名的完美建筑,它的高和宽的比是0.618;五角星是非常美丽的,我们在五角星中可以找到的所有线段之间的长度关系都是符合黄金分割比的;正五边形对角线连满后出现的所有三角形,都是黄金分割三角形。

人们在很多自然事物中都惊异地发现了0.618这个数值的影子,因此把0.618及其倒数1.618称为黄金分割率(Golden Section)。

证券分析师将黄金分割率引入股市后,发现其有较高的准确率,由此就形成了股市黄金分割理论。

黄金分割理论的应用方法较为简单,即当价格走势运行到黄金分割率的位置时,会受到较为明显的反向牵引力。例如:在上涨走势中,以这一波上涨走势启动点为基数,当股价涨幅达到某一黄金比率时,其遇到阻力而回调的概率较大;反之,在下跌走势中,以这一波下跌走势开始点为基数,当股价跌幅达到某一黄金比率时,其遇到支撑而反弹的概率较大。

在黄金分割率数值的基础上，以下两组数字也是值得关注的：

（1）0.191、0.382、0.5、0.618、0.809；

（2）1、1.382、1.5、1.618、2、2.382、2.618；

这些数值中的 0.5、1、2 是具有整数倍数关系的重要点位；其余的数值则与黄金分割率密切相关，例如：0.191 为 0.382 的 1/2，0.809 为 0.191 与 0.618 之和；1.382、1.618、2.382、2.618 则为倍数关系上的黄金分割率数值。

10.2.2　运用黄金分割率预判走势

由于基于黄金分割率得出的参考值较多，既有经典的 0.382、0.618，也有前面列出的 0.191、1、1.382、1.5 等数值，因而，在实盘分析中，我们还应结合一些其他的反转信号来综合把握价格走势转向点。

图 10-7 为康盛股份 2019 年 1 月至 5 月走势图，此股价格从低位区开始启动，持续上涨，期间没有明显的回调，这一波上涨的低点启动价位是 3.13 元。股价在随后的持续上行中并没有明确的调整信号，直到股价上涨至 7.29 元的位置才出现了一个长上影阳线的单日 K 线形态，这个位置点的涨幅可计算如下：(7.29-3.13)/3.13=1.329。这个涨幅接近黄金分割率中的重要数值 1.382，随后，价格走势便折返向下。

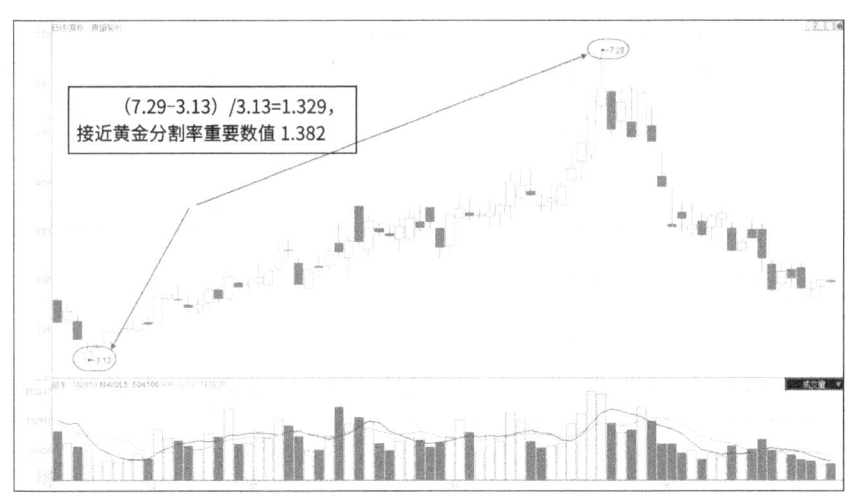

图 10-7　康盛股份 2019 年 1 月至 5 月走势图

我们在应用黄金分割率时，困难之处在于其重要的数值点较多，但并不是每一个数值点都会使股价出现折返走势，折返走势的出现还与大盘震荡、个股消息面等因素有关。在实盘操作中，我们既要关注这些重要的数值点，也要留意折返信号，当两者相互验证时，价格走势转向的概率才更大。此时，我们采取相应的买卖操作才能够有更高的胜算。

10.3　顺势的亚当理论

美国证券分析师威尔德（J.W.Wilder）曾经创造了多种技术指标类分析工具，包括强弱指数 RSI、PAR、动力指标 MOM、摇摆指数、抛物线等，但是后来这些技术指标类分析工具又被他本人所推翻。经过多年的经验积累以及对证券市场的深刻认识，威尔德意识到了技术工具的不完备性，单一的技术分析工具或分析方法往往很难适应走势充满变数的证券市场。威尔德在后期所发表的文章中推出了一套崭新理论以取代这些常见的技术分析工具，特别是单一的技术指标，而这套崭新的理论就是亚当理论。

10.3.1　什么是亚当理论？

威尔德早年崇尚技术指标类的分析方法，也发明了多种反映、预测价格走势的指标类分析工具，但是这种观点在后来被他的新的理念所取代。在其后来发表的股市类文章中，威尔德认为技术工具的自身缺陷性很难适应变化不定的股市，如果技术分析工具真的可以行之有效地预测市场走势，那么就不会出现大量的投资者运用其进行交易时屡屡亏损的情况。因而，借助数字化、机械化的技术工具是无法应对市场的变化的。

在这一观念基础上，威尔德阐述了一系列的理念、方法，以帮助投资者放弃主观的分析工具。在市场上生存就是适应市势，亚当理论的精义是没有任何分析工具可以绝对准确地推测市势的走向。亚当理论的精神就是教导投资者要放弃所有主观的分析工具，顺势而行就是亚当理论的核心。

10.3.2　亚当理论主要内容

亚当理论既不是新鲜的事物，也不是复杂的指标，它只是一系列的投资理念。

它谈论的是事物的根本道理,只讨论发生了什么事,而不讨论什么事为什么会发生,或应该发生,这就是它的功用所在。在亚当理论中,有3条要义是值得投资者格外注意的。

1. 投资者对每一种技术分析方法都应该客观、辩证地对待,因为每一种方法都只是从某个角度来分析、阐明市场的运行,无法让我们看清市场的整体面貌。如果投资者仅凭技术指标的信号就判断市场的多空格局,这就是一种片面的解读,若据此展开交易,则很有可能导致亏损。

2. 对于交易而言,投资者首要的任务是判断趋势,认清市场是处于升势之中,还是处于跌势之中。投资者在升市中应以买入并持有的策略为主;反之,在跌市中投资者则应以卖出并观望的策略为主。逆势而为的操作是不可取的,这包括投资者在升市中盲目看空和在跌势中盲目做多。顺势而为是亚当理论的核心。

3. 对于每一笔交易来说,如果投资者在买卖之后发现自己的交易方向与大势相反,这时就要查看自己是否看错了大势,看错就要及时纠正错误行为,不要和大势为敌,只有及时认错才能最大限度地保证本金安全。投资者不要为自己的错误行为寻找各种借口,因为那样只会使自己深陷泥潭,损失更大。

10.4 买卖之道的江恩理论

威廉·江恩(Willian D.Gann),是期货市场的传奇人物,也是20世纪最著名的投资家之一,他的投资生涯经历了第一次世界大战、1929年的股市大崩溃、30年代的大萧条、第二次世界大战。即便如此,江恩在那时仍然通过股票、期货市场赚取了近5 000万美元的利润,这相当于现在的数亿美元。

10.4.1 什么是江恩理论?

江恩是证券交易的天才,他也有着极为独到的交易方法与交易理念。基于其成功的交易经验,江恩通过对数学、几何学、天文学等的综合运用,创造性地把时间与价格进行了完美的结合。江恩总结了许多技术分析方法,并论述了一系列的投资准则,后人将其统称为江恩理论。江恩相信在股票、期货市场里也存在着宇宙中的自然规则,市场的价格运行趋势不是杂乱无序的,而是可通过数学方法预测的。江恩理论是以研究测市为主的。

江恩理论的实质就是在看似无序的市场中建立了严格的交易秩序，其中包括江恩时间法则、江恩价格法则、江恩线等，它们可以用来发现价格何时会发生回调和将回调到什么价位。

10.4.2 江恩循环理论

江恩循环理论是对整个江恩思想及其多年投资经验的总结。江恩理论认为，股票市场的走势是以循环的方式呈现出来的，较重要的循环周期有以下3种。

短期循环：1小时、2小时、4小时、……、18小时、24小时、3周、7周、13周、3个月、7个月。

中期循环：1年、2年、3年、5年、7年、10年、13年、15年。

长期循环：20年、30年、45年、49年、60年、82或84年、90年、100年。

30年循环周期是江恩分析的重要基础，因为30年共有360个月，这恰好是360度圆周循环。我们按江恩的价格带理论对其进行相应的划分，就可以得到江恩长期、中期和短期循环。

10年循环周期具有重要的意义，江恩认为，10年可以再现市场的循环。例如：一个新的历史低点将出现在一个历史高点的10年之后，反之，一个新的历史高点将出现在一个历史低点的10年之后。

同时，江恩指出，任何一个长期的升势或跌势都不可能不做调整地持续3年以上，期间必然有3个至6个月的调整。因此，10年循环的升势过程实际上是前6年中，每3年出现一个顶部，最后4年出现最后的顶部。

10.4.3 百分比回调法则

江恩理论认为，当价格上涨或下跌一定的幅度时，就会出现规模相对较大的回调走势。所谓的回调就是道氏理论中所提及的折返走势、次级运行，它表现为升势中的中级回落或跌势中的中级反弹。经过实践摸索，江恩理论认为：价格涨跌幅达到50%、63%、100%时所处的位置最有可能出现回调。而价格涨跌幅为50%、63%所处的两个位置是最为重要的，江恩认为：不论价格上升或下降，最重要的位置是在价格涨跌幅为50%的时候，在这个位置经常会发生价格的回调，如果在这个位置没有发生回调，那么，在价格涨跌幅为63%时所处的位置上就会出现回调。

图 10-8 为创业板指数 2018 年 12 月至 2019 年 6 月走势图，指数在低位区长期徘徊之后开始突破上行，最低点位是 1 201 点，随后指数持续上涨、期间未调整。当指数涨至 1 800 点时，这一波大幅上涨的幅度达到了 50%，是江恩提示的一个极为重要的回调点位。操作中，持有者宜减仓并控制好深幅回调风险。

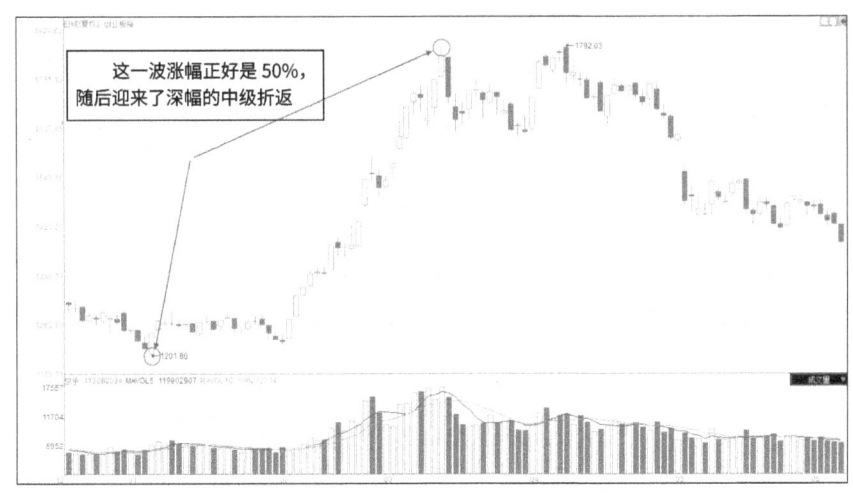

图 10-8　创业板指数 2018 年 12 月至 2019 年 6 月走势图

10.4.4　江恩波动法则

从市场的历史走势来看，股票市场的价格走势经常大起大伏：一旦从低位启动，向上突破，股价就如脱缰的野马奔腾向上；而一旦从高位向下突破，股价又如决堤的江水一泻千里。投资者往往很难提前意识到这种巨大幅度的转向，这一方面是因为趋势的持续运行改变了投资者的思维方式，另一方面也是因为大多数投资者不了解市场这种巨大波动的内因。

对此，江恩给出了解释，江恩认为：这种大起大落的走势可以看作是市场共振的结果，当市场的内在波动频率与外来市场推动力量的频率产生倍数关系时，市场便会出现共振现象，令市场产生向上或向下的巨大作用。江恩总结了一些可能形成共振的情形：

1. 当长期投资者、中期投资者、短期投资者在同一时间点进行方向相同的买入或卖出操作时，将产生向上或向下的共振；

2. 当时间周期中的长周期、中周期、短周期交汇到同一个时间点且方向相同时，将产生向上或向下的共振；

3.当长期均线、中期均线、短期均线在同一价位点交汇且方向趋同时，将产生向上或向下的共振；

4.当K线系统、均线系统、成交量KDJ指标、MACD指标、布林线指标等多种技术指标均发出买入或卖出信号时，将引发技术性的共振；

5.当货币政策、金融政策等多种政策密集出台时，将引发政策面的共振；

6.当基本面多空方向与技术面多空方向相同时，将引发极大的共振；

7.当上市公司的基本面情况、经营情况、管理情况、财务情况、周期情况、重大事项等因素对上市公司的影响方向趋同时，将引发个股价格走势的共振；

共振的发生是有条件的，只有当条件满足时才会产生共振；反之，当条件不满足时，共振就不会发生。如果只满足部分条件，一般来说，也会产生共振，但力度会较弱。对于共振来说，江恩特别强调自然的力量，将其看作市场运行的一种"自然法则"。

10.4.5 江恩理论的交易策略

江恩理论是一套较为庞大的技术分析体系，它包含了数学、几何学、周期论，等等，这些都属于技术分析领域的范畴。除此之外。江恩还极其重视交易的策略，如果说纯粹的技术分析是相对机械的操作，难以适应变化不定的市场，那么交易策略则主要针对投资者的交易行为给予适当的补充，这样可以提高交易的成功率。而且，在一系列的技术理论中，江恩最注重交易策略，这或许是其在股票、期货市场中取得惊人成绩的关键。很多技术派人士也把这些交易之道看作江恩理论的精髓，下面我们就来看看江恩总结的一些交易之道：

1.造成损失的三大因素包括投资者缺乏关于市场的基本知识，不懂得止损出局，习惯于过度买卖；

2.投资者可将本金分成10份，每次买卖数额不应超过本金的1/10；

3.投资者应小心使用止蚀盘，减少每次出货可能招致的损失；

4.交易不能过于频繁；

5.投资者要避免反胜为败，保住胜果，避免先盈后亏；

6.投资者不要逆势操作，市势不明朗的时候，宁可袖手旁观，也不应贸然入市，不要把自己想得比市场更聪明；

7. 犹豫不决的投资者不宜入市；

8. 投资者应参与活跃的交易品种，避免冷门品种；

9. 投资者不可随意平仓，可利用逐步减仓或止盈锁定利润；

10. 投资者的交易品种不可过多，一般保持在两三种即可，太多则投资者难于兼顾，太少则表示风险过于集中，两者均不适当；

11. 投资者应尽量避免限价买卖，否则可能因小失大；

12. 买卖顺手，累积利润可观的时候，投资者可将部分资金调走，以备不时之需；

13. 投资者只有在看准一波中级行情时，才宜着手买入，不可为蝇头小利而随便入市；

14. 投资者不可以加死码，第一注出现亏损，表示入市错误，投资者如再强行增加持仓数量，谋求拉低成本，可能积小错而成大错；

15. 不能希冀买在起涨前夕，投资者在持股后，要有一定耐心；

16. 若在多次交易后赔多赚少，则表明不在状态，或市场时机不好，投资者应暂时离场观望；

17. 投资者不可贪低买入，亦不可因高卖出，一切应以趋势的发展势头而定；

18. 在上升行情初期，投资者可以采用金字塔加码法；

19. 投资者重仓买股应设立止损价，若走势与预期相反则要承认错误，严格执行止损操作；

20. 投资者得心应手时也不可随意增仓或是任意买卖，因为这个时候最易出错；

21. 投资者不可盲目地预测市势的顶或底，应该遵循市场发展；

22. 投资者不可轻信他人的意见，应有自己的一套分析方法，只有这样才能不断积累经验、不断提升投资能力；

23. 入市错误、出市错误固然不妙，入市正确而出市错误亦会减少获利的机会，两者均要避免。

江恩理论的核心交易之道就体现在上面这23条交易准则上，这些准则很好理解，但在实际运用时，投资者往往难于实施，或因情绪使然，或因固有习惯。对于投资者来说，应善于思考、理性分析，在实施每笔交易前有一个清晰的判断。这样，当我们熟悉了这些交易准则之后，就能更好地将其运用于实盘操作中。

第 11 章

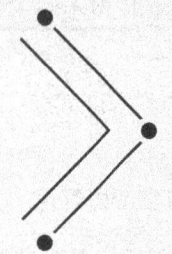

市场交易策略

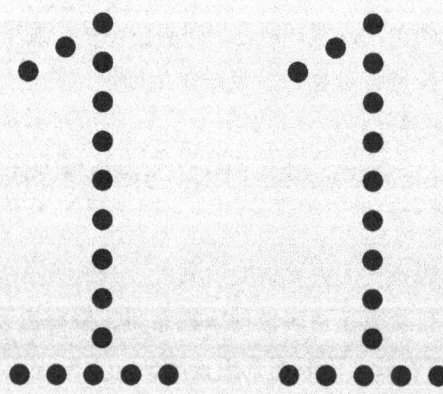

第11章 市场交易策略

炒股获利的秘诀是什么？技术分析方法五花八门，但真正应用技术分析实现稳定获利的投资者又有多少呢？在股票市场上，真正能够获利的往往只是少数人。这一部分投资者的成功绝非偶然。如果我们认识这样的人，不妨向他们请教，相信他们一定有着独特的炒股理念与操作方法。有的投资者可能很有耐心，能够长久地不进行交易，而是静静等待自己熟悉的机会；也有的投资者可能善于参与市场热点，天天切换不同的个股进行操作。总之，成功的方法多种多样，并不是千篇一律的。

技术，它是知识的积累，经验的升华，也是炒股成功的核心要素。我们前面讲解的主要内容都可以归入"技术"这一范畴。但是，毕竟技术分析也有不足的地方，这是不可避免的。我们如何通过准确的技术分析结论实现获利，如何化解错误的技术分析结论所带来的风险呢？这就涉及交易策略与仓位调度了。

所谓的策略，就是指可供选择的一组行动方案。当我们说"这个人很有策略"时，其实就是指这个人有很多可供执行的方案，当一个方案行不通时，能够及时应变；如果我们说那个人没策略，意思是他缺乏变通，因为他只有一个方案。股市变幻莫测，股票交易模式也不能一成不变，针对不同的市场、不同的走势，我们要有好的行动方案，如此方可稳健获利。策略运用得好，股票交易就是一门艺术，我们可以轻装上阵，在运筹帷幄中获取回报；策略运用得不好，股票交易就会成为一种劳心伤神的负累，长此以往，不仅资金亏损，我们的心理也会备受打击。本章我们将结合个股价格的不同走势特征，讲解股市中几种看似截然不同，然而却殊途同归的买股策略。这些买股策略建立在仓位管理的基础之上，因此我们将重点讲解交易策略与仓位调度这两方面的内容。

11.1 仓位管理方法

仓位是指账户内的资金与股票的分配比例，如未持股称为空仓，持股50%称为半仓，持股100%则称为全仓。仓位的控制直接决定着预期风险，全仓持股则风险最大，当然，若判断正确，潜在收益也可能更大；空仓没有任何风险，但也失去了获利的机会。很多投资者都执著于寻求利润的最大化，不论在何种市场环境下都全仓交易，这等于把自己置于风险之中，一旦他们判断错误，就很可能面临着重大亏损。当然，全仓也未必错误，这取决于市场环境及选股方法。本节我们结合一些常见的仓位调度方法，来看看如何更好地管理仓位，力求在不失机会的情况下尽量降低风险。

11.1.1 现金为王的方法

股市永远不缺少机会，手中持有现金的投资者将永远处于主动地位。对于胜算不高的交易，投资者要尽可能避免。我们不能看到这个股票涨停了就想追涨，也不能看到那个股票短期回调幅度较大就想抄底。当我们没有较大的把握时，持有现金才是最好的选择。

该方法与危机投资法有相似之处，其基本思路是，在市场处于正常状况时，投资者决不进行任何投资活动，只将钱存入银行，坐享稳当的利息收入。投资者要耐心地等待时机，绝不可心急，只有当市场循环到谷底，市场中的每一个人都对这个市场悲观失望，看不到市场有任何起色时，你再参与进去。随着时间的推移，一旦牛市来临，你的利润将十分丰厚。现金为王的方法告诉我们一个投资市场颠扑不破的真理，即手中有现钱，永远有机会。

但对于技术型的投资者来说，由于股票市场常呈现出结构化行情，即这个板块强势上涨，其余板块萎靡不振的情况。在结构化行情的背景下，市场指数将长期处于横向震荡、趋势不明的格局之中，如果投资者秉持现金为王的方法则将错失很多获利机会。因而，现金为王的布局方法是一种中长线交易策略，更适宜于那些因牛熊交替走势进入明显低估状态的白马股、蓝筹股，这些个股价格的下跌并不是因为利空消息，它们处于低位仅是市场人气较低所致。

11.1.2 布局多个品种的方法

布局多个品种的方法也被称为分散布局，风险市场有一句经典谚语："不要把鸡蛋放在同一个篮子里。"通过持有多个品种的股票，我们可以有效地规避单一品种的股票出现"黑天鹅"事件的风险，进而保障本金的安全。

分散布局的方法比较适合震荡市场行情，当市场整体处于横向震荡之中时，行情多以局部板块、题材的方式呈现。通过分散布局的方法，我们可以有效地提升资金使用效率，降低布局弱势股、错失局部机会的风险。

投资者在进行分散布局时，选股的技术尤为重要。一般来说，投资者应尽量避免重复布局行业相同、题材相近的个股。如投资者可以有选择地布局一些高科技行业的股票，同时布局一部分传统行业的股票，这样，他们手中持有的个股能够赶上市场风口的概率会更高。

但是，当市场处于明显的跌势之中时，投资者就不宜实施分散布局的方案了。此时，绝大多数个股的价格都处于下跌状态，即使我们买入多个品种的股票，也很难规避市场的这种系统性风险。

11.1.3 底部区的金字塔加码法

塔韦尔斯的《商品期货游戏》对资金管理这个问题有一番精彩的解读，它把保守的交易风格推崇为最终取胜之道，书中这样说道："……甲交易者成功的把握较大，但是其交易作风较为大胆，而乙交易者成功的把握较小，但是他能本着保守的交易原则。那么，从长期看，实际上乙交易者取胜的机会可能比甲更大。"

保守的交易风格是在提示我们：在首次实施一笔交易时，投资者绝不可全仓参与，当然，也不宜重仓参与。很多投资者在看到股票价格已跌幅较大时，往往按捺不住抄底的冲动，有重仓买股的想法，也许我们确实可以成功抄底，但这偶然的成功并不是真正的成功，长此以往，还将是亏多赢少。如何解决这个问题呢？对待这种价格深幅下跌后的个股而言，最好的仓位调度模式就是金字塔加码法。

金字塔加码法也称为累进加码法，它是一种相对保守的资金调度方案，但同时又能为投资者带来较为丰厚的收益，当然，这些都要建立于投资者对大方向的准确判断之上。累进加码法主要应用在趋势反转上行展开之后，当投资者对大方向判断正确后，第一笔交易就产生了利润。但是，第一次买进的数量并不是很多，在此背景下，投资者可以在趋势明朗的过程中逐步加码。

正确应用累进加码法有两点是我们必须要注意的：第一，累计加码法更适于操作那些价格处于中长期低位区的个股；第二，不要采用倒金字塔式加码，即加码的分量只能是一次比一次少，这样才能保住前面的收益，如果加码分量一次比一次多，很可能会造成严重的后果，即一次加码错误就使以前的收益都损失掉，甚至出现亏损。

11.1.4 顶部区倒金字塔减码法

倒金字塔减码法与金字塔加码法正好相反，它被应用于预测顶部区的操作中。当我们买入的股票已经获利，且我们预测个股价格后期将下跌，就可以逐步减仓。第一次减仓数量可以大些，这样可以锁定利润，随后，若股价再度上涨，则可再度减仓，减仓数量要小于第一次……以此类推，直至清仓离场。

11.2 止损的策略

股市中充满了博弈，成功者的利润往往来源于失败者的亏损，多空双方无时不在交锋、博弈着，投资者要冷静分析、细心观察，不要选择错误的方向。但是，市场又是变幻不定的，很多投资者的自身分析能力又往往不够出色，出现错误是难以避免的。此时，投资者就要学会如何保障本金的安全，这就涉及了止损。

但是，对于投资者来说，止损操作只需提前设定好止损价就可以吗？止损价又应如何设定呢？如果设定的价位离买入价过近，则可能因股价偶然波动而实施不必要的止损卖出操作，也就会错过随后可能出现的上涨行情。如果设定的价位离买入价过远，即使严格操作、止损离场了，本金也会出现较大幅度的亏损，不符合止损操作规避风险的理念。其实，止损并不是机械的，投资者在设定止损价位时，既要结合个股的技术面、关注个股价格的走势特点，也要顾及基本面及市场整体运行情况。本节我们将结合不同的市况来看看如何更好地实施止损操作。

11.2.1 止损的重要性

止损的重要性可以通过鳄鱼法则来作一个形象的说明。鳄鱼法则是说：如果一只鳄鱼咬住你的脚，而此时你若试图用手去挣脱你的脚，鳄鱼便会同时咬住你的脚与手；你越挣扎，被咬住的地方就会越多，直到无法挣扎、最终丧命；所以，万一鳄鱼咬住你的脚，你逃生的唯一机会就是牺牲一只脚。

在股市里，鳄鱼法则就是：当你发现自己的交易背离了市场运行的方向，你就必须立即止损，不得有任何延误，不得存有任何侥幸。鳄鱼吃人听起来太残酷，但股市其实就是一个残酷的地方，每天都有人被它吞没。

"市场总是正确的"，投资大师之所以能取得傲人的收益，是因为他们能冷静客观地对待手里的股票，勇于承认和纠正自己的失误操作。他们的交易记录显示，他们的收益主要来自于少数非常成功的操作，而大多数不成功的操作都在亏损进一步扩大之前就被果断地处理掉了。很多投资者的做法恰恰相反，手里的股票出现了亏损，就一心希望它能反弹到自己的成本价以上，殊不知市场是不会记住你的成本价的，如果投资者不能及时地顺应市场变化、调整自己的操作，将会越陷越深，直至元气大伤。

11.2.2 止损幅度与个股特性

投资者在设定止损价位时，针对不同类型的个股应有不同的标准。对于那些上下波动幅度较大、股性较活的个股，我们不妨将止损幅度设定得大一些。这些个股即使出现了短期大幅下跌、与我们判断不符，那它随后的反弹走势也会不错。我们完全可以逢反弹时再出局，没必要在短期下跌后的最低点割肉出局。对于这类个股，投资者如果将止损幅度设得过小，还极有可能错失机会。因为这类个股在突破之前往往都有一定幅度的波动，我们不可能确保自己就一定能买在局部最低点。如果因为没能买在局部最低点、止损幅度又设得过小，而错失了这样的突破型个股，岂不是太可惜了。

对于那些波动幅度较小、股性不够活的个股来说，止损幅度则应设定得小一些。这类个股一旦开始向与我们预期相反的方向运行，这往往就是一种趋势的开始，此时，若我们不及时卖股离场，就会越套越深，损失惨重。

11.2.3 止损幅度与持仓比例

持仓比例不同，止损的幅度也不尽相同。全仓买卖时，止损幅度一定要设得离成交价较近，一般宜将止损幅度设定在成交价的 5% 以内，这样能更好地保障账户资金安全；若是轻仓参与个股，则可适当提高止损幅度，特别是在我们比较看好一只个股的价格走势前景时，但一般不宜超过成交价的 10%。

在实盘操作中，全仓参与个股的操作应尽量少采用。因为股价的波动具有较大的偶然性，即使是短线的强势股，也可能出现第一天强势涨停、次日却大幅低开的情形。股价的大幅波动触发了止损操作，但这类个股出现盘中上冲的概率较大，止损离场虽可保护本金安全，却也错失了盘中冲高卖出的机会。

仓位的控制直接决定着止损的频率，半仓、重仓、甚至是全仓的操作方法，很可能会频繁出现止损操作，除非投资者的短线交易技术十分突出，能够在少数成功的交易中获取足够多的利润，否则，过于频繁的止损操作不仅打击了投资者的信心，也将使得账户资金快速缩水，偏离了止损操作为保障本金安全的本意。

11.2.4 形态破位止损法

形态破位主要是指个股价格走势在整体与局部运行形态相对较好的背景下，突然出现了实体相对较长的阴线，或是几根连续小阴线，打破了原有的运行格局。一般来说是股价向下跌破了局部支撑点，从而增加了价格走势的不确定性，此时，技术面上有止损的要求。

形态破位止损法是一种短线止损方法。如果看好个股价格的中期走向，在止损操作之后，若个股价格短期跌幅较大，且能于低点出现小阳线企稳形态，则投资者可适当反手买回，降低持仓成本。

图 11-1 为德宏股份 2019 年 1 月至 5 月走势图，此股价格处于盘整突破后的强势整理走势中。结合前期的整体运行格局来看，股价仍处于上升趋势中，当前股价的横向窄幅运行可以看作上升途中的一次短暂整理，后期继续上行的概率较大。基于这种判断，投资者或可能买股入场，或是持股者继续持有，但随后的价格走势却与我们之前的预期判断不符，股价以一根实体较长的阴线跌破了

这个强势整理区，局部运行形态上呈现破位状。由于此时的个股价格身处高点，一旦局部形态有破位倾向，短期内出现深幅调整的概率更大，投资者宜第一时间止损离场。

随后，此股价格短线继续下跌，在回落幅度达 20% 时，出现了小阳线的企稳形态，投资者如果对此股价格的中长线走势看好，则此时是一个反手买回、降低持仓成本的好时机。

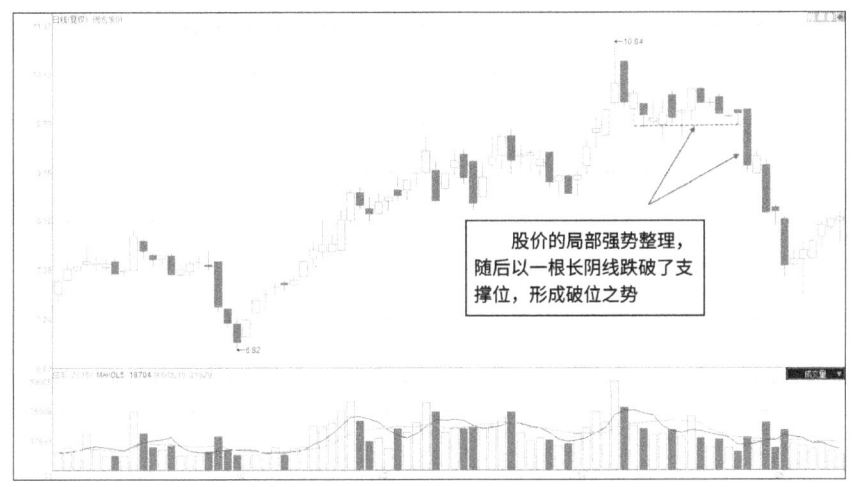

图 11-1　德宏股份 2019 年 1 月至 5 月走势图

11.2.5　涨停预判错误止损法

一些短线交易者往往会参与一些涨停股，这些个股或是有利好消息支撑，或是符合热点题材，买入这样的个股，是基于个股当日能够强势封板这一判断。在短线交易时，我们可能在个股涨停开板后买入，也可能是在其上冲涨停板时买入，但无论哪种买入方法，都是一种十分激进的短线追涨法，如果个股价格的盘中走势与预期不符，投资者则应在次日及时止损卖出。一般来说，个股次日出现明显的低开，或是开盘后价格走势较弱，投资者宜在第一时间止损离场，不宜抱有侥幸心理，因为这类个股一旦失去涨停板的特质，短期内出现深幅调整的概率较大。

图 11-2 为华峰氨纶 2019 年 4 月 11 日分时图，此股因公布资产注入事项而开始涨停板走势。第 1 个是无量的一字封板，场外投资者基本没有买入机会；

当日是此股的第 2 次涨停，但在早盘阶段，涨停板被打开，股价快速跳水，但由于有利好消息支撑，且股价累计涨幅不大，若投资者预判此股盘中能再度回封涨停，并追涨买入，也是一种相对合理的选择。

但是，此股随后的盘中价格走势显然与预期不符，这时，我们就要及时地调整交易思路，而不再延续原有的错误思维，但基于"T+1"的交易规则，我们次日才能卖出。次日，此股大幅低开，完全失去了前两日的强势特征，对于上一交易日追涨买入的持股者来说，在此股早盘走弱阶段就应及时止损离场，以规避随后可能出现的中短期深幅调整。

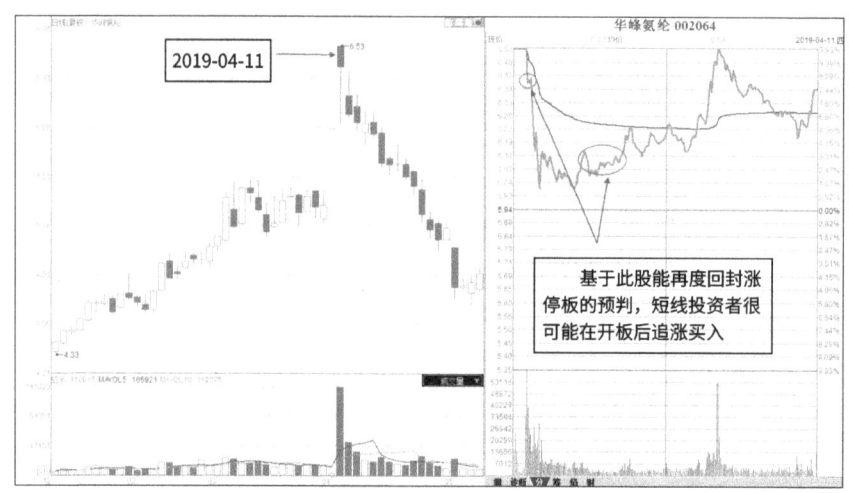

图 11-2　华峰氨纶 2019 年 4 月 11 日分时图

11.2.6　跳空低开止损法

跳空低开，往往代表着空方力量开始进攻，且占据了明显的主动，无论是个股在回调低点的跳空低开，还是在高点快速折返走势中的跳空低开，多代表着风险的出现。如果我们不能及时地止损卖出，很可能面临着短期大幅亏损的风险。

图 11-3 为江苏国泰 2018 年 12 月至 2019 年 6 月走势图，此股价格一直处于稳健的攀升走势格局中，随后出现了一波深幅调整。此时，投资者可能会依据升势中逢低布局的思路而买股入场。但是，此股次日却大幅度跳空低开，这表明，个股此波下跌并不是形态简单的短线回落，它很有可能演变成为中级折返走势，甚至是趋势反转的信号。对于之前逢低买入的投资者来说，此时应及时调整交

易思路，止损离场，以规避可能出现的风险。

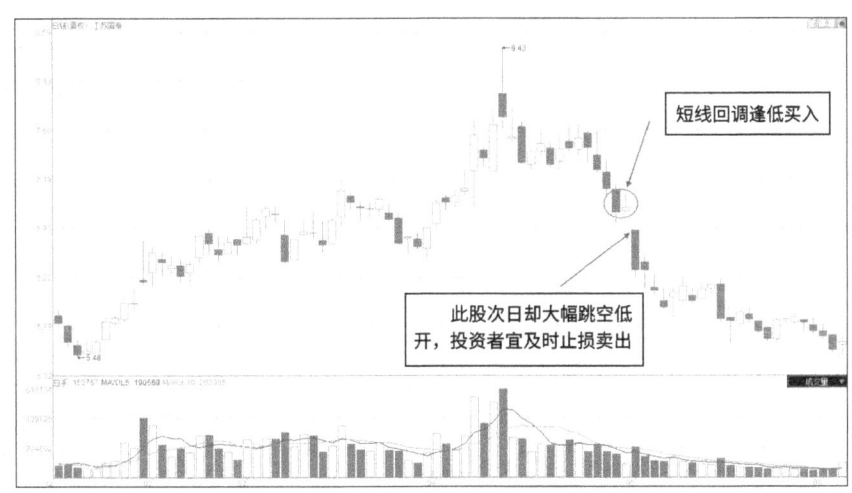

图 11-3 江苏国泰 2018 年 12 月至 2019 年 6 月走势图

图 11-4 为中泰化学 2019 年 2 月至 5 月走势图，此股在价格短线一波强势上涨之后的高点出现了一根高开低走的长阴线，次日，此股再度表现弱势，并出现明显的跳空低开。这是空方力量快速增强、市场抛盘集中涌出的信号。此股的跳空低开也预示了短期内走势快速反转、价格深幅回落情形的出现，此时对于持股者或是短线追涨参与的投资者来说，无论是已经短线获利的，还是出现了一定亏损的，他们都宜在识别这个跳空低开形态后，第一时间卖股离场。

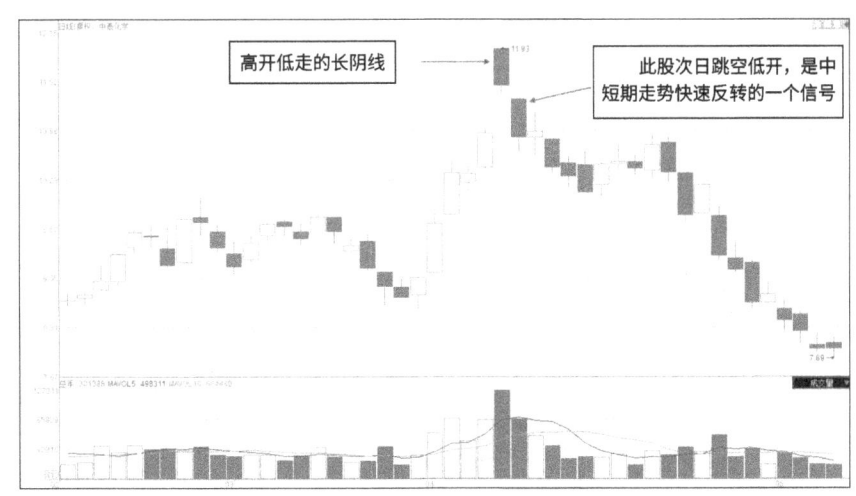

图 11-4 中泰化学 2019 年 2 月至 5 月走势图

11.2.7 小 K 线阴跌止损法

如果个股在盘整走势中，或是在价格短线一波上冲后的高点出现了连续的小阴线、小阳线而使得股价重心缓慢下移，这属于小 K 线阴跌形态，是空方力量已开始占据上风的信号，也是股价运行方向出现选择的信号。而价格走势一旦选择了方向，往往会经历一个由缓到急的过程。在此时的小 K 线阴跌走势中，若持股者出现了小幅度的亏损，也应及时止损离场，而不应希冀股价反弹后再卖出，因为此股价格随后加速下跌的概率更大。

图 11-5 为大港股份 2017 年 8 月至 2018 年 2 月走势图，此股价格走势在上升途中出现了长期的横向震荡。随着震荡走势的持续，价格波动幅度趋窄，并出现了一波小 K 线阴跌走势，这是长期震荡后空方力量开始占据优势的信号之一，也是股价随后可能破位下行的预兆。对于持股者来说，宜及时卖股离场，即使出现了小幅度的亏损也应止损离场。

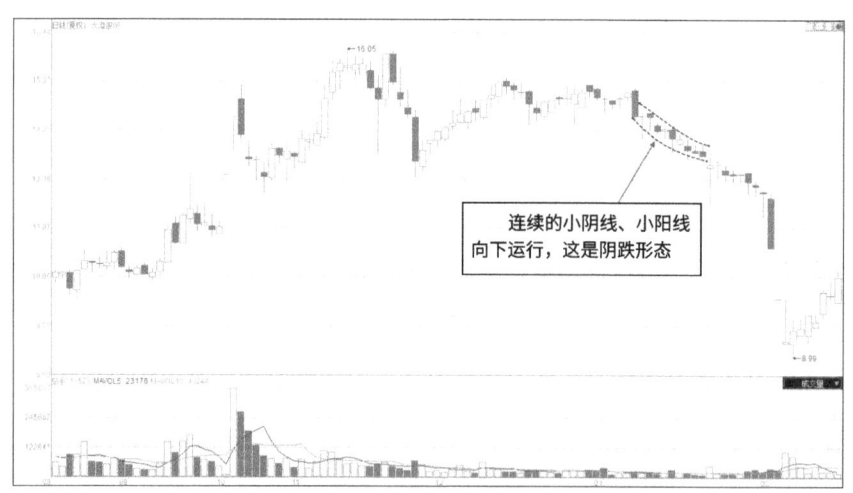

图 11-5 大港股份 2017 年 8 月至 2018 年 2 月走势图

11.2.8 跌停板止损法

涨停板更多地代表着机会，它是个股短线强势特征最好的表现方式，虽然也有一些涨停板存在较多的风险，但从概率上来看，涨停板的机会大于风险，特别是在低位区刚刚启动的涨停板。

跌停板与涨停板则完全不同，跌停板所蕴含的市场含义就是：空方力量占据了压倒性的优势,虽然跌停板出现时,个股价格很可能处于短期低点,但此时的风险远远大于机会,而高位区的跌停板的风险更大。一旦跌停板出现,个股价格的中短期下跌幅度往往是极大的;如果个股是因为利空消息,或是价格长期处于高位区而出现的跌停板,则很可能意味着连续跌停走势的出现,中短期风险巨大。对于投资者来说,如果我们买入的个股出现了跌停板,为了更好地保障本金安全,我们在操作上更应果断,第一时间止损离场是较为理性的选择。

图 11-6 为大洋电机 2019 年 4 月 25 日分时图,此股当日在盘中节节下行,并在尾盘阶段触及跌停板。从日 K 线图上来看,这是此股价格在稳健上扬的过程中突然出现的跌停板式回落调整,打破了原有的运行格局。虽然出现了短线调整空间,但此时投资者不宜逢"低"买入,而对于出现亏损或已获利的持股者来说,更应及时卖出。因为这属于高位区的跌停板,我们可以将它看作是中级折返走势的信号,也是短期内或将出现快速、深幅下跌的信号。

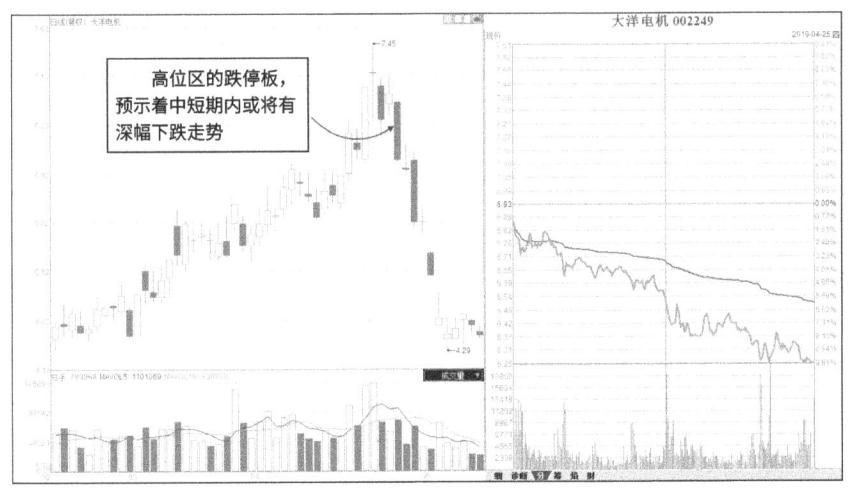

图 11-6　大洋电机 2019 年 4 月 25 日分时图

11.2.9　极窄幅整理提前止损法

极窄幅整理是一种特殊的 K 线运行形态,它是指:个股价格几乎在每个交易日的波动幅度都很小,以小阴线、小阳线、小十字星线为主,整体走势呈横向波动。这种走势格局常出现在高位区且市场参与度极低的个股身上。这类个股的价格失去了上涨的动力,短期来看,也没有下跌倾向。由于盘中波动幅度很小，对于持股者来说，一般也不关注其盘口运行。

但这类个股往往是十分危险的品种，特别是对于没有业绩支撑或处于高估状态之中的个股来说尤其如此。因为，过低的成交量限制了主力资金的出货力度，如果其中有大量资金想要离场，唯一的方法就是降低股价，吸引抄底盘入场。因而，散户投资者尽量不要持有这类个股，在股价向下破位前，就提早卖出才是最好的对策。

图 11-7 为文投控股 2018 年 1 月 8 日走势图，我们从左侧的日 K 线走势图中可以看到，此股价格走势在高位区出现了横向的极窄幅整理运行。对于持股者来说，识别出这种形态后，即使持仓成本低于市价，也应及时止损离场。当日此股的极速封跌停板根本没有给持股者思考、判断的时间，当价格走势真正选择方向时，投资者很难有充裕的时间展开操作。

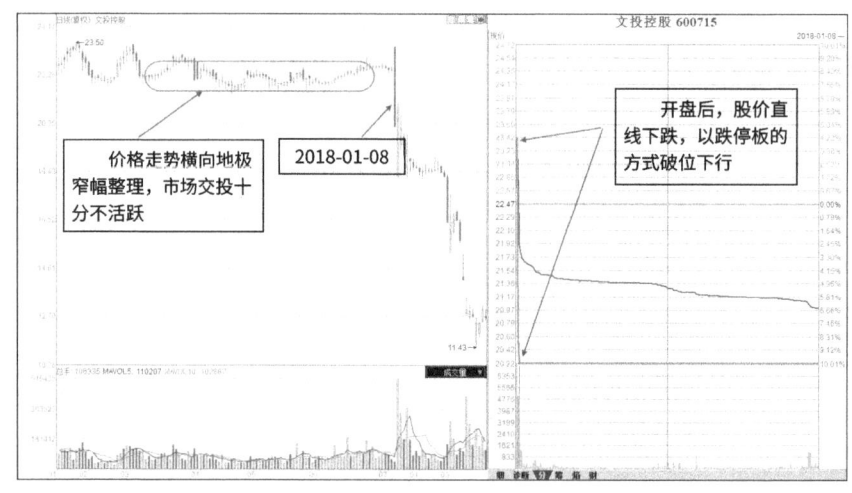

图 11-7　文投控股 2018 年 1 月 8 日走势图

11.3　"低"买的策略

"低"位是一个很具诱惑力的位置区，它可能出现在中长期的低位区，也可能出现在股价上升途中的深幅调整之后，此时入场的持仓成本相对较低，个股价格的反弹上涨空间较大，如果投资者能把握好时机，中短线获利预期远高于风险。但"低"买并非随意地逢低买入，它是建立在个股无重大利空消息基础之上的，对于这类个股，我们可以从技术形态上、多空力量的转变上来综合分析，展开操作。

11.3.1 关注市场"底"

所谓市场"底"，是指市场的整体估值水平。市场"底"一般出现在股价的中长期下跌之后，是熊市的尾声。那么，如何把握底部呢？我们不妨以史为鉴，此时，衡量市场估值状态的市盈率就极为有用。

历史数据显示，沪深A股的静态平均市盈率的波动区间主要为15~30倍，牛市的持续行进会激发市场做多热情，在良好的获利氛围下，可以把股市的整体估值水平向上大幅推进，使其达到或超过50倍的水平，如2007年10月的历史顶部就达到了70多倍。反之，熊市的持续运行会导致场内资金不断流出，由于市场的亏损效应更加明显，悲观的情绪会将市场打低到一个明显低估的状态，例如：2005年6月的历史底部静态平均市盈率为17倍，动态平均市盈率则只有13倍多；2008年10月历史大底的静态平均市盈率在18倍，动态平均市盈率为13倍。

在分析A股市场的平均市盈率的高低时，我们一定要同时关注深市的平均市盈率。这是因为沪市的权重股众多，而以银行股为代表的权重股往往长期处于低市盈率的状态，这些权重股拉低了沪市的平均市盈率。此时，沪市的平均市盈率无法准确地反映市场整体的真实估值状态，有失真的嫌疑。但深市就不存在这个问题，因而，深市的平均市盈率要更准确一些。

以2011年6月为例，当时A股市场的静态平均市盈率只有18倍多，18倍多的静态平均市盈率可以说够低了，是股市处于底部的标志，但市场随后的走势表明情况并非如此。A股市场静态平均市盈率较低是因为沪市的静态市盈率低，沪市静态平均市盈率只有不到16倍，这种低市盈率是源于沪市大量的权重股（如银行股、基建股等）只有不到10倍的低市盈率状态，而当时的深市静态平均市盈率则超过了40倍。所以说，综合来看，市场整体估值状态并不低，但从基本面的角度来分析，此时却不是好的中长线抄底入场时机，因为随后的走势是，股市在2011年下半年又下跌了近20%。

11.3.2 飙升股急速回落启动位

一些个股价格会出现短线飙升走势（以连续涨停板为主要表现方式），这是主力积极参与的结果，也是个股价格走势独立运行的标志。但是，在股价短期飙升之后，若主力参与力度不够强，或是突遇大盘快速下跌带动，其再度快速回到起涨点的可能性也很大。由于主力在此前的急速拉升后，没有充足的出货时间与空间，因而，个股价格往往会有一个再度回探低点的动作，此时的低点就是一个相对较好的中短线抄底时机。

但对于这类快涨快跌的个股，由于其中短期价格波动幅度极大，且很可能超出我们的预期，因而，在实盘操作中，投资者也应设立好止损价位。如果个股价格随后如预期一样向上运行、远离持仓成本，投资者则可继续持有；反之，如果个股价格继续破位向下，投资者则应及时止损离场。

图11-8为中元股份2018年12月至2019年3月走势图，此股连续经历4个涨停板，股价短线涨势十分凌厉，但在随后的短期高点却未作停留，股价快速回落至启动点。这一波下跌并非因为利空消息导致，因而股价在这个位置点将遇到较强支撑，此时是一个逢低入场的好时机，此股有望迎来二度反弹行情。

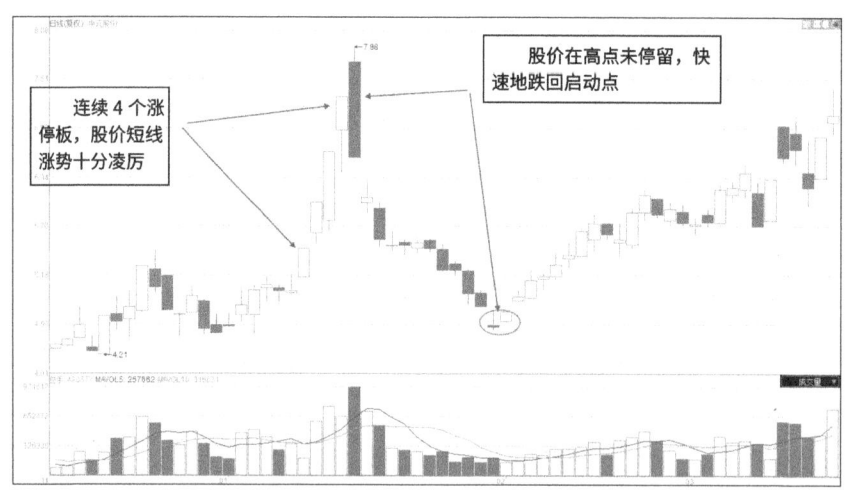

图11-8　中元股份2018年12月至2019年3月走势图

11.3.3　低位区再破位抄底法

中长期低位区的横向震荡区未必就是底部，虽然此时的个股已处于相对低估状态，但由于市场人气低迷、抄底盘意愿不强，导致个股价格很难突破上涨。一旦低位区入场的少部分短线投资者因缺乏耐心而离场，往往就会导致股价向下破位，而这往往也是空方力量的最后一次释放，在价格下跌后的企稳区域，很可能就是中长线的大底。在实盘操作中,我们可以结合个股的估值状态、是否有利空消息等因素,来决定破位后的低点是否宜抄底入场。

图 11-9 为中天科技 2018 年 5 月至 11 月走势图,此股价格在中长期再度破位下行,但此股业绩较好,破位下跌源于大盘下跌的带动。在这种情况下,股价破位下跌后的短期低点一般会遇到较强支撑,形成中期底部。在股价破位下行过程中,短线跌幅至少超过 10%,短期波动中至少出现了两根小阳线时才宜抄底入场。但由于这属于提前预测趋势转向的交易方法,为了在操作上更主动,投资者宜控制好仓位。

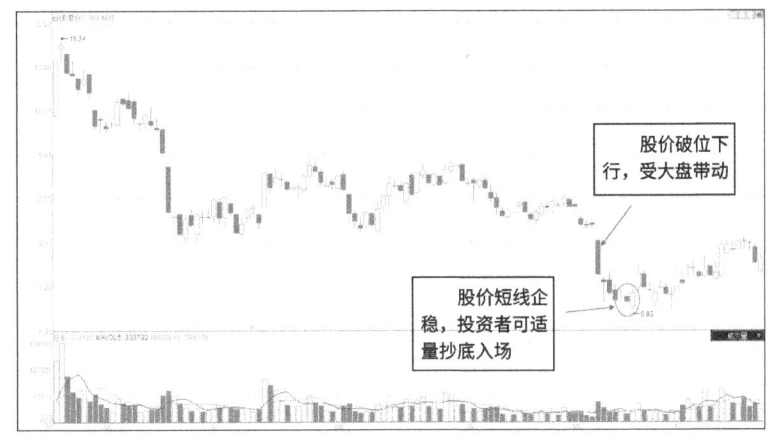

图 11-9　中天科技 2018 年 5 月至 11 月走势图

11.3.4　震荡区短线快调低买法

宽幅震荡的箱体区的下沿位置有着较强的支撑力,如果此箱体区处于中长期的低位,而个股价格又出现了一波由箱顶至箱底的急速下跌,则此时股价将遇到双重支撑:一是受箱体震荡区下沿位置的中长线买盘入场支撑,一是受短线抄底盘支撑。

短线抄底盘多会在个股价格短期跌速较快、跌幅较大时入场,而不是在价格缓慢下跌且跌幅较大时入场。因为,只有股价短期内的快速下跌才能更好地释放空方力量,进而引发反弹上涨走势。

图 11-10 为大连重工 2018 年 9 月至 2019 年 3 月走势图,此股整体处于横向宽幅震荡格局之中,随后股价出现了一波由箱顶至箱底的快速回落走势,此时就是较好的中短线逢低入场时机。

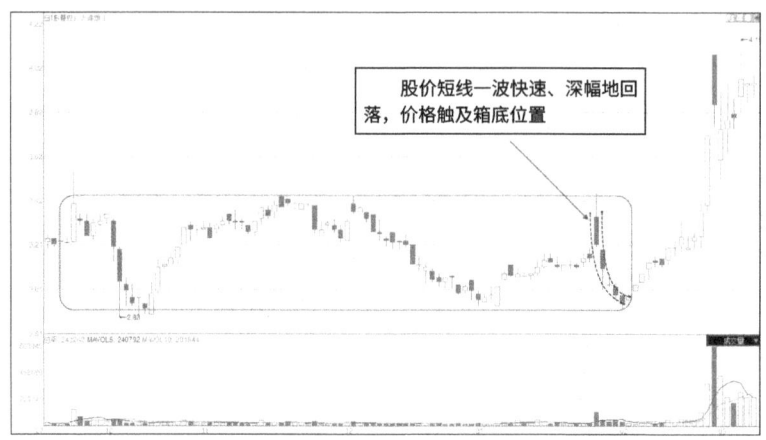

图 11-10　大连重工 2018 年 9 月至 2019 年 3 月走势图

11.3.5　突破点极速回踩低买法

在长期的横向窄幅震荡之后，如果个股价格出现了连续两日放量上扬的突破形态，则是多方有意上攻的信号。但多方上攻可能因短线获利抛压较重，或是恰逢市场调整，从而未在突破点停留便直接跌回盘整区，此时就是一个逢低入场的机会。因为个股的股性已经被激活，多方随后再度发力上攻的概率较大。

图 11-11 为中广核技 2018 年 11 月至 2019 年 3 月走势图，此股价格连续两日放量上涨，突破了整理区。这两日的放量效果鲜明，但并不突兀，是买盘积极入场推动的真实表现，股价随后极速回踩启动点，此时是一个逢低买入的机会。

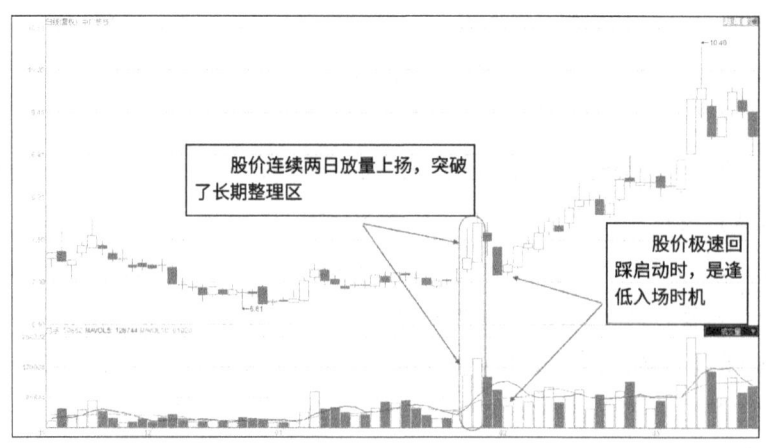

图 11-11　中广核技 2018 年 11 月至 2019 年 3 月走势图

11.3.6 涨停式箱体区低买法

个股价格在上升或下跌途中若出现上下波动幅度较大的宽箱体运动方式，这是多空力量处于相对均衡状态、个股股性较为活跃的标志，我们难以得出原趋势将持续、还是原趋势将被逆转的结论。在这种市况下，我们更宜开展短线交易，而且，只宜在震荡区的箱体低点买入。在这一位置买入，我们可以处于进可攻、退可守的主动地位。

对于宽箱体形态来说，有一种较为特殊的表现方式，这就是个股在价格反弹上涨至箱体区上沿的一波走势中经常性地出现涨停板，这可以被称为涨停式箱体区。涨停板彰显了个股价格短线上涨的强势特征，也是主力资金积极参与的信号。箱体区的波动方式并没有给主力足够的获利出货空间，因而，当个股价格经一波回落至箱体区下沿位置时，既会得到中短线抄底盘的支撑，主力往往也会有护盘行为。在双重支撑下，个股价格再度反弹上行的概率大增，因而，箱体下沿是较好的中短线逢低买入位置点。

图 11-12 为熙菱信息 2018 年 7 月至 2019 年 2 月走势图，在图中箭头标示的上涨波段中，我们可以看到多个涨停板的出现，虽然此股的价格上下波动幅度较大，但整体运行格局却是横向的宽箱体状。对于这种较为特殊的宽箱体运行形态来说，当股价回落至箱体区下沿位置点时，中短线逢低买入获利的机会更大，因为，此位置点多有主力资金的积极参与，股价随后的反弹上涨或将较为强势。

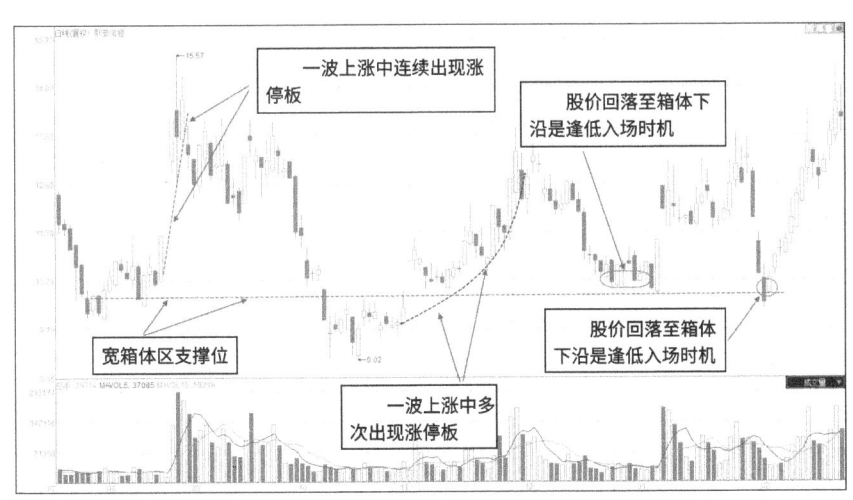

图 11-12 熙菱信息 2018 年 7 月至 2019 年 2 月走势图

11.4 "高"买的策略

所谓的"高"买，也就是我们常说的追涨，但这里所说的追涨并非盲目地追涨，而是基于技术形态、题材面、主力动力等方面的综合分析后的追涨买入。"高"买只是买在了短线高点，随着股价的继续上涨，此时的高点会成为后来的低点。这是一种短线追涨交易法，但"高"买也要讲究策略，投资者既要对市场热点有一个敏锐的察觉，也要对大市运行有一个客观的认识。本节我们就来看看如何结合个股价格的走势特征、盘面形态实施"高"买。

11.4.1 强者恒强运行格局

"高"买，看似是买在了短线的最高点，但是，投资者之所以追涨也是因为个股的强势表现，股票市场有着"强者恒强"的运行格局。个股价格之所以能够强势上涨，自然有着它的独到之处，可能是因为符合热点题材，可能是反弹空间巨大，可能是主力参与力度较强。这类个股往往能够很好地汇聚市场资金，成为短期内大幅上涨的强势品种。

炒股之道没有千篇一律的方法，"高"买的技术难度要更胜于"低"买，因为低点的出现能够维持许久，给予我们足够的思考时间；而"高"买的入场时间往往是昙花一现，需要投资者拥有较强的综合能力与快速果断的交易风格。

"高"买，往往被视为高风险的标志，这是有其原因的。很多投资者之所以常常追涨被套，是因为这种追涨操作并不是理性分析使然，仅是一时的情绪冲动，这种追涨行为自然是高风险的。但"高"买并不一定意味着高风险，我们所说的"高"买是建立在对市场分析基础之上的，这与随便地追高买入不同。在实际表现中，我们体会更多的是"强者恒强"，很多股票一旦上涨，会一涨再涨。而那些弱势股，就如同"扶不起的阿斗"，就算市场走势回暖，也只是随波逐流，甚至弱于大市，很难有好的表现。

11.4.2 哪些股不宜高买？

中短期未作调整的一波上涨后，价格已经翻倍的个股一般不宜追涨。追涨，固然要追强势股，但就个股价格的实战走势来看，再强势的个股，若其短期内已然出现了翻倍走势,则它随后的中短线上涨空间也不会太大,此时再追涨买入,风险远大于机会。对于这类价格短期强势翻倍的个股,我们更应关注它在深幅调整后(回调幅度至少超过30%,最好能达到50%)是否有买入时机,而不是在翻倍后的高点买入。

图11-13为银河电子2019年1月至4月走势图,此股自低点启动后,价格持续上涨。在经历了缓慢攀升和涨停加速两个阶段后,价格已然翻倍,若此时再追涨买入,不仅此股的中短期上冲空间较小,投资者也将承担较高的高位被套风险。

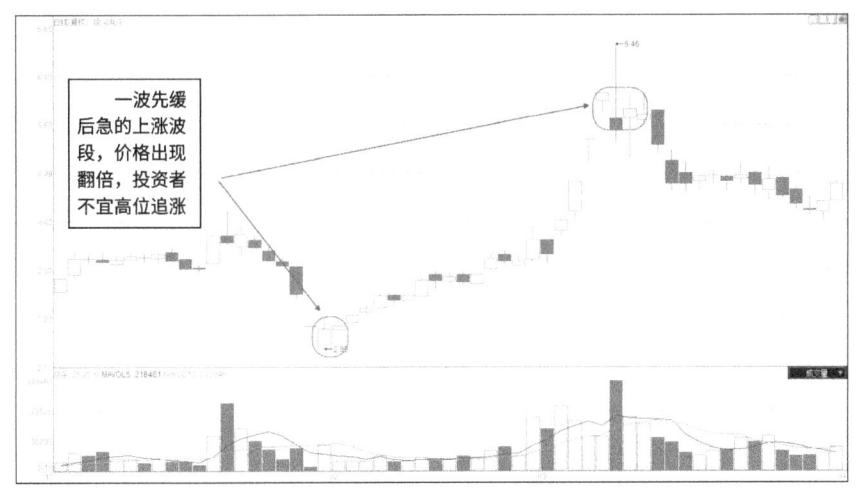

图11-13 银河电子2019年1月至4月走势图

股价处于高位宽幅震荡区间时,一般不宜追涨。个股价格在高位区出现宽幅震荡走势,这说明多方力量已不再占据主导地位,而且,这种宽幅震荡走势还极有可能与主力资金的高位出货行为有关。对于这类个股来说,当其价格在震荡区的箱体上沿位置出现突破走势时,这更有可能是主力诱多出货的一种买卖方式,我们是不宜追涨买入的。

图11-14为国际实业2019年2月至5月走势图,此股价格走势在大涨之后的高位区反复震荡,随后连续出现两个涨停板,股价也突破了震荡区间。但由于前期涨幅过大,这种高位区突破后的股价上涨空间往往很小,追涨的风险大于获利机会,投资者不宜追涨买入。

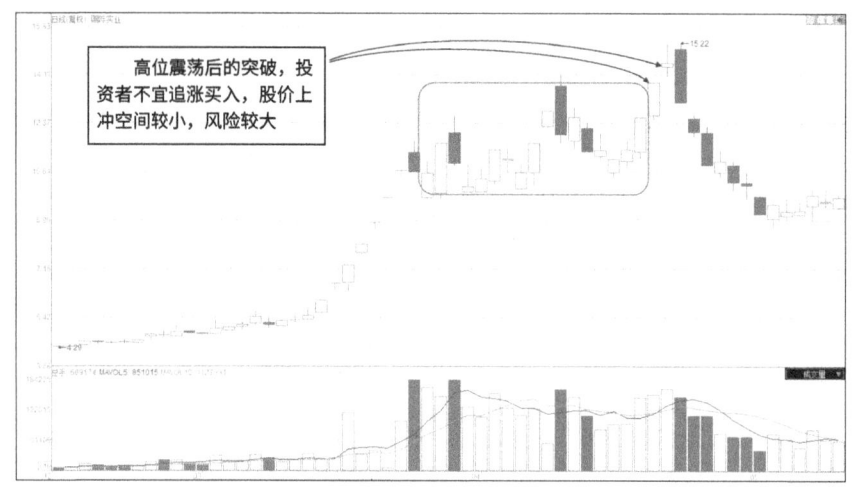

图 11-14 国际实业 2019 年 2 月至 5 月走势图

除此之外，有明显利空消息的个股一般也不宜追涨。这类个股的价格走势并不是单纯地凭借技术分析就可以掌握的，其价格走势在很大程度上取决于消息面的变化。已经出现利空传闻，或利空消息已被确认的个股，后续往往还有更多利空消息会被释放，有着极大的不确定性。投资者若高位追涨，甚至是低位抄底，都将承担本金出现大幅度亏损的风险。

11.4.3　市场热点与题材股

题材是指投资者参与股票的一种理由，这种理由在少数情况下是公开的，多数情况下只有主力等少数人知道。题材有多种，比如消息、传闻、国家政策、社会生活中的焦点事件等，都能变为我们参与股票的理由。例如，当能源类产品出现紧张，而国家又出台政策鼓励氢能源发展时，一些具备氢能源题材的上市公司就会成为参与对象。

著名经济学家约翰·梅纳德·凯恩斯（John Magnard Kegnes）曾在 1936 年论证并阐明了空中楼阁理论。所谓空中楼阁理论是指：对于证券市场中的专业投资者，如果要想从这个市场中尽可能地获利，就要把重点放在分析大众投资者未来可能的投资行为上，而不应将精力花在估计股票的内在价值上。这种说法可以很好地解释那些没有业绩支撑的题材股为何会获得市场的青睐，从而出现价格的强势上涨。

这是因为题材能够激发市场想象力，描绘出美好的行业前景，与之相关的题材股自然也就成为了市场追捧的热点。对于题材股来说，主力参与和市场追涨往往形成了一种配合默契的关系：首先是最敏锐的市场游资、主力资金等挖掘题材，由于其强势的封板形态激发了短期交易者的参与热情，进而形成合力、促成了个股价格的短线飙升。

11.4.4 大盘下跌时不宜追涨

除了极少数符合市场热点方向的题材股可以在短期内明显独立于大盘之外，在参与品种更多的其他类型的强势股时，我们一定还要结合大盘同期的走势来决定。在大势向好时，追涨强势股的操作方法的成功概率较大；反之，在大势疲弱的情况下，即使个股价格短线形成突破，也会受到大盘的拖累，使得涨幅有限。较为极端的一种情况是，个股价格在不断上涨，而大盘则在不断下跌，这类个股随后极有可能出现补跌情形，追涨此类个股的风险远大于收益。

图 11-15 为振华科技 2019 年 2 月至 5 月走势图，图中叠加了同期的上证指数走势。如图中标注，在此股价格强势反弹上扬、欲突破盘整区的时候，同期的大盘却在不断下跌，如果我们此时追涨就是一种逆势操作，因为此股随后将有很大的补跌空间。在高位区追涨买入，我们将面临双重风险：一是大盘继续下跌带来的风险；二是个股补跌所带来的风险。

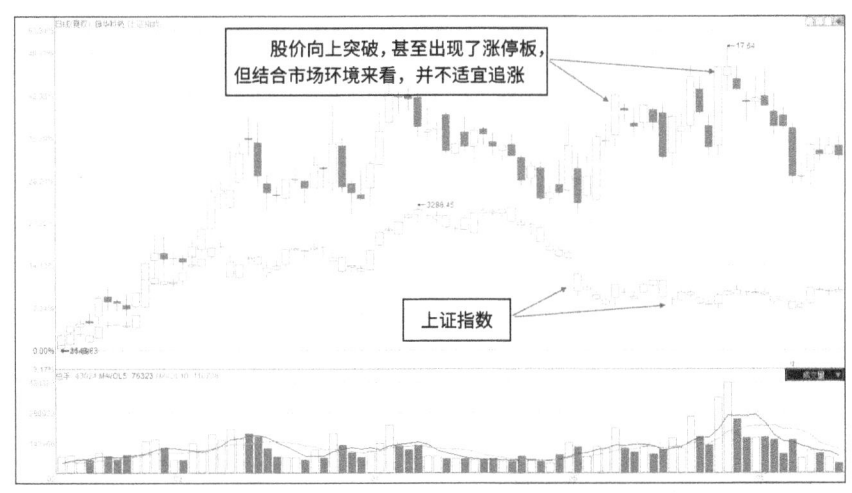

图 11-15　振华科技 2019 年 2 月至 5 月走势图

11.4.5 局部弱势股不宜追涨

个股的强弱格局是在不停变化的，这个时间段的强势股可能因为进入高位区而变为弱势股，之前弱势股可能因为处于低位而被挖掘成为当前的强势股。对于中短线投资者来说，一定要关注个股当前价格走势的强弱情况，如果价格局部走势较弱，且又正处于高位区，则股价随后很可能因为大市震荡而破位向下，风险大于机会；这类个股价格于盘中偶然出现的强势上扬，或是一两个交易日的强势上扬，一般来说，会引发较强的短线抛压，但并不能改变其之前的弱势格局，投资者不宜追涨入场。

图 11-16 为京东方 A2019 年 4 月 24 日分时图，图中叠加了同期的上证指数走势。对比可以看到，此股在高位区的横向震荡过程中明显弱于同期大盘，大盘指数在稳健攀升，而此股的股价重心却缓慢下移。当日盘中出现了较为凌厉的放量上扬形态，日 K 线图也出现了大阳线，股价似要突破当前这个窄幅弱势整理区，但这种局部弱势格局下的盘中上扬一般并不具有持续性，对于短线投资者来说，不宜追涨买入。

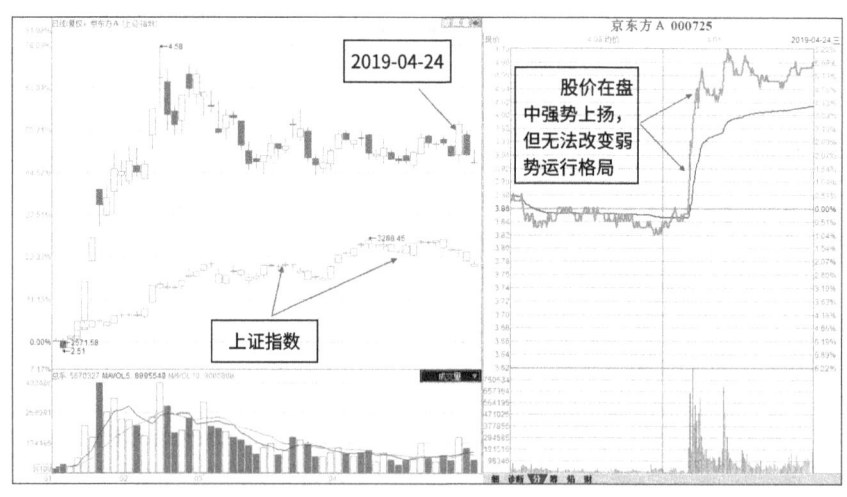

图 11-16　京东方 A2019 年 4 月 24 日分时图

11.4.6　题材龙头股高买法

龙头股，是某一热点板块或某一类热点题材的领头羊，它是主力参与某一板块时故意竖起的一面旗子。主力利用它来激发人气、带动板块和掩护出货。

因而，龙头的上涨势头最强、短期涨势最为凌厉。在实盘操作中，投资者如果发现了某只个股有望成为龙头股，就应及时追涨买入，而不是去布局那些跟风股。那些跟风股由于题材不正宗、主力参与力度较浅，即使跟风股的价格出现了短期翻倍走势，它们也不见得有多好的表现。但龙头股启动的时间更早、涨速更快，稍不留神，我们就可能错过最佳追涨时机，这就需要我们有着敏锐的市场嗅觉，并掌握捕捉龙头股的操作技法。

但凡龙头股，无不是以涨停板作为启动标志的。而且，龙头股在整个板块启动的时候，它往往是当日盘中封涨停板时间最早、封板形态最牢靠的股票。除此之外，我们还应结合个股的日K线走势来分析，龙头股多出现在那些价格走势稳健、前期未见大幅上涨的个股之中，这类个股的价格有着较大的上涨空间，主力参与起来也更容易获得市场的认可，从而便于后期出货。若个股符合以上技术面的条件，且其题材面较为正宗，则当其以涨停板启动时，我们不妨及时地追涨买入。

如果个股的题材正宗，且符合当前的市场热点方向，并处于中长期的低位区，则这类个股一旦启动，其涨势往往十分凌厉，并有成为龙头股的特质，其价格中短线的上涨幅度也十分惊人，很多题材股甚至出现了连续涨停板的走势。在实盘操作中，结合个股的涨停板与市场热点方向来分析哪些个股有可能成为题材股是一种很好的策略，一旦发现个股的潜力较大，我们不妨在第一时间追涨买入。

11.4.7　温和放量长阳线高买法

当个股价格经一段时间的横向整理之后，如果此时出现长阳线的向上突破形态，则我们可以关注它是否预示着短期强势股的诞生。一般来说，仅依据K线的形态，很难辨识突破的可靠性，我们可以结合量能的放大方式来判断。

因为成交量反映了多空双方的交锋力度，也是买盘入场力度的体现。因而，如果股价突破时的成交量异常放大，例如，达到了之前均量的4倍以上，则这种放量效果一般很难持续。它也彰显了突破当日的抛压较为沉重，当日的放量突破长阳线有可能转变为脉冲式的单日放量，引发折返走势，以这种方式放量突破的个股并不宜追涨买入。

反之，如果突破当日的放量效果较为温和，例如，只有之前均量水平的2倍左右，则这样的放量程度既彰显了买盘入场力度较强，也是多空分歧并不十分剧烈的信号。而且，由于股价突破未遇到沉重的抛压，这也间接地提示我们：

可能有主力资金参与其中。正因为主力手中持有较多的筹码，才使得市场浮筹相对较少、股价突破时的阻力并不强。

图11-17为本钢板材2018年11月至2019年4月走势图，此股价格在低位区横向震荡之后，以一根温和放量的长阳线实现了突破，当日的放量效果是之前均量的2倍左右，属于温和放量，短线获利抛压较轻，表明市场筹码锁定度相对较高、股价继续上涨的阻力较小。结合当前的股价位置区及突破形态来看，上攻空间已经打开，此股有望迎来主升浪阶段，投资者可以适当追涨参与。

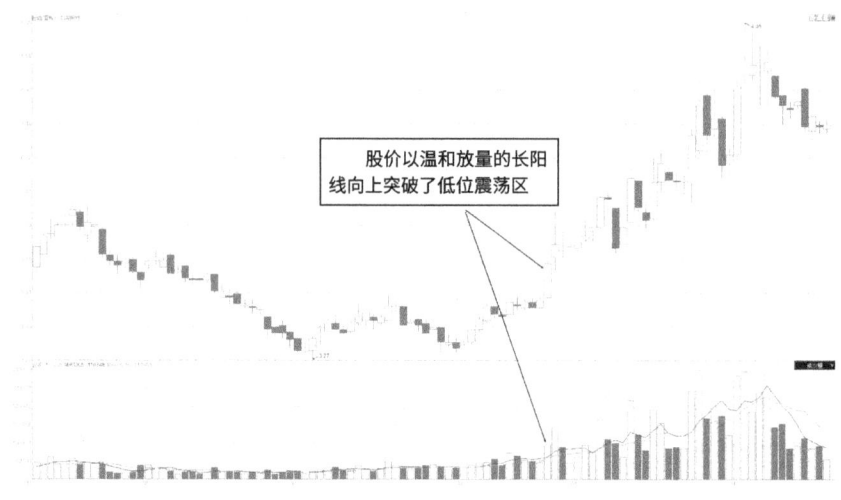

图11-17 本钢板材2018年11月至2019年4月走势图

11.4.8 涨停板高买法

涨停板高买法是一种相对激进的短线追涨技术，它是指在个股将要封板，或是预计个股能够封板时，投资者在当日盘中较高的位置点提前买入的一种方法。

涨停板高买法对投资者的综合分析能力要求较高，投资者既要关注市场热点、题材面，又要分析好技术形态，留意盘中多空力量的转变。这种追涨技术一旦运用熟练，投资者往往能获得较高的短期收益，因为涨停股的次日平均涨幅是相对较大的，但其风险也是毋庸置疑的，如果股价随后的盘中走势与预期不符，由于盘中买点较高，易出现短线被套的情形。因而，在利用这种方法参与追涨时，我们应控制好仓位，并做好止损的准备，投资者可以参考11.2.5中讲解的"涨停预判错误止损法"进行操作。

在实施涨停板追涨买入时,有以下几方面需要我们重复关注。

一是关注个股的日K线走势。如果涨停板出现在低位区的整理走势中并使其呈突破之势,或是在短期内跌幅巨大的低点,此时追涨买入的持仓成本较低,风险较小;反之,若投资者在个股价格短期内涨幅较大(超过20%)时再追涨买入,则将承担较大风险;

二是关注个股的盘口封板形态。一般来说,早盘板的短线上攻力度最强,午盘板次之,尾盘板最弱,但也不排除个别情况。如果我们追涨买入的个股在早盘或午盘前后没能强势封牢涨停板,则更要关注次日的早盘表现,进而决定是去是留。

三是结合同类个股比对分析。如果个股的封板是源于板块的带动,在板块中多只个股已强势封牢涨停板后,此股才尾随封板,则这种跟风股的短线上攻力度是较弱的。说明我们追涨买入的不是龙头股,次日个股若不能快速地由弱转强,则我们宜换股操作。

图11-18为中国一重2019年2月25日分时图,此股早盘强势上扬、午盘后成功封板,从日K线图显示的低位突破形态及盘口封板方式来看,这是此股价格在短期内或将强势上涨、打开上升空间的信号。短线投资者可以选择在当日盘中高点、甚至是涨停价上追涨买入,此时虽然买在了当日及短期内的最高点,但由于股价上升空间被强势打开,因而仍有较高的短线获利预期。

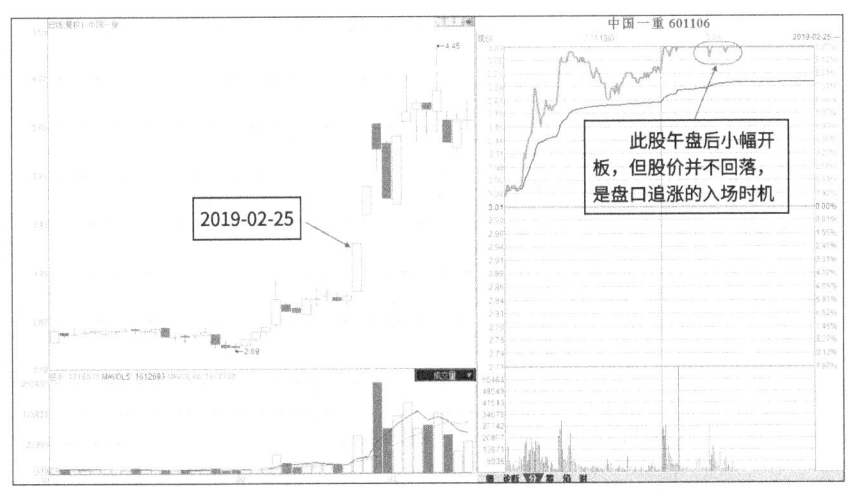

图11-18　中国一重2019年2月25日分时图

对于涨停板式的追涨买入法来说，次日的早盘阶段往往需要投资者做出快速的判断。一般来说，涨停板代表着短期的强势特征，如果个股价格在涨停次日开盘后的半小时内走势较弱，或是高开低走后反弹无力，这往往是短期回调的信号。特别是对于那些题材热点不突出、市场关注度相对较低的涨停股来说，很可能一个涨停板就让其进入了阶段性的顶部。对于这种强弱转变较快的涨停股，投资者也要快速调整思路、及时卖出，以规避可能出现的股价深幅回落风险。

图 11-19 为荣华实业 2019 年 3 月 7 日走势图，此股当日的盘口走势较强，并于午盘后成功封板。结合此前的缓慢上涨形态来看，这个涨停板可能是上涨加速的信号，短线投资者或将追涨买入。

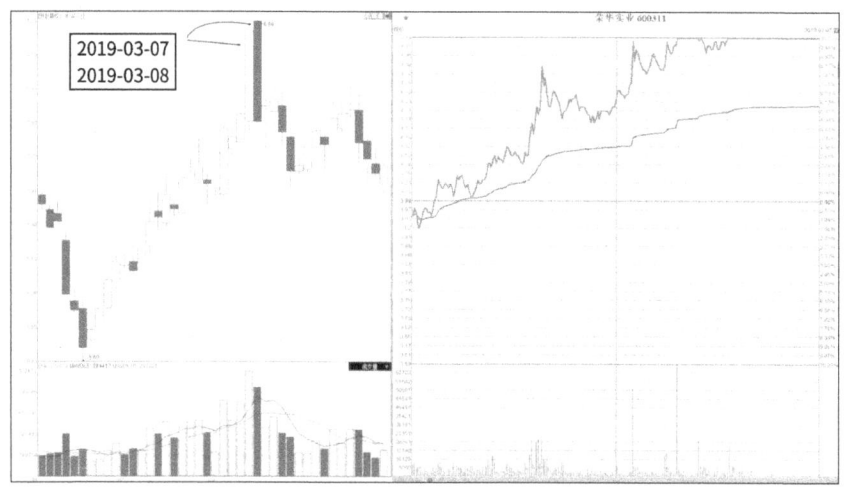

图 11-19　荣华实业 2019 年 3 月 7 日走势图

但是，此股次日的表现没能维持强势特征，图 11-20 所示的此股 2019 年 3 月 8 日走势图。可以看到，开盘后的半小时内，股价先是急速跳水向下、随后反弹至均价线上方却没能站稳。当股价再度跌破均价线支撑时，此时此股的盘口弱势特征已十分明显。这也预示着我们之前做出此股价格上涨走势或将加速的判断并不准确，此时就应及时调整思路，跟上此股强弱风格的快速转变，即使此时出现了小幅度的亏损，我们也应快速地止损离场，保障本金安全。

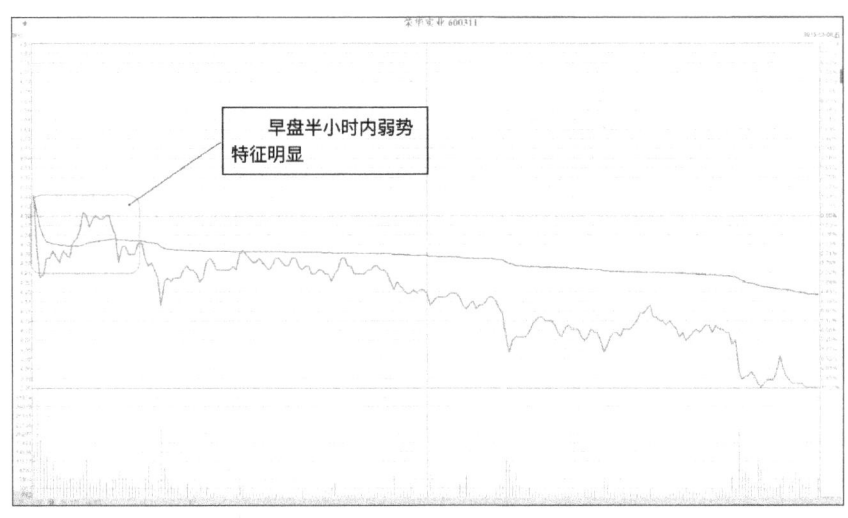

图 11-20　荣华实业 2019 年 3 月 8 日走势图

11.4.9　涨停缺口不回补高买法

一些个股在开启强势主升浪时，往往是以涨停板为标志的，但有一种形态较为特殊，那就是跳空高开的涨停板当日的封板方式并不牢固。这使得突破点出现了较强的多空分歧，形成一定的抛压，但这并不意味着多方推升遇阻或股价将再度回落。一般来说，如果股价随后能在这个涨停价位附近强势整理数日，而不向下回补涨停板当日形成的跳空缺口，则表明多方力量依旧占据了明显的主动地位。短暂的整理之后，多方再度推升股价的概率较大，投资者在此强势整理位置点可以适当追涨买入。

图 11-21 为新能泰山 2019 年 2 月 13 日分时图，此股当日出现跳空式涨停并突破了中长期的低位震荡区，随后股价强势整理而不回补缺口。这表明买盘可以强力承接突破点的短线抛盘，多方力量占据明显主动，此股随后有望在多方的推动下继续强势上扬，投资者在此强势整理期间可适量追涨买入。

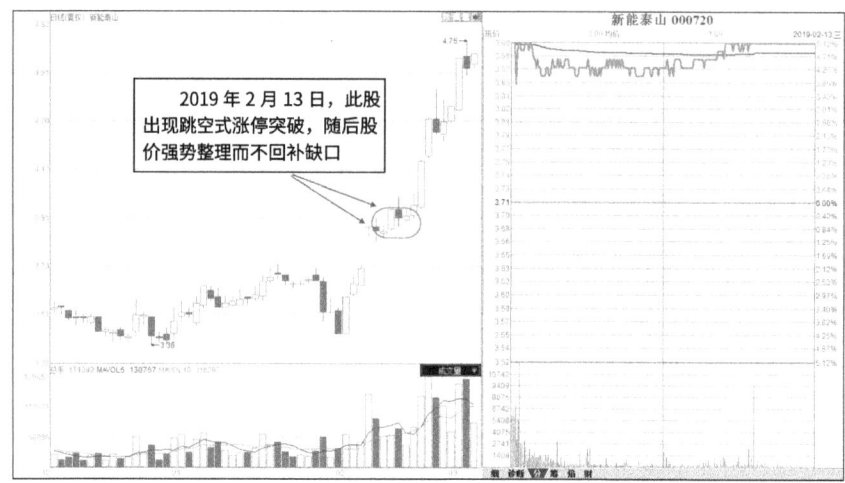

图 11-21 新能泰山 2019 年 2 月 13 日分时图